M.K.ガンディーの真理と非暴力をめぐる言説史

シリーズ文化研究

【第1巻】
沖縄ポピュラー音楽史―知名定男の史的研究・楽曲分析を通して
高橋美樹 著

【第2巻】
M. K. ガンディーの真理と非暴力をめぐる言説史
―ヘンリー・ソロー、R. K. ナラヤン、V. S. ナイポール、映画『ガンジー』を通して
加瀬佳代子 著

シリーズ
文化研究
②

M.K. ガンディーの真理と非暴力をめぐる言説史

ヘンリー・ソロー、R.K. ナラヤン、V.S. ナイポール、映画『ガンジー』を通して

加瀬佳代子 著

ひつじ書房

目　次

はじめに　　1

第Ⅰ部　モーハンダース・カラムチャンド・ガンディーのサッティヤーグラハ　　19

第1章　サッティヤーグラハとガンディーの視座　　25
 1.1　サッティヤーグラハの位置づけ　　25
 1.2　西洋近代文明を批判するガンディーの視座　　29
 1.3　ガンディーの西洋近代文明批判　　32
 1.4　サッティヤーグラハの理念と実践　　44

第2章　西洋市民社会ではないところへ　　63
 2.1　英領インドの少年ガンディー　　63
 2.2　ロンドンでの青年時代　　72
 2.3　南アフリカに渡ったバリスター　　78
 2.4　英国臣民としての抗議活動　　82
 2.5　法的秩序からの自己排除　　85

第3章　サッティヤーグラハと暴力　　95
 3.1　法と暴力、手段と目的　　96
 3.2　サッティヤーグラハの非暴力は神的暴力か？　　105
 3.3　たんなる生命　　112
 3.4　サッティヤーグラハの陥穽　　118
 3.5　アシュラムとアサイラム　　127

第II部　マハトマ・ガンディーの非暴力　　147

第4章　ガンディーとソローの接合　　149
- 4.1　ガンディーはソローを模倣したのか？　　152
- 4.2　植民地支配と言説空間と抵抗運動　　156
- 4.3　ソローの『市民的不服従』とガンディーの不服従　　164

第5章　サッティヤーグラハの「ずれ」　　171
- 5.1　R. K. ナラヤンと『マハトマを待ちながら』　　172
- 5.2　物語の背景――クイット・インディア運動　　174
- 5.3　インド独立運動期の感情構造とスリラム　　176
- 5.4　広がっていくサッティヤーグラハの「ずれ」　　184

第6章　サッティヤーグラハの余波　　193
- 6.1　ナイポールのガンディー主義批判　　194
- 6.2　サイードによるナイポール批判　　197
- 6.3　聖性への懐疑　　204
- 6.4　ナイポールの視座とサッティヤーグラハの否定的影響　　215

第7章　被暴力を謳う世界のマハトマ　　227
- 7.1　「マハトマ」前夜　　227
- 7.2　映画『ガンジー』　　231
- 7.3　ガンディーの模倣――ベン・ガンディー　　234
- 7.4　サッティヤーグラハの解体　　236
- 7.5　非暴力と被暴力　　244

おわりに　　257
あとがき　　261
参考文献　　263
索引　　271

はじめに

　本書は、ガンディーが書き残した文章や、ガンディーを取り上げた英文学および映画を分析し、彼の名と切っても切り離すことのできない「非暴力」の思想を批判的に考察することを目的としている。したがって、ガンディーの時代から現代にいたるまで、その思想がどのように変化したのかを示していくことになるが、しかし、その狙いは、現代の「非暴力」が、ガンディーの「オリジナル」からいかに逸脱しているかを批判することにあるのではない。むしろ、ガンディーのオリジナルな思想を含め、非暴力という思想を包括的に批判すること、それが本書の目的となる。

　「マハトマ」ガンディーの「非暴力」を批判するには困難がつきまとう。非暴力を批判するなら、それでは暴力を認めるのか、と切り返されることが少なくない。同様に、ガンディーも批判するには難しい相手である。何といっても、彼は世界の「マハトマ」なのだ。
　「マハトマ」は彼の本名ではなく、「偉大なる聖人」を意味する敬称である。それは本来ガンディー個人を指すものではない。実際、ガンディー自身が他の人物に「マハトマ」の敬称を用いていたケースもある。しかし、ガンディー以降、それはほとんど彼を指す固有名詞となり、いまや世界中の人びとが彼を「マハトマ・ガンディー」の名で呼んでいる。もはや、彼以外に「マハトマ」は存在しない。ガンディーは、世界が認めた唯一の「大聖〔マハトマ〕」なのである。その彼の非暴力思想は、ある意味で難攻不落の聖域ともいえる。

「非暴力」を批判しにくいのは、他の理由もある。「暴力はいけない」というシンプルな主張には反駁の余地がなく、それゆえ「非暴力」は崇高な理想にとどまり続けてきたといえるだろう。しかし、「暴力」の否定形としての「非暴力」は、「暴力」なしには存在し得ない。これは単に言葉の問題だけではなく、それが「非暴力」の現実なのだ。「非暴力」が叫ばれるのは、そこに「暴力」の問題があるからである。そして、その「暴力」の問題が深刻であればあるほど、「非暴力」を求める声は大きくなる。逆説的にいうなら、ガンディー以降「非暴力」が理想であり続けることができたのは、「非暴力」に「暴力」の問題を解消する力がなかったからだといってもいい。

　しかし、「非暴力」の非力さを指摘するだけでは、その本格的な批判は成り立たないだろう。「非暴力」に対して、その名に値する批判を行うためには、その甘美な言説に隠された欠陥を掘り起こし、それを可能な限り明確に示さなければならない。

現代の「非暴力」とガンディーの非暴力

　そこで、序章では、本論の非暴力批判に進むための準備を整えておきたい。まず、現代の「非暴力」とガンディーの非暴力は似て非なるものであることを確認し、両者の相違点と共通点を明らかにする。ついで、「非暴力」の思想そのものが抱える問題を指摘し、本書における非暴力批判の根拠を示したいと思う。

　現代の「非暴力」とガンディーの非暴力が別物だということは、両者の間にある空間的・時間的な距離を思えば、けっして不思議なことではないだろう。だが、それ以前に、両者の違いは「非暴力」という名称そのものに潜んでいるといえる。ガンディーの抵抗運動は、一般に「非暴力・不服従」として知られているが、しかし、彼の抵抗運動は、正式名称といえる別の名称を持っていた。ガンディーはそれを、サンスクリット語で「真理把持」を意味する「サッティヤーグラハ」（Satyagraha）と呼んでいたのだ。ガンディーの

運動がサッティヤーグラハではなく、「非暴力・不服従」として語り継がれてきたという事実は、本書の議論の核心と深く関わっている。「サッティヤーグラハ」が「非暴力・不服従」に転移したのは、翻訳の問題だと推測する人も多いかもしれないが、しかし、「真理把持」と「非暴力・不服従」のあいだの意味上の「ずれ」は、あまりにも大きい。そして、実際その「ずれ」のために、サッティヤーグラハは「非暴力・不服従」に矮小化され、その全容が見えにくくされてしまっているのだ。

　もちろん、非暴力や不服従はサッティヤーグラハの要であり、とくに非暴力はその真髄だったといえる。しかし、その点を差し引いても、現代の「非暴力」とガンディーの非暴力を同一視することはできない。「非暴力」はある問題の解決のために「暴力を用いずに、その意志を示す」抵抗の手段と、今ではみなされている。そして、ガンディーの運動も、イギリスの植民地支配からの独立を、暴力に頼らず実現した抵抗運動だったと伝えられている。しかし、それではガンディーの非暴力をただしく理解しているとはいえない。第１に、ガンディーの非暴力はサッティヤーグラハの一部であり、そのすべてではない。第２に、彼はサッティヤーグラハを、個別の問題を解決するための手段として編み出したわけではない。サッティヤーグラハとは、一口でいうなら、西洋近代文明を否定したガンディーが、それを破壊し、さらに、西洋近代社会とは別の非暴力的社会を構築するために打ち出した手段だったのだ。

　現代の「非暴力」は、ガンディーのサッティヤーグラハを単純化したものというより、その一部分を切り取り、それをさらに歪めた形でとらえたものといえる。そのことは、ガンディーの写真のイメージと、それが伝える本来のメッセージとの違いにも表れている。

　粗末な小屋で、綿布１枚まとったガンディーが糸車を廻す写真は、誰もが１度は目にしたことがあるはずだ。その写真は、サッティヤーグラハを実践するガンディーの姿を写したものである。そこでガンディーが糸車を廻しているのは、工場制機械工業やそれにともなう労働形態を否定し、綿布を自給

自足しようとしたことを表している。そして、粗末な小屋に住み、簡素な生活を好んだのは、もっとも貧しい人々を基準に富を再配分することで、経済的平等を実現しようとしていたからである。つまり、この写真は、サッティヤーグラハを通して、経済的非暴力を実践するガンディーを写し出したものなのである。

　同じ写真は、ガンディーの非暴力思想を伝えるために、今も利用されている。しかし、そのような見方においては、彼の姿の周辺に写されている糸車や綿布や粗末な小屋は、清貧の聖者「マハトマ」の聖性を支える小道具と化してしまっている。清貧さの演出は、ガンディーの聖性を高め、ひいては「非暴力」の正当性を補強するが、糸車の本来の目的はなおざりにされてしまっている。その結果、中央に鎮座する「マハトマ・ガンディー」の「非暴力」からは、「暴力はいけない」という以上の意味は読み取れなくなるのだ。

　「暴力はいけない」という道徳的な命題が、現代の「非暴力」とガンディーの非暴力に通底していることは確かだ。そして、否定しようのないその道徳的命題が、非暴力思想に絶対的な肯定性を与え、それを批判から守り続けてきたのだといえる。このようにして、途絶えることのない暴力という現実を背景に、「暴力はいけない」といい続けることで、「非暴力」は理想としての地位を保持し続けているのだ。

「非暴力」言説の矛盾

　しかし、批判を免れ、崇高な理想であり続けた結果、「非暴力」はいまや自家中毒の状態に陥っているといえる。その症状は例えば、9.11テロをめぐる非暴力の言説に端的に表れている。

　9.11テロの後、当時のブッシュ米大統領は、テロに対する報復戦争を決定した。その決断は、その後大きな批判を浴びることになる。しかし当時、アメリカ国民の多くが、その暴力的な決断に賛同していたことは間違いないだろう。実際、報復戦争の表明後、それまで低迷していたブッシュの支持率が

飛躍的に上昇したことは記憶に新しい。

　しかし、多くのアメリカ国民が報復戦争に沸き返るなか、ブッシュの決定に反対し、「非暴力」的手段をとるべきだと主張する人々もいた。例えば、エネルギーと環境研究所(The Institute for Energy and Environmental Research)は、同年9月27日に、「9月11日の悲劇への非暴力的対応を考える『10月2日ガンジー生誕記念日集会』の呼びかけ」（A Call for Gatherings on October 2, Mahatma Gandhi's Birthday, to Reflect on Non-Violent Responses to the September 11 Tragedy）という声明を、インターネット上で発表している〔以下「呼びかけ」と略す〕。報復戦争に反対し、「非暴力」的な手段でテロの問題を解決しようと訴えるその主張は、現代における典型的「非暴力」言説といえる。多少長くなるが、「呼びかけ」の全文を以下に紹介しよう。

　2001年9月11日のテロリストによるニューヨーク、ワシントン攻撃は、世界を大量破壊の脅威から最大限守るグローバルな対応の必要性を示している。数千人のアメリカ人に加え、55カ国以上の国籍をもつ人々が死亡した。全世界の人々が悲しみにくれている。しかし米国政府が行おうとしている暴力による報復は、一層の流血とさらなるテロのリスクをもたらすだけだ。我々は、罪のない人々の殺戮を非難し加害者の裁きを求めるだけであってはならない。世界から不平等と暴力を減らしてゆく平和的で非暴力的な道を見いださなければならないのである。

　マハトマ・ガンジーが始めたインドの非暴力独立運動は、19世紀中葉の米国で不正な戦争と奴隷制に抵抗したヘンリー・デヴィッド・ソローの行為に部分的に触発されたものだった。その後、マーチン・ルーサー・キング・ジュニアが率いた公民権運動は、ガンジーの先例に部分的に触発されたものである。

　10月2日はガンジーの生誕記念日である。この日、世界中のそれぞれ

の地域で集会を開き、同じグローバルな災厄で亡くなった人々をしのび、この悲劇のグローバルな性質を認め、その再発を防ぐために、国境をこえてどんな共同歩調がとれるかを考えよう。暴力、ミリタリズム、不正に反対し、グローバルな民主主義と正義、平等、友情をめざす世界運動のため、マハトマ・ガンジー、マーチン・ルーサー・キング・ジュニア牧師、ネルソン・マンデラが率いた非暴力運動の歴史が伝える教訓を考えるのもよい。9月11日、恐怖と涙の灰燼の中から生まれた歴史の十字路に立つ我々は、その伝統を21世紀の世界における標準とするための土台を築き始めることができる[1]。

　ここからは、現代の「非暴力」言説の2つの特徴を見て取ることができる。1つは、「非暴力」を主張するのに、ガンディーを根拠としていることだ。また、ソローからガンディー、そしてマンデラへといたる、非暴力の偉人を並べているのも現代の「非暴力」言説によくみられる構図である。それは多くの人が知る「歴史的事実」でもある。しかし、ガンティー以後の話はさておき、ソローとガンディーの連続性については見直しが必要だ。というのも、ほかでもないガンディー自身が、ソローとの関連性を否定しているからだ。ガンディーは、彼自身の「不服従」はソローの影響を受けたものではなく、「市民的不服従」の表現を借りたにすぎないと断言している。しかし、このガンディーの発言は顧みられることなく、以上のような「歴史的事実」が自明の事実とされてきた。この問題については、第4章で詳しく取り上げたいと思う。

　もう1つ、「呼びかけ」が現代の「非暴力」言説の典型といえるのは、その論の組み立て方そのものにある。すなわち、「暴力による報復は、一層の流血とさらなるテロのリスクをもたらすだけ」だから、「世界から不平等と暴力を減らしてゆく平和的で非暴力的な道を見いださなければならない」という論の進め方だ。このように、先に暴力を絶対悪として提示し、その後「非暴力」を持ち出すなら、非暴力の正当性は揺るぎないものとなる。

「呼びかけ」の言説は、暴力＝悪、非暴力＝善という二分法の上に成り立つものといえる。ちなみに、このような二分法的枠組みの問題性は、アントニオ・ネグリとマイケル・ハートがすでに指摘している。彼らは、「非暴力」の否定的影響として、その言説が暴力／非暴力という二分法的枠組みを世間一般に広げたために、内容の如何を問わず、すべての暴力が悪とみなされるようになり、その結果、あらゆる抵抗運動が困難になってしまったという問題を指摘する。

　ネグリとハートのこの視点から「呼びかけ」を見直すなら、それが暴力／非暴力の枠組みを広範囲に適用していることに気づかされる。「呼びかけ」は「暴力、ミリタリズム、不正」を悪とする一方、「グローバルな民主主義と正義、平等、友情」を「21世紀の世界における標準」にしようと訴える。つまり、物理的、身体的暴力だけでなく、人間活動の広い範囲に暴力／非暴力の二分法を当てはめた上で、「暴力はいけない」と主張するものなのである。

　だが、これは「呼びかけ」だけに見られる傾向というわけではない。同様のことは、他の多くの「非暴力」言説にも当てはまる。その１例として、ユネスコの活動を挙げることができよう。ユネスコは21世紀最初の10年間を「世界の子どもたちのための平和の文化と非暴力の国際十年」(International Decade for a Culture of Peace and Non-violence for the Children of the World)と定めると、ノーベル平和賞受賞者らが起草した宣言文「わたしの平和宣言」("Manifesto 2000")を発表し、賛同者を募る署名活動を行っている。その知名度や規模を考えれば、ユネスコのマニフェストは、「呼びかけ」よりもさらに強い影響力を持っているといえるだろう。しかし、それだけではなく、その「非暴力」言説には、「呼びかけ」を凌ぐ力強さがある。そこで、以下その全文を引用し、それを「呼びかけ」と読み比べてみたい。

　　(1)「すべての命を大切にします」
　　　　差別や偏見を持たないで、一人ひとりの生命と人権を尊重します。

(2)「どんな暴力も許しません」
　積極的に非暴力を支持します。特に弱い立場にある幼児や青少年に向けられた身体への暴力、性的虐待、精神的苦痛などのあらゆる暴力を許しません。

(3)「思いやりの心を持ち、助け合います」
　社会的差別、不正、政治的・経済的抑圧をなくすために、思いやり、助け合う心で、奉仕活動を行います。

(4)「相手の立場に立って考えます」
　狂信に陥ったり、他人を中傷したり拒絶したりしないで、いつも話し合いを優先させ、人の話を理解しようと努めることによって、表現の自由と文化の多様性を守ります。

(5)「かけがえのない地球環境を守ります」
　生態系のバランスを保ち、すべての生命を尊重するよう行動し、自分の行動に責任を持つ消費者としての態度を心がけます。

(6)「みんなで力を合わせます」
　男女が共に力を合わせ、民主的なやり方でいろいろな新しいことに取り組み、自分の暮らす地域のことに関心を持ち、よりよい地域づくりのために、いま、ここで、できることから始めます[2]。

　「わたしの平和宣言」では、身体的・物理的な暴力に加え、政治、経済、性的な差別が否定されるべきものとされている。さらに、生態系バランスの破壊までも、その射程に収められている。このような意味で、そのマニフェストは、暴力対非暴力という枠組みを、「呼びかけ」よりも広い範囲にまで適用しているといえる。

また、それとは別の意味で、この宣言には、「呼びかけ」以上に強力なメッセージ性が備えられているといえる。1つには、「子どもたちの」と謳われているだけに、その文体は「呼びかけ」よりもずっと平易なもので、まさに子どもにも理解できるものとなっている。さらに、テロ対アメリカという対立構造に巻き込まれている「呼びかけ」とは異なり、「わたしの平和宣言」は特定の地域や歴史にとらわれていない。それだけに、その「非暴力」の主張は、より普遍的で正しいものに感じられる。それは誰しもが首肯する他はない反駁不可能な主張であり、「呼びかけ」以上に絶対的な肯定性を付与された「非暴力」言説といえる。

ユネスコによれば、「わたしの平和宣言」にはすでに 7400 万を超える署名が集まり、そのうち約 120 万は日本国内から寄せられたのだそうだ[3]。それだけ多くの人びとがその声明に心を動かされ、「非暴力」を誓ったというのであれば、それはユネスコの偉大な功績といえるだろう。しかし、その署名は、はたして非暴力的世界の到来を約束するものといえるのだろうか。この点については、懐疑的にならざるを得ない。

署名者たちが、善意からこのマニフェストに署名したことは間違いないだろう。少なくとも、そこに悪意はないに違いない。しかし、善意の署名を集めたからといって、非暴力的世界が実現されるわけではないことも確かだ。第一、同じ署名であっても、その重さはそれぞれ異なるはずだ。署名者全員が同じように「非暴力」を誓い、それを守ると約束したとは考えにくい。穿った見方かもしれないが、「非暴力」のためではなく、自分は「非暴力」的人間なのだと、自己満足するために署名した人がいた可能性だってある。とすれば、そうしてなされた署名の集積によって、非暴力的社会が到来するとは考えられない。なぜなら、そうした署名者たちの視線は「自己」に向けられており、暴力の被害者である「他者」に向けられてはいないからだ。言い換えるなら、その署名は、暴力に苦しむ「他者」を解放するために、その原因を追究するものではなく、「他者」に「同情」する「自己」の善意を証明するためのものにすぎないからだ。

このような「善意」に基づいた「他者への同情」を、スーザン・ソンタグは『他者の苦痛へのまなざし』のなかで批判している。彼女にいわせれば、このような「同情」は、自己の無罪を証明するだけのものでしかない。「同情を感じるかぎりにおいて、われわれは苦しみを引き起こしたものの共犯者ではないと感じる。われわれの同情は、われわれの無力と同時に、われわれの無罪を主張する。そのかぎりにおいて、それは（われわれの善意にもかかわらず）たとえ当然ではあっても、無責任な反応[4]」なのだ。そのような「けっして本物ではない」、「苦しみへの想像上の接近」によって、他者の苦しみを解消することはできないだろう。それどころか、その欺瞞的態度は、「権力とわれわれとの真の関係を今一度ぼやかし[5]」、問題の所在を見えにくくするという点で、権力と「共犯」関係にすらある。とすれば、「同情」による署名は、「非暴力」よりも、むしろ暴力的社会の継続に手を貸すものといえる。そう考えるなら、「わたしの平和宣言」への署名活動を「非暴力」の実践と認めることは、もはやできなくなる。

　では、暴力の問題を解決するために、私たちはどうしたらよいのだろうか。ソンタグは、そのためには「彼らの苦しみが存在するその同じ地図の上にわれわれの特権が存在し、或る人々の富が他の人々の貧困を意味しているように、われわれの特権が彼らの苦しみに連関しているのかもしれない——われわれが想像したくないような仕方で——という洞察[6]」が求められるという。では、「わたしの平和宣言」は、はたしてそのきっかけを与えているといえるだろうか。子どもにも理解できるその宣言文は、「われわれ」に何をすべきか、また、何をすべきでないかは指示している。しかし、その文面から「われわれの特権が他者の苦痛に関連しているかもしれない」ことを洞察し、署名者たちが署名したとは考えにくい。

　念のため断っておこう。本論の以上のような批判は、ユネスコの活動や「わたしの平和宣言」の署名者を貶めるためのものではない。たしかに、「同情」を「善意」にすり替える個人や、彼らの「善意」を集めることを「非暴力」活動と同一視している組織の欺瞞を追及することもできなくはないだろ

う。しかし、本書の目的は、あくまでも非暴力思想に対する批判を展開することであり、個人や組織を咎め立てすることではない。ここで問題視しているのは、人びとの「同情」がなぜ「非暴力」の名の下に集約されるのか、言い換えるなら、「同情」をも取り込んでしまう「非暴力」の包括性は、どこに由来するのかということだ。

　繰り返しになるが、「わたしの平和宣言」の署名者たちは、その「非暴力」の主張に賛同したから署名したのだ。つまり、「暴力はいけない」というその主張に道義的正しさを認めたからこそ、彼らはサインしたのである。とすれば、「同情」を「非暴力」の名の下に集めるのもまた「暴力はいけない」という道徳的な絶対的肯定性なのだということができる。

　他方、「同情」からではなく、「非暴力」を誓った署名者もいた可能性は否定できない。しかし、現実に即して考えれば、「非暴力」はそれほど簡単に誓えるものではない。そのことは、自分や自分の大切なものが暴力の被害者になったことを想像すれば、容易に理解できるはずだ。そのような状況に置かれても、絶対の「非暴力」を貫けると、はたしてどれくらいの人間が誓えるだろうか。逆に、「食うか食われるか」という状況で、「非暴力」の誓いが破られたところで、いったい誰がそれを責められるだろうか。

　このように考えるなら、「非暴力」とは「許されない暴力」を非とする態度であり、その言外には、つねに「許される暴力」の余地が残されているということに気づかされる。ならば、「許される暴力」と「許されない暴力」はどこで線引きされるのか、ということが当然問題になる。しかし、「非暴力」がそれを明確に定義することはない。「非暴力」は、この問いを宙吊りにしたまま、その裁定を個々人に丸投げする。そのため、人々はそれぞれ自分の尺度で「非暴力」を定義することになり、それぞれが定義する「非暴力」のあいだには、当然のごとく「ずれ」が生じることになる。しかし、その「ずれ」が焦点化されることはない。結局、「許される暴力」と「許されない暴力」の間にある境界線は、幅のある曖昧なものでしかない。「非暴力」は暴力を絶対悪として否定するが、実際のところ、それは「許されない暴

力」の否定であり、その外枠は漠然とした曖昧なものにとどまっているのだ。そして、その問題も「非暴力」のもつ絶対的な肯定性によって、不可視化されることになる。絶対に正しい「非暴力」は、それを信奉する「私」に「善性」のお墨付きを与えるものであって、「私」が思索すべき対象とはなり難い。このようにして、「非暴力」は人々を思考停止に陥らせ、多数の賛同者を獲得し、理想としての地位を確固たるものとしてきたのだ。

　ここで、9.11テロをめぐる「非暴力」論争に話を戻そう。ここまで「非暴力」の絶対的肯定性とその問題を論じてきたのは、その「非暴力」に潜んでいる極端な「ずれ」を指摘するために他ならない。
　「呼びかけ」とブッシュは、一見、「非暴力」対「暴力」の対立のようにも見える。実際、「呼びかけ」は「非暴力」を根拠に、ブッシュの決断を「一層の流血とさらなるテロのリスクをもたらす」ものと批難している。ところが、相対するブッシュも、テロへの報復を主張するにあたって、「非暴力」をその根拠としている。2006年3月、インドを訪問したブッシュは、祝辞を述べた際、テロとの戦争についてこう述べているのである。

　　我々の関係は、世界の平和と繁栄のために重要です。テロリストに対して共に戦い、容赦せず、屈服しないことが重要です。民主主義にテロリズムの場所はありません。子孫が平和な世界に生きられるよう、テロリズムを阻止せねばなりません[7]。

　そして同日、彼はガンディー廟を参拝すると、「非暴力」の聖人「マハトマ・ガンディー」に花を捧げるのだ。
　「呼びかけ」とブッシュの決断は、たしかに対極的で、相容れるものではない。しかし、実質的に、それは「非暴力」対「非暴力」の対立である。両者の言説は同じ素材から成り立っており、「呼びかけ」もブッシュも、「世界の平和と繁栄」と「民主主義」を訴え、そのために「マハトマ・ガンディ

ー」や「非暴力」をその典拠とするのだ。

　「呼びかけ」に見られた暴力／非暴力という二分法的理解に基づけば、ブッシュの言動は欺瞞的ということになる。彼らは、「テロとの戦争」を始めたブッシュを、テロリストと同じ「許されない暴力」の枠に落とし込む。しかし、その傍ら、当時の多くの人々がブッシュの決断に賛同していたことも事実だ。つまり、テロは「許されない暴力」と断定された一方、ブッシュの暴力は、「許される暴力」と「許されない暴力」の狭間に留め置かれたのである。ここで示されているのは、「許されない暴力」を否定するだけの「非暴力」には、そのような狭間に置かれた暴力を見極め、否定することはできなかったのではないかという問題である。

　とはいえ、ガンディー廟にブッシュが献花する場面は、どう見ても皮肉としかいいようがない。ブッシュのいう「非暴力」とガンディーのそれとは、まったく相容れないというだけではない。すでに述べたとおり、ガンディーのサッティヤーグラハは、西洋近代文明に対抗し、それを破壊するための運動だったといえる。その運動の首謀者が、現代の帝国たるアメリカの大統領に献花されたのだ。廟に眠るガンディーに対抗する術はなく、彼は図らずも、ブッシュの政治的演出に協力させられたことになる。アルンダティ・ロイの言葉を借りるなら、いまやガンディーは、「全盛期を過ぎて商品化され、自分たちが闘っていた偏見や頑迷、不公正を助長[8]」する存在として利用されることにもなってしまったのだ。

　しかし、このブッシュの言動を批判したところで、暴力と「非暴力」をめぐる根本的な問題を解決することはできない。そもそも、「非暴力」が「許されない暴力」の否定にすぎず、「許される暴力」と「許されない暴力」との間に曖昧な境界地帯がある以上、彼を「暴力」的と断罪しても、それはほとんど意味をなさない。ガンディー廟に参拝しつつテロに対する報復戦争を訴えるブッシュも、「非暴力」の提唱者であることは否定できないのだ。さらにいうなら、「暴力」と「非暴力」の間に思ったほどに明確な差異がない以上、「わたしの平和宣言」に署名しながら、テロへの報復戦争に賛同する

人間を想像することも、さほど難しいことではないだろう。

　根本的問題は、一方では「呼びかけ」や「わたしの平和宣言」、他方ではブッシュ、その両陣営が同じ「非暴力」を論拠に、まったく逆の主張を繰り出せるのはなぜかという点にある。逆にいうなら、そうした正反対の主張を支えてしまう、「非暴力」の許容範囲の広さの正体が問題なのだ。極端な「ずれ」、あるいは逆転さえも取り込んでしまうために、「非暴力」には、それを語る主体を選ぶことができない。しかし一方、そうした欠陥が絶対的肯定性によって覆い隠されることにより、それはあらゆる「非暴力主義者」の正当性を保障し、ひいては暴力の問題を不可視化してしまうのだ。

　とすれば、先に見たネグリとハートの「非暴力」批判を、以下のようにとらえ直すことができるだろう。「非暴力」とは「許されない暴力」の否定であり、暴力の絶対的な否定ではない。にもかかわらず、その絶対的な肯定性を後ろ盾に、「非暴力」言説は暴力／非暴力という二分法を世に広め、暴力の問題について深く考えることを妨げてきた。その結果、世間には暴力＝悪、非暴力＝善という単純な見方が広まり、あらゆる抗議活動が困難に陥ってしまったのだ。このような洞察において、ネグリとハートが現代の「非暴力」の否定的側面を的確にとらえたことは評価に値する。しかし、「ガンディーが道徳や倫理を強調しながら非暴力を訴えた[9]」ということを根拠に、現代の「非暴力」の問題の原因を、ガンディーの思想自体に求めるのは的外れといわなければならない。繰り返せば、ガンディーの非暴力と現代の「非暴力」はけっして同じものではない。彼の非暴力を批判するなら、それを彼のサッティヤーグラハに差し戻して考察しなければならないだろう。

　ネグリとハートがいうように、サッティヤーグラハにおいて、ガンディーが道徳や倫理を非常に重視していたことは確かだ。しかし、サッティヤーグラハの非暴力は、一般に信じられているほど絶対的な原理ではない。実際、ガンディーは「卑怯よりも暴力を選ぶべきだ」と、暴力を認めることもあったし、そのような認識から３度の戦争協力を行ったと釈明してもいる[10]。つまりガンディー自身、「許される暴力」を想定していたということになるが、

このような彼の曖昧さを、現代の「非暴力」言説が取り上げることはない。現代の「非暴力」言説は、ガンディーの非暴力のこのような限定性ないし状況性を一切不問に付し、それを絶対的なものとして喧伝するばかりだ。暴力／非暴力の二分法に基づいて、ひたすら「暴力はいけない」と訴えるのは、ガンディーではなく、むしろ現代の「非暴力」言説なのだ。

本書の構成

　ガンディーの非暴力を批判するためには、先に述べたように、サッティヤーグラハにさかのぼって、そのなかで彼の非暴力言説をとらえなければならない。また、彼の時代から現代にいたるまでに、非暴力が人びとや社会にどのように影響を及ぼし、その過程で、非暴力がどのように変化してきたのかを検証すれば、現代の「非暴力」の否定的側面も、より明らかになることだろう。

　そこで、本書では、ガンディーのテクストから現代にいたる非暴力言説を追いながら、その分析を進める。その過程で、ガンディーは「語る」存在から「語られる」存在へと入れ替わるため、それに応じたかたちで、全体を2部構成とする。

　第Ⅰ部「モーハンダース・カラムチャンド・ガンディーのサッティヤーグラハ」は、ガンディー自身の言説を中心に、サッティヤーグラハの非暴力を考察する。

　第1章では、これまでの研究がガンディーをいかにとらえてきたかを確認する。とくに、ガンディーは「市民社会の内側ではない」ところから「市民社会を批判した」というパルタ・チャタジーの見解に注目し、その視点から、ガンディーのサッティヤーグラハのとらえ直しを図る。

　第2章では、「市民社会の内側ではない」ところにガンディーがいたるまでの変遷を追う。ガンディーが元来バリスター(法廷弁護士)だったこと、そして、彼の抵抗運動が人種差別法への抗議活動から始まったことに注目し、

サッティヤーグラハは法的統治への抵抗運動であると同時に、それに代わる新たな法でもあったことを明らかにする。

　第3章では、ベンヤミンの「暴力批判論」を参照しながら、法としてのサッティヤーグラハを分析する。ガンディーのサッティヤーグラハは、権力への抵抗の手段だっただけでなく、家(オイコス)を支配領域とする統治の法でもあったことを指摘し、そこに秘められた暴力性を明らかにする。

　第Ⅱ部「マハトマ・ガンディーの非暴力」は、「語られる」ガンディーを中心に、サッティヤーグラハの非暴力が現代の「非暴力」へと変化する過程を追う。

　第4章では、ガンディーがヘンリー・デイヴィッド・ソローの影響を受けていたという「歴史的事実」への反証を試みる。前述のとおり、ソローからの影響についてはガンディー自身が反論しているが、それを跡付ける検証作業を行うとともに、彼のサッティヤーグラハは、英語の言説空間との闘いでもあったことを明らかにする。

　第5章は、R. K. ナラヤンの『マハトマを待ちながら』(*Waiting for the Mahatma*)を取り上げ、インド独立運動期におけるサッティヤーグラハの拡大とその「ずれ」について考察する。この物語は、サッティヤーグラハの一員でありながら、テロ活動に身を投じるインド人青年を主人公としている。この作品の分析から、サッティヤーグラハの「ずれ」は独立運動当時から始まっていたこと、またガンディーの非暴力には、ある種の延性が内在していたことを導き出す。

　第6章では、ノーベル賞作家のV. S. ナイポールを取り上げる。ナイポールはかねてからガンディーに批判的で、インドの貧困の原因はガンディーにあると断じた書物もある。このナイポールのガンディー批判を手掛かりに、非暴力が人間存在に及ぼす否定的な影響について考察する。

　第7章では、ポストコロニアル研究者ホミ・バーバの模倣(ミミクリー)の概念を敷衍し、映画『ガンジー』(*Gandhi*)を考察する。そして現代の「非暴力」は、映画『ガンジー』が作り出した被暴力であることを明らかにする。

この映画では、ガンディーに生き写しの主人公が登場し、サッティヤーグラハの不完全な再現を行う。そうすることで、主人公はサッティヤーグラハを解体し、最終的にはガンディーの非暴力を換骨奪胎してしまうのだ。このようにして、現代の「非暴力」が、ガンディーの非暴力ではなく、同情を誘うための被暴力に転化していることを示す。

注

1 "A Call for Gatherings on October 2, Mahatma Gandhi's Birthday, to Reflect on Non-Violent Responses to the September 11 Tragedy," *The Institute for Energy and Environmental Research: Where Science and Democracy Meet*, 27 Sept. 2001, Institute for Energy and Environmental Research, 2 Mar. 2008〈http://www.ieer.org/latest/oct2call.html〉. なお引用は、同研究所による翻訳「9月11日の悲劇への非暴力的対応を考える『10月2日ガンジー生誕記念日集会』の呼びかけ」2 Mar. 2008〈http://www.ieer.org/comments/oct2jap.html〉を参照した。本文と引用とでは「ガンディー」と「ガンジー」、「ヘンリー・デイヴィッド・ソロー」と「ヘンリー・デヴィッド・ソロー」のように表記が異なっているが、原典に従った。これ以降も、引用は原典の表記にしたがう。

2 "Manifesto 2000," 社団法人日本ユネスコ協会連盟、2 Mar. 2008、〈http://www.unesco.jp/contents/10/manifesto2k.html〉, path: マニフェスト2000. なお、引用については、同サイトにある社団法人日本ユネスコ協会連盟による翻訳「わたしの平和宣言」を参照した。

3 社団法人日本ユネスコ協会連盟『平和の文化国際年記念 わたしの平和宣言 全世界1億人署名キャンペーン 報告書』(2001, n.pag.) 集計結果は2000年12月31日時点のもの。

4 スーザン・ソンタグ 北條文緒訳『他者の苦痛へのまなざし』(みすず書房、2003) 101-102。

5 ソンタグ 101。

6 ソンタグ 102。

7 "President and Prime Minister Singh Exchange Toasts in India," *The White House: President George W Bush*, 2 Mar. 2006, Office of the Press Secretary, 2 Mar. 2008〈http://

www.whitehouse.gov/news/releases/2006/03/20060302-12.htm〉.
8 Arundhati Roy, *The Ordinary Person's Guide to Empire* (London: Flamingo, 2004) 136.
9 Michael Hardt, and Antonio Negri, *Labor of Dionysus*: A Critique of the State-Form (Minneapolis: University of Minnesota Press, 1994) 289-291.
10 M. K. Gandhi, "The Doctrine of the Sword," *Young India* 11 Aug. 1920, *The Collected Works of Mahatma Gandhi*, vol. 21, Rev. ed. (New Delhi: Publications Division, Ministry of Information and Broadcasting, Govt. of India, 2001) 133.(ガンディーの引用はすべて *The Collected Works of Mahatma Gandhi* を用い、以下 *CWMG* と略す。)

第Ⅰ部　モーハンダース・カラムチャンド・ガンディーのサッティヤーグラハ

「非暴力」と「マハトマ・ガンディー」はそれぞれ絶対的肯定性を持ち、互いに支えあうことで、崇高なイメージを保持してきた。しかし、ガンディーの実際の言動のなかには、私たちの理解を超えるものがある。

　例えば、ガンディーが菜食主義者だったことは良く知られている。しかし、彼の場合、「菜食主義」というよりも、むしろ食生活の「実験」をしていたのだといったほうが適切かもしれない。ガンディーは肉類だけではなく、コーヒーや煙草といった嗜好品も制限し、さらに、時には果物を主食にし、塩や豆類を断つこともあった[1]。また、別の機会には、主食を大豆ペーストにして、ニームの葉とニンニクだけを使って調味したりもしている[2]。もちろん、現代の栄養学的観点から見れば、彼の食生活はあまりに偏りすぎで、健康的な「菜食主義」だったとはいえない。けれども、当のガンディーは、それを独自の健康法として「菜食主義」を貫き通している。

　ガンディーのより奇怪な行動は、2006年11月発行のアジア版 *Time* からも知ることができる[3]。60周年記念号の同書の巻頭には、「アジアの英雄の60年」（60 years of Asian Heroes）という特集記事が組まれており、ガンディーはその筆頭を飾っている。文字通り理解すれば、彼は「英雄」として登場しているのであって、批判の対象にされているわけではない。実際、その内容も一般誌にしては詳細で、彼の運動も「非暴力・不服従」ではなく、サッティヤーグラハと紹介されている。けれども、それだけに、読後はガンディーの不可解さが印象に残る記事だともいえる。

　「建国者たち」（Nation Builders）という見出しで始まる記事で、ガンディーはジャワハラール・ネルーと並べて紹介される。言うまでもなく、ネルーは独立インドの初代大統領であり、彼とガンディーはインド独立運動を共に闘った同志であった。ネルーに比べ、日本ではガンディーの方が圧倒的に有名だが、記事は「ガンディーの道徳的公正さとネルーの政治的情熱が、イギリス支配の永続を不可能にした[4]」のだと、両者に優劣を付けることなく、彼らの功績を等しく讃えている。しかし、ガンディーとネルーが終始歩調を合わせ、運動に取り組んでいたわけではない。記事が伝えるように、「社会主

義を標榜」した「現実主義」者のネルーと、「精神的(spiritual)」な「聖人(saint)」ガンディーの「本質は正反対」だった。そのため、「不可知論者で革新的」なネルーは、「政治家と聖人の間」に位置し「精神性を重視するマハトマについていけなくなった」こともあったのだ[5]。

　こうしてネルーと比べ、ガンディーの聖性を鮮明に打ち出した後、記事の内容はサッティヤーグラハへと進む。そこで、記者はサッティヤーグラハとは「真理把持」(Holding on to truth)を意味するサンスクリット語であること、そして、苦難の受容を求める点で、それは「受動的抵抗」(passive resistance)ではないと説明を加えている。

　そのことは、ガンディーが言い続けてきたことでもある。ガンディーはサッティヤーグラハと受動的抵抗は異なると再三説明していた。しかし最終的に、彼はその誤解を完全に解くことはできなかった。実際、今でも「ガンディーは受動的抵抗を行った」のだと誤って理解している人は多いと思われる。そうしてみると、記者はその誤解を解消しようと、ガンディーを代弁したのだと考えられる。

　その点から判断すれば、この記事は、ガンディーを正しく再評価するものといえる。ところが、ここから先、サッティヤーグラハの具体的な内容に話が及ぶと、ガンディーのあまりにエキセントリックな言動に、読者は驚かざるを得ない。そして、その驚きを増幅させるかのように、記者はまず、ガンディーを一旦は持ち上げる。記事によると、ガンディーは「自治のためには、インドの貧しい大衆に力を持たせることが必要だと考え」、「アシュラムでかなり貧しい生活をし、三等車両に乗って移動した」、清貧の美徳を重んじる大衆的指導者だった。さらに、彼は不可触民制度や幼児婚に反対するキャンペーンを通して社会改革にも貢献した。このように、記者はガンディーの「聖性」を裏書するが、ここで論調は一変する。ガンディーはそうした活動を行う傍ら、「性的禁欲、頻繁な浣腸、綿布の手作りを織り交ぜて、それを美徳として説いていた」のだと「暴露」すると、最後は「彼が常軌を逸しているのは間違いない」と記事を締めくくるのだ。こうなると、再評価どこ

ろか、それはガンディーを「聖人」から「変人」に急落させるゴシップ記事でしかない。

とはいえ、その内容が悪意の捏造というわけではない。ゴシップにしか見えない「浣腸」も含めて、すべてはガンディーの真実だ。サッティヤーグラハについては、後に詳しく取り上げるが、ここではとりあえず、面白半分に取り上げられている「浣腸」についてフォローしておこう。

ガンディーはなぜ、人々に浣腸を勧めたのか。それを理解するためには、彼が西洋医学を否定していたことを、まず知っておかねばならない。彼が西洋医学を否定したのは、それが対処療法にすぎないこと、つまり、人間を根本的に健康にするものではないことを見抜いていたからだ。彼にとって、健康というものは、日々の生活において身体に気を配ることによって維持されなければならないものだった。そのため、ガンディーは今でいう予防医学を重視すると、それを独自の方法で実践していたのであり、「頻繁な浣腸」もそこに含まれていた。それも、彼が便秘を健康の大敵と認め、毎日の生活の中で改善すべき問題ととらえていたからだ。もちろん、現代の私たちにとって、便秘は非常に個人的な問題である。だからこそ、スキャンダラスなネタにもなり得るのだが、ガンディーはそうはとらえていなかった。彼はより広い観点から、食文化や医療の近代化が人々の健康に悪影響を及ぼしていると考えていたのだ。そこで、西洋医学とは違う別の方法を求め、ガンディーが実践したのが、先の食生活の実験であり、「頻繁な浣腸」だったのだ。そうした背景を無視し、個々の実践をいたずらに断片化するだけの *Time* の記事を読んだところで、ガンディーの真意を汲み取ることはできない。いかに詳細な紹介であっても、そこにサッティヤーグラハの真実は書き込まれていないのである。

さらに言えば、記事が断片化しているのは、サッティヤーグラハだけではない。記事は、ガンディー自身も断片化しているといえる。というのも、そこで示されるのは「マハトマ・ガンディー」という異名だけで、モーハンダース・カラムチャンド・ガンディーという彼の本名は知らされないままなの

だ。

　ガンディーを最初に「マハトマ」と呼んだのは、ノーベル文学賞作家のラビンドラナート・タゴールだといわれている。「はじめに」でも述べたように、本来「マハトマ」は固有名詞ではなく、「偉大なる聖人」を意味する敬称である。そう呼ばれることを嫌ったガンディーは、周囲の人には自分を「バプー（お父さん）」と呼ばせていた。しかし、独立運動を通じて、彼は「マハトマ・ガンディー」として知られるようになる。その結果、今や彼は「バプー」でもなければ、モーハンダース・カラムチャンド・ガンディーでもない。あくまでも、彼の名は「マハトマ・ガンディー」なのだ。「非暴力」だけを残してサッティヤーグラハが忘れ去られたのと同じように、「マハトマ」の名を残し、ガンディーの本名は歴史に置き去りにされてしまっているのである。

　「マハトマ・ガンディーの非暴力」は、本来のガンディーの非暴力のことではない。「マハトマ・ガンディーの非暴力」は、「モーハンダース・カラムチャンド・ガンディーのサッティヤーグラハ」を解体し、接合し直したものなのである。ガンディーの非暴力を理解するためには、「マハトマ・ガンディーの非暴力」を一旦脇に置いて、それを「モーハンダース・カラムチャンド・ガンディーのサッティヤーグラハ」のなかでとらえ直さなければならない。さもなければ、たとえサッティヤーグラハを再検証したところで、結果は *Time* の記事と同じことになるだろう。すなわち、ガンディーの異様な言動を発見し、継承に値するのは非暴力だけだという結論に達するに違いない[6]。

　そこで、この第Ⅰ部では、ガンディーのテクストを中心に、サッティヤーグラハによって、彼は何をしようとしていたのか、さらにその中で、非暴力をどう位置づけ、どう実践していたのかを明らかにする。

第 1 章　サッティヤーグラハと
　　　　　ガンディーの視座

　ガンディーやサッティヤーグラハに関する文献をひもとくと、そこには必ずといっていいほど、「反」という接頭辞を見出すことができる。例えば、ガンディーは「反西洋」、「反近代」、「反物質主義」、「反産業主義」の人物であり、サッティヤーグラハは「反植民地主義」、「反帝国主義」的な抵抗運動だったという具合だ。おそらく読み手の多くは、そうした「反〜」という表現に違和感を持つことはないだろう。何より、当のガンディーがそうした表現を裏付けているかに見える。痩せた体に白い綿布、坊主頭に丸眼鏡をかけ、糸車を廻すガンディーの姿、それは彼の「反近代」的な「反産業主義」の姿勢を如実に表すイメージでもある。

　しかし、そうした固定的な見方では、ガンディーや彼のサッティヤーグラハを的確に理解することはできない。そこで本章では、従来のガンディーの位置づけを確認し、その問題点を指摘した後、ガンディーや彼のサッティヤーグラハのとらえ直しを図る。

1.1　サッティヤーグラハの位置づけ

　ガンディーや彼のサッティヤーグラハは、長い間、近代あるいは西洋に対するアンチテーゼとみなされてきた。例えばガンディー研究者、坂本徳松の1969年発行の書物では、「反近代主義」、「反西洋」、「反英」、「反帝国主義」といった言葉が、ガンディーの思想に当てられている[7]。また、そうした評

価は特に珍しいものではない。例えば、スミット・サルカールの 1983 年の著書でも、サッティヤーグラハは「反啓蒙主義的」で「反産業主義的」な運動だったとされている[8]。

　ところが、今世紀に入ってから、ガンディーの位置づけに変化が生じている。ガンディーやサッティヤーグラハは、西洋近代に対する単純なアンチテーゼではないのではないか、そのような見直しが始められたのだ。例えば、南アジア研究者の長崎暢子は 1996 年の著作と 2002 年の論文の間で、ガンディーやサッティヤーグラハに対する評価を微妙に変えている。

　1996 年に、長崎は『ガンディー──反近代の実験』という著書を出している。書名からも明らかな通り、この時点で、彼女はガンディーを「反近代」的と位置づけていた。実際、彼女はこの本のなかで、ガンディーの主著『ヒンドゥ・スワラージ[9]』（*Hind Swaraj*）を取り上げると、「インドが巻き込まれようとしている『近代』にたいして、インドの文明観に根ざした『反近代』の運動を展開していくための宣言文[10]（傍点は筆者による）」とそれを紹介している〔以下『ヒンドゥ』と略す〕。ところが、それから 6 年後の 2002 年に発表された彼女の論文、「南アジアのナショナリズムの再評価をめぐって──ガンディーのスワラージ」では、これとは少し異なる見方が示されている。この論文でも、長崎は同じ『ヒンドゥ』を取り上げているが、今度はそれを「西欧近代文明に対するオルターナティブ[11] な文明の樹立[12]」を目的にしたものと評価するのだ。見ての通りここでは、「反近代」という言葉から「オルタナティブ」という言葉への入れ替えが行われている。

　ここで気になるのは、言うまでもなく、「オルタナティブ」という表現を、彼女がどういう意味で用いているのかということだが、それは彼女自身の著作から明らかだ。実は先の著作でも、彼女は「オルタナティブ」という語を用いているが、その意味合いが少し異なっている。長崎はそこで、「ガンディーの近代批判はたしかに全面的なオールタナティブを具体的に提出してはいない[13]」と述べている。その本全体の趣旨からして、この場合の「オルタナティブ」は単なる「代案」の意であり、その 1 文は、言い換えるなら、

「ガンディーの反近代的な代案は不十分だった」ということになるだろう。しかし、後の論文に用いられた「オルタナティブ」には、「代案」以上の別のニュアンスがあると見るべきだ。というのも、ここでの「オルタナティブ」には、「今までにない新しいもの」という含意、単純なアンチテーゼを越える新たな概念という意味合いが付与されているからだ。

　実際、この論文では、彼女はガンディーを「反近代的」と断言することを避けている。それどころか、メディアの活用や、国民会議派を州単位の代表制にしたことを根拠に、ガンディーには近代的側面もあったと指摘し、むしろそのとらえ難さを示唆している。ガンディーのメディア戦略については、同時期に、ポストコロニアル研究者のロバート・ヤングも詳細に論じており、彼はそれを根拠に、ガンディーの抵抗運動は近代的なものだったと結論づけている[14]。このような議論を踏まえるなら、ガンディーには反近代性と近代性の両面があったといって間違いなさそうだ。そして、そのどっちつかずの態度を表すのに、従来の枠組みにとらわれない「オルタナティブ」は便利な用語だといえる。

　しかし、実際に使うとなると、この言葉には難しい一面もある。「今までにない新しいもの」といっても、それを定義するには、既存の概念や語彙に頼らざるを得ないからだ。例えば、長崎はガンディーの「オルタナティブ」を「社会主義とは異なる解放[15]」と言い換えているが、それをさらに言い換えるなら、ガンディーの「オルタナティブ」は、社会主義とは異なる「資本主義からの」解放ということになってしまう。ガンディーが世界システム論的な資本主義経済を問題視し、サッティヤーグラハを通して、それに代わる新たなシステムを打ち出していたことは確かだ。しかし、彼にとって、経済的問題はあくまでも二次的なものにすぎない。その根拠は後に示したいと思うが、論を先取りするなら、ガンディーの最終目標は、西洋近代文明を破壊し、それに代わる非暴力社会を構築することにあった。そして、そのためにこそ、彼はサッティヤーグラハを打ち出したのだ。

　より根本的な問題は、長崎自身が結局は二項対立から抜け出せていないと

いうことにある。同じ論文で、彼女はこう述べているのだ。

> 彼(ガンディー)の論理の卓越さは、対立軸を地域から時間へと展開させたことにある。すなわち近代文明とそれ以前とを対比させ、近代以前の文明＝伝統に希望を求めるのである。イギリス対インドや、ヨーロッパ対アジアという二項対立を避け、そうではなくて、近代文明対近代以前の文明へと転換させたのである。地理的な二分法を、時代的な対立へと90度転換させたものである[16]。

　長崎が行っているのは、結局のところ、二項対立的枠組みの差し替えにすぎず、その枠の中にガンディーを押し込めてしまっている。確かに、二項対立的枠組みに基づく議論は、誰にとっても理解しやすい。だが、そうしたやり方では、ガンディーが二項対立から脱却していることの実相を正しくとらえることはできない。
　ガンディーは反近代的でもなければ、反西洋的でもない。彼の思考は、そうした枠組みとは別の次元で成り立っている。にもかかわらず、ガンディーを二項対立的枠組みに収めるのは、ある点は見て見ないふりをし、別な点は過度に強調しているからである。
　例えば、ガンディーを反近代に位置づけるためには、彼が否定した西洋近代的な文物制度を並べ挙げれば済む。機械や機械を用いた工場生産、それに伴う賃金労働、鉄道に西洋医学、弁護士や法制度など、彼が批判した西洋近代的事物は数多く、多岐に渡っている。さらに、彼の非暴力が、ジャイナ教のアヒンサーという不殺生の観念をもとにしていること、『ヴェーダ』や『ラーマーヤナ』といったインドの聖典を重視していたことを指摘すれば、ガンディーを反西洋、反近代的な東洋主義者と位置づけることができる。逆に、彼を近代的な西洋主義者だったとする根拠も少なくない。メディアの活用や代表制の採用についてはすでに触れたが、彼は西洋近代文明の所産の多くを否定した一方、自然科学に関しては柔軟な態度を示していた。むしろ、

それを積極的に受け容れていたとさえいえる。実際、彼の文章の中には、ユークリッドやニュートンといった古典的科学者から、当時の最先端科学であった進化論の主張者、ダーウィンやウォレスの名までが見受けられる。ガンディーはそれら科学理論の正当性を認めるばかりか、サッティヤーグラハの理論的な支えとして援用していた。そして何より、ガンディーはサッティヤーグラハは「科学」であると主張していたのだ[17]。

1.2 西洋近代文明を批判するガンディーの視座

　ガンディーについて、近代／反近代、西洋／東洋などの二項対立的な議論をこれ以上繰り返す必要はないだろう。彼はそうした枠組みに収まる人物ではない。あるいは、彼自身が、そこに収まることを拒んでいたといった方が的確かもしれない。さらに言えば、西洋由来のアカデミズムで彼を論じようとすることが、そもそも無謀な試みなのではないかとさえ思われる。その試みの困難さは、以下の彼の言葉からうかがい知ることができるだろう。

　　東洋的制度について勉強しましょう。そこでは精神を科学的に研究し、未だ世界が夢にも思わなかった、より正しい社会主義とより正しい共産主義を発展させるのです。西洋の社会主義や共産主義が貧しい民衆の最後の答えになると考えるのは誤りです[18]。

　　私にとって、非暴力は単なる哲学的原理ではありません。それは生の法則です。(中略)それは知性ではなく心の問題なのです[19]。

　先にも述べた通り、ガンディーは自身のサッティヤーグラハを「科学」とみなしていた。そして実際、近代的な科学概念を使って、自身の考えを述べている。しかし、その語りは、いわゆる「科学的」なものではない。東洋的「制度」を「科学的」に研究しようといいながら、彼はその対象を「精神」

に限定する。そして、「社会主義」や「共産主義」を発展させようと提案しながら、同時にそれは「西洋の社会主義や共産主義」ではないというのだ。つまり、サッティヤーグラハは「科学」だけれど、唯物論ではない。社会主義もしくは共産主義的社会を実現させなければならないが、それは西洋の社会主義や共産主義であってはならない。そして、非暴力は生の「法則」でなければならないが、「知性」を扱う「単なる哲学原理」であってはならないというのだ。

　回りくどく、漠然としたガンディーの語りは、西洋由来のアカデミズムでは容易にサッティヤーグラハに接近することができないことを示唆している。ガンディーは西洋由来の概念を使いはするが、そのどれもが、サッティヤーグラハの本質を示すものではない。したがって、そうした概念を使ってサッティヤーグラハを端的に表現することがそもそも不可能なのだ。

　そうしたなか、サバルタン研究者のパルタ・チャタジーが一定の結論を導き出せたのは、このような困難を十分に理解した上で、ガンディーやサッティヤーグラハをとらえようと試みたからだといえる。チャタジーは、ガンディーやサッティヤーグラハを、1つの用語で片付けようとはしない。以下のように、慎重に否定文を重ね、サッティヤーグラハの外側を縁取っていくことで、その姿を浮き彫りにしようとする。

　　ガンディーの思想は、ナショナリズムの問題関心とは全く関わっていない[20]。

　　ガンディーは西欧の文化や宗教を批判しているのでもないし、ヒンドゥー教の神秘主義のほうがより優れているといっているのでもない[21]。

　　平和的で、競争的でなく、正義と幸福を実現している過去のインド社会というガンディーの理想は、古代社会の失われた調和を求めるロマン主義者の声と同じではない。ガンディーは、ロマン主義者とは異なって、

ポスト啓蒙主義的思考の理論的範囲の中で考えていないからだ[22]。

その(サッティヤーグラハ)の目的は、国家の破壊でも、国家の行政に取って代わる政治過程をつくることでもなかった[23]。

ガンディーの市民社会批判は、市民社会内側の視点から、市民社会の歴史的矛盾についてとらえたものではない[24]。(傍点はすべて筆者による)

　否定文を重ねることで、チャタジーはガンディーの思考の外堀を埋めていく。ガンディーの批判的精神が、西洋の市民社会に対する単純なアンチテーゼではないことを示すために、彼はこうした作業を行っているのだ。
　そうしたなか、ガンディーの視座は「市民社会の外側」ではなく、「市民社会の内側ではない」ところにあったのだとする最後の1文は、特に示唆的といえる。「内側ではない」が「外」とも断定しない、その煮え切らない表現は、ガンディーをその境界線上に位置づけるためのものである。そして、そうした工程を経た後に初めて、「ガンディーのナショナリズムは、市民社会に関する思想を根本的に批判するところに成り立っていた[25]」という、一見したところ従来と同様の見解が、ようやく意義を成すことができるのだ。
　分析を進めるにあたって、チャタジーは、ガンディーと西洋近代文明を直接対峙させるのではなく、インドのエリート＝ナショナリストとの比較を通して、ガンディーの思考を探っている。それによって、彼はガンディーを二項対立に陥らせることなく、「市民社会の内側ではない」ところに位置づけることができたのだといえる。インド人エリートを通して西洋近代文明を見れば、西洋という地理的な色合いは薄められるし、彼らとの比較により、インドにおけるガンディーの独自性もより明確に示される。そして、そのことは、両者の「進歩」の観念の違いという点に、ひときわ顕著に現れている。同じ植民地インドに生き、同じ西洋近代文明を経験したにもかかわらず、彼らは正反対の観点から、「進歩」をとらえているのだ。

インドのエリート＝ナショナリストたちは、文明化がもたらす「進歩」を肯定的に受け取っている。したがって、インドが植民地支配を受けているのは、インドが十分に進歩していないからだと理解される。一方、ガンディーは彼らとは真逆の見解を示す。チャタジーの言葉を借りれば、ガンディーは「根本的に近代性や進歩という観念そのものを批判した。これらの観念のために求められる、近代性や進歩に見合う新しい社会組織は、余暇や楽しみや健康や幸福を増すものだが、彼はそれを否定していた[26]」のだ。なぜなら、「近代文明のせいで人間が飽くなき消費者となり、それゆえに工業生産が開始され、よって近代文明は、人類史上例を見ない規模での不平等、抑圧、暴力の根源になっている[27]」と、彼は見ていたからだ。ガンディーが資本主義を批判したのは、まさしくそのためだった。しかし、それは「近代の帝国主義においては、道徳も政治も、第一の関心事である経済に従属する」ことを否認したからであって、資本主義からの解放を最終目標としていたわけではない。さらに言えば、彼は西洋近代的な文物制度のいずれか1つに照準を合わせ、批判していたわけでもない。ガンディーの西洋近代文明批判とは、「市民社会の内側ではない」ところから発せられた、「市民社会の基本的な性格についての包括的な道徳批判[28]（傍点は筆者による）」なのだ。

1.3　ガンディーの西洋近代文明批判

では、「市民社会」に対する、ガンディーの「包括的な道徳批判」とはどのようなものだったのだろうか。それについて、彼の主著『ヒンドゥ』を中心に考察を進めよう。

『ヒンドゥ』は長崎やチャタジーも分析対象にした作品だが、ただし、それがガンディーの唯一の著作物というわけではない。サッティヤーグラハを進める際、彼は「ヤング・インディア」（*Young India*）や「ハリジャン」（*Harijan*）といった雑誌を編集、発行し、その誌上で自分の意見を頻繁に発表していた。そのため、実際には『ヒンドゥ』以外にも、膨大な量のテクス

トが残されている。とはいえ、1冊の本にまとめられたものは少なく、『ヒンドゥ』は彼の代表作となっている。それは、古くはロマン・ロランが「雄々しい愛の福音書[29]」と呼んだ秀逸な1作であり、長崎も「(『ヒンドゥ』以外に)国家や社会や国民についての考えを、体系的に論じようとしたテクストはほとんどなく」、「最初で、おそらくもっとも充実した」作品と、同書を高く評価している[30]。その点については、チャタジーの見解も同様で、「ガンディーのもっとも重要な思想は『ヒンドゥ・スワラージ』で展開された文明論[31]」であると、彼はそれをガンディー研究の必読書に位置づけている。

　同書に付けられたタイトル「ヒンドゥ・スワラージ」とは、「インドの自治」を意味するヒンディー語である。そして言うまでもなく、それがこの本のテーマとなっている。ところが、1909年の執筆当時、ガンディーはインドで活動を進めていたわけではない。その頃、ガンディーは南アフリカでサッティヤーグラハを進めていた最中で、彼が舞台をインドに移すのは、それから10年余り後のことだ。にもかかわらず、ガンディーが「インドの自治」をテーマに本を著したのは、当時のインドが憂うべき状況にあったからだ。同時期、インドではすでに独立闘争が始まっていた。その主導権は急進派が握っており、テロや暴動など市井の活動は過激化していた。他方、穏健派にそれを収束させる力はなかった。インド国民会議派内部も急進派と穏健派に分裂し、独立に向け共同歩調を取れる状態ではなかったのだ。

　インド国民会議派と穏健派、急進派の関係について、ここで少し説明しておこう。国民会議派はインド人を中心とするインド初の政治団体で、設立は1885年にさかのぼる。その際、インド人のための政治組織が必要だと訴え、設立に向けて動いたのはダーダーバーイ・ナオロジーやゴーカレーといった穏健派だった。そして、彼らの要求を、元ベンガル高等文官職のイギリス人A. O. ヒュームが後押しするという形で、国民会議派は設立にいたった。そのため、ヒュームはインド国民会議派設立の功労者といわれているが、しかし、彼には別の目的もあったと考えられている。彼がその設立に賛同したの

は、会議派を防護壁にして、反英的インド人が暴徒化するのを防ごうとしたからだというのだ。

　ヒュームの真意はさておき、いずれにせよ、その結果は皮肉なものだった。国民会議派の設立が、急進派の台頭を招く結果となったのだ。なぜなら「国民」を冠しながら、国民会議派の成員は、そのほとんどが中産階級出身の知識人だったためである。そのため、会議派の主張は中産階級の主張に他ならず、一般のインド人たちは、会議派に対する不満を募らせていった。そこで、彼らの不平不満を汲み取り、代弁したのがティラクを初めとする急進派だった。そうして、急進派は会議派と対立しながら、一般大衆を味方に付けることで勢力を伸ばしていった。

　会議派と対立する形で力を得た急進派が、穏健派と相容れるはずはなかった。急進派は、穏健派やそれが率いる会議派は自分たちの地位を守るためにイギリス政府と手を組んだのだと、穏健派を敵視していた。

　しかし、穏健派のすべてが政府に迎合していたわけではない。例えば、穏健派の代表格ダーダーバーイ・ナオロジーは、経済学的観点からイギリスを批判したことで著名な人物でもある。ナオロジーは、インドが貧困に陥ったのは、対英貿易赤字が原因だと、いわゆる「富の流出」論を公表している。ナオロジーのこの主張は独立運動の初期、その機運を高めるのに貢献した。

　しかし、穏健派の多くが一般民衆との間に距離を置き続けていたのも事実だ。他方、急進派は民衆の支持を受け、勢力を伸ばし続けると、20世紀初頭には、もはや無視することのできない1大勢力になっていた。そこで、1905年、政府はベンガル分割令を発布した。急進派の本拠地ベンガルを分割することで、急進派を弱体化させようと画策したのだ。しかし、政府の目論見ははずれ、憤った急進派はかえって勢力を増す結果となった。そして、その機に乗じて急進派が主導権を掌握することにより、国民会議派の内部分裂が決定的なものとなったのである。

　こうした状況を受け、ガンディーは『ヒンドゥ』の最初の3章を、穏健派と急進派の対立を諫めることに割いている。そして次章以降、西洋近代文明

批判からサッティヤーグラハの提唱へと議論を展開する。本論にとって直接重要なのは、後の2つの論点だが、しかし、穏健派と急進派の対立をまとめた部分も無視することはできない。なぜなら、二項対立からの脱却というガンディーの基本的な姿勢は、その議論にもっとも明白に現れているからだ。

『ヒンドゥ』の議論は、急進派の若者と想定される「読者」(READER)とガンディー自身である「編集者」(EDITOR)の対話によって進められている。その最初の部分を見てみよう。「読者」はまず、「国民会議派をインドの若者たちは評価していませんし、イギリス統治を持続させる道具だととらえています[32]」と会議派を批判する。そして、それを話の取っ掛かりとし、ガンディーは「編集者」の口を通して、持論を展開する。「編集者」ことガンディーは、ダーダーバーイ・ナオロジーやヒューム、ゴーカレーといった穏健派は独立運動の基礎を固めた、尊敬すべき人物だと反論するのだ。

この対話だけを見るなら、ガンディーは穏健派に肩入れしていたかのように思われるだろう。そして、確かに彼の考え方は、どちらかといえば穏健派に近かったといえる。彼は、穏健派のゴーカレーを師と仰いでいたし、急進派のティラクやチャンドラ・ボースとは対立することもあった。

しかし、『ヒンドゥ』の「編集者」は、穏健派を擁護するわけでもなければ、急進派を批難するわけでもない。彼は2派が対立する状況そのものの問題性について、以下のように述べている。

> 我々の指導者は2派に分けられています。穏健派と過激派です。これらは漸進派と急進派ともとらえられています。穏健派を臆病派と、そして急進派を勇敢派と呼ぶ人もいます。これら2語の解釈はすべて、人々の先入観によるものです。確かなのは、2派の間に敵意が生まれていることです。一方は他方に不信感を持っていて、責任を押し付けています。スーラトでの会議のときなど、ほとんど戦闘のようでした。私はこうした分断は国にとって良くないことだと思うのですが、そう長く続くこともないだろうとも思っています[33]。(傍点は筆者による)

穏健派と急進派のどちらに正義があるのかを、ガンディーは問題にはしていない。彼が問題提起しているのは、穏健派と急進派という「2語の解釈」と「2派の間にある敵意」、つまり、人々が二項対立的な枠組みに基づいて思考し、分断しているという状況それ自体なのだ。

そのため、ガンディーが提起する対抗策も一般的なものとはならない。なぜ人々は穏健派と急進派に分かれるか。両者の対立を解消するにはどうすればいいのか。その原因や解決手段が、ガンディーの独自の観点から提起される。ガンディーは「読者」に「ならば、私たちは彼ら（穏健派）についていかねばならないのですか？」と問わせると、こう答えるのだ。

> 私はそんなことは言っていません。良心に従って、彼らと違う考えに到ったなら、博学な教授は、自分の命でなく、良心の命に従えとアドバイスするでしょう[34]。

「読者」の質問と、「『良心』の命に従え」というガンディーの回答は、その次元が異なっている。それは、穏健派対急進派という二項対立的枠組みから導き出されたものではない。ガンディーは、イデオロギーや社会的権威に依拠することを否定しているのであり、そして、より高次の、普遍的観点から、個人の内なる「良心」に従い、人間は自身の行動を決定すべきだと主張しているのだ。より広い視点に立てば、彼のこの回答は、穏健派と急進派に限らず、あらゆる二項対立的枠組みを無効化するものといえる。

ガンディーの思想を理解するためには、ガンディーが「良心」を行動規範としていたことを踏まえた上で、彼のテクストと向かい合わなければならない。そうすれば、彼が多くの西洋文明を否定した一方で、なぜメディアや科学を受け容れ、積極的に利用したのかも理解できる。つまり、否定されているものは、それが人間の「良心」を退廃させると彼にみなされたものなのだ。他方、受け容れられたものは、それが「良心」の退廃を阻止すると判断されたのである。ガンディーが積極的に自然科学を受け容れ、さらに、自身

のサッティヤーグラハを「科学」と称したのは、科学にその「真理」があることを認めていたからに他ならない。

　それでは、どのように西洋文明が人間の「良心」を退廃させると、ガンディーは考えていたのだろうか。その点を『ヒンドゥ』の中盤から探っていこう。前半と同じように、ガンディーは先に「読者」の意見を叩き台として提示してから、「編集者」として持論を展開する。一読すると、その議論は、文物制度を個別に否定するものに見える。しかし、よくよく読めば、ガンディーはそれぞれの文物制度を互いに関連づけつつ否定し、それによって、西洋文明がもたらした価値観を根底から転覆させようとしていることに気づく。そのために、ガンディーは最初に、西洋文明がもたらした「進歩」の価値を否定することから始める。
　ガンディーは「読者」に、「もしイギリスが言われるままに立ち去ったなら、私たちは軍隊などをそっくり手に入れることになります。だから、政府を運営するのに難しいことなど何もないのです[35]」と語らせることで、イギリスの軍や政治制度に価値を認める見方を提示している。周知の通り、それは、インドの急進派だけの見方ではない。穏健派にも、さらに言えば、同時代の被植民地や日本にも共通するものだ。当時、「未開」と位置づけられた非西洋社会がこうした価値観を共有し、先進国の文物制度をいち早く取り入れることを最優先の課題として、そのために躍起になっていたことは周知の通りだ。
　しかし、「あなたの言う自治は本当の自治ではない[36]」と、ガンディーはその意見を突っぱねた後、西洋近代文明を個別に批判し始める。彼が最初に取り上げるのは議会制度だ。「読者」の口を通して、「議会は選挙で選ばれた人たちによってなるものですから、人々のプレッシャーの下で働かねばなりません。この点が、その長所でもあります[37]」と、ガンディーはその理想を紹介するが、それは理想と現実の違いを見せつけるための下準備にすぎない。実際の議会は「偽善的で利己主義」で「自分の利益のことしか考えてい

ない」議員たちに牛耳られた、「時間と金を無駄遣い」する「国家のおもちゃ」でしかないと、ガンディーはその実体を暴露する。そして、現在の政治制度は「良心」を持たない「議員たちが考えることなしに自分の政党に投票」した結果であり、そこに民主主義の理想はないと断ずるのである[38]。

それから、ガンディーはこの議会の腐敗をメディアの腐敗と関連づける。議会制度を民主主義の実践とするためには、選挙制度が健全に機能していなければならない。しかし、「イギリスの有権者にとって、新聞が聖書[39]」となっているために、それは理想通りにはなっていないと批判するのだ。人々は新聞記事をもとに、誰に投票するのかを決定するため、選挙結果は新聞記事に左右される。しかし、「同じ事実でも、新聞によって書かれ方は異なり」、「ある新聞が、ひとりの偉大なイギリス人を正直者とすると、別の新聞は彼を不正直と書く」ため、その「聖書」は信頼に値しない。というのも、「その新聞が関心を置く政党によって異なる」からだ。しかも、そうした新聞ごとの違いは、彼らが「自分たちのためにパーティやレセプションを開いてくれる、力強い雄弁家に付き従った」結果にすぎない。つまり、新聞記事の内容には利権がからんでおり、そこに社会の木鐸としての理想はないというのである[40]。

ただし、ガンディーは特定の代議士や新聞社を指摘し、非難しているわけではない。彼はひたすら、良心の欠落が蔓延した状態を敵視しているのである。より的確に言えば、西洋近代文明と良心の欠如の関係、つまり、良心の欠如が文明の来襲を許し、逆に、文明が良心を退廃させるという相互的な因果関係を問題視しているのだ。

そのため、ガンディーにとっては、文明の担い手であるイギリス人も責めるべき相手とはならない。彼の包括的な視点においては、イギリス人もまた、同一の因果関係に巻き込まれた人々となるからだ。だからこそ、ガンディーは「読者」に「イギリスがこんな有様になったのは、何のせいだと思いますか」と問わせた後、こう述べる。

第1章　サッティヤーグラハとガンディーの視座　39

　　それは近代文明のなせるものなのです。文明とは名ばかりです。その下
　　にあるヨーロッパの国々は、日に日に品位をなくし、破滅に向かってい
　　るのです[41]。

　文字通りに取れば、西洋の人々は、悪しき西洋近代文明を作り出した加害
者ではなく、それに取り込まれた被害者なのである。
　さらに、同じ視点はインドにも当てはめられる。ガンディーは、インドを
イギリスの一方的な被害者とはしない。インドが植民地化されたのは、イギ
リスの経済力に目がくらんだインド人がいたから可能だったのであり、「イ
ギリス人がインドを取ったのではなく、私たちがインドを与えた」と理解さ
れるのだ[42]。
　ガンディーにとって重要なことは、西洋近代文明がもたらす物質的繁栄
が、人間の良心を変化させることである。そのため、彼は西洋近代文明の到
来を、衣服や農具、輸送手段の変化だけでなく、「人々が物質的繁栄を人生
の目的にしているかどうかで判別(傍点は筆者による)」する[43]。ガンディー
が後者の点により重きを置いていることは、以下の引用からもうかがえる。
ここで彼が述べているのは、西洋近代文明の到来に伴い、いかに労働形態が
変化したかという点である。

　　かつて人々は自分がいいと思う分だけ、自由に働いていました。今では
　　何千という労働者が、工場や鉱山を維持するためにそこに集まって働い
　　ています。彼らの状況は獣以下のひどさです。もっとも危険な職業で、
　　彼らは自分たちの人生をかけて、金持ちのために働かねばならないので
　　す。以前なら、人々は肉体的に強制されて奴隷になっていました。それ
　　が今では、金とそれで買える贅沢への誘惑によって、彼らは奴隷にされ
　　ているのです[44]。

　ガンディーは資本主義の本質を、すなわち、それは労働者の生み出す余剰

利益によって、資本家の蓄えを生み出す搾取のシステムなのだということを、この時点で見抜いている。しかし、彼の否定的な視線は、そのからくりよりも、そうしたシステムに自ら飛び込んで行く人々の心の状態に向けられている。言い換えると、問題にされているのは、西洋近代文明が「神は金だ[45]」と人々に誤認させ、物質的欲求を煽り、人々を「奴隷」にしていること、つまりは西洋近代文明が人間の「良心」を堕落させていることなのだ。

　物欲を悪とするガンディーの主張は納得しやすいものではあっても、目新しいものではない。それだけなら、彼の西洋文明批判を特別なものとすることはできないだろう。彼の西洋文明批判の独自性は、何よりも、チャタジーが指摘したように、それが包括的な道徳批判だったという点にある。問題があるとは一見思えないものにも否定的側面を見出し、それを連環に加えることで、ガンディーは西洋近代文明を全面的に批判するのだ。

　ガンディーによれば、医師や弁護士も、西洋文明の片棒を担ぐ共犯者である。医者も弁護士も、金銭欲を満たすための職業であり、他者のために働いているわけではないと彼はいう。もちろん、そうした批判はやっかみと取られかねない。しかしガンディーの真意は、そうした表面的な批難を越えた先にあり、彼はそれらの否定的側面を次のように指摘している。

　すでに述べたように、ガンディーは西洋医学を否定していた。宗教的観点に立てば、動物実験や、アルコールを使用した医薬品を使う西洋医学は認められないと彼はいう。しかし、より重大な問題は、「イギリス人たちが、私たちを支配するのに医学を非常に効果的に使った」ことにある。もちろん、「支配」といっても、それは政治的支配ではない。何度も述べているように、問題は、人間の「良心」を堕落させることであり、そうすることで人間を操ることを、彼は「支配」というのである。西洋医学と医者が、インドをいかに「支配」したのか、なぜ「西洋医学を学ぶことで、私たちはさらに隷属させられる」のか、それをガンディーは以下のように言い表している[46]。

　　どうして病気になるのでしょうか？　私たちが不注意だったり、食べ過

ぎたりするからです。食べすぎて、消化不良になって、医者に行って、医者から薬をもらうと、私は治ります。また食べすぎて、また薬をもらいます。最初に薬を飲んでいなければ、自業自得で苦しみ、もう暴食はしなかったでしょう。医者が間に入って、私がたらふく食べるのを手伝ってくれたのです。それで、私の体は確かに楽になりましたが、でも心は弱くなりました。医療を受け続ける結果、自分の心を制御することができなくなったのです[47]。

西洋医学は対処療法にすぎないと、彼は見抜いている。そこで問題となるのは、そうして西洋医学が一時的に病気を治してしまうために、人間が自分の身体に気を配らなくなるという「不道徳が増大」したことなのだ。ガンディーに言わせれば、「病院は罪を広げるための施設」である。そして、その「罪」とは「医者が、私たちが享楽に耽るよう誘った結果、私たちは自制心を奪われ、勇気を失ってしまった」ことなのだ[48]。

医者と同様、「弁護士が行ったもっとも不当な行為は、イギリス支配を強めたこと」とガンディーは断言する。彼によれば、「弁護士を名誉職とみなす」のも、「法律を作る」のも、「弁護士を褒め称える」のも、「弁護料を決めるのも」みな弁護士である。彼らは自分たちの手で自分たちを権威者としているのだ。したがって、ガンディーは「人々のために法廷があると考えるのは間違いです。自分の権力を維持したい人々が法廷を通して、それを行っている」のだと法廷の存在意義を覆し、それを権威主義者が権威を振るうための場と定義し直す[49]。では、弁護士はどうやって人々に権威を認めさせたのか。その手段を、ガンディーは以下のように説明する。

人々が自分たちで争いを解決すれば、第三者は彼らに権威を示すことができません。殴り合いや、親戚に裁定を求めることで、争いを治めていた頃、人々は卑劣ではありませんでした。法廷に頼るようになって、彼らは卑劣になり、臆病になったのです。殴り合いで争いを治めるのは、

野蛮のしるしとなりました。では、もし私が私とあなたの争いを裁定してくれと第三者に頼んだら、それは野蛮ではないのでしょうか？　第三者の決定が、いつも正しいとは限りません。誰が正しいのかは、当事者のみが知っています。私たちは、単純で無知なあまり、第三者がお金を受け取って、私たちに判決を下してくれると信じているのです[50]。

ガンディーの弁護士批判は、近代の法制度そのものに対する批判といえるだろう。法廷で発揮される弁護士の権威は、法廷を超えて、人々を威圧し支配するのに利用されていると彼は考えたのだ。

西洋医学や法制度以外にも、ガンディーは鉄道を批判の対象としている。伝染病や飢饉、悪行がインドに広がったのは、鉄道のせいだと彼はいう。確かに、そうした欠点も認められるが、一般的に鉄道には、国民統合を促進するという、それ以上の利点が認められている。その肯定的側面をガンディーが隠蔽しているわけではない。実際、彼はそれを「読者」に語らせた上で、その前提とされている「インド＝多民族国家」という見方を以下のように否定するのだ。

　　これまで私たちは一国民ではなかったし、一国民になるには数百年かかるだろうと、イギリス人が教えたのです。根拠などありません。彼らがインドに来る前から、私たちは一国民でした。1つの教えに導かれていました。生活様式も同じでした。私たちが一国民だったから、彼らは1つの帝国を設立できたのです。その後、彼らが私たちを分断したのです[51]。

ガンディーが述べるように、インドのムスリムとヒンドゥーを区別したのはイギリス人だといわれている。しかし、それとは別に、ガンディーは「鉄道によって私たちは別の民族と思うようになっているし、鉄道によって一国民という観念が失われた」と、その分断に鉄道が一役買っていると指摘する

のだ。

彼が否定しているのは、鉄道の移動性の高さである。鉄道が来る以前は、人々は狭いコミュニティの中で、インドは1つであると信じて生きてきた。しかし、鉄道が広範囲の移動を可能にし、人々がそれまで知らなかった人々を知るにつれ、それらの人々を違う民族と認識するようになったのだと彼はいう。ガンディーによれば、「人間が自分の足で行ける範囲が、神が設けた本来の行動範囲」であり、それを超えた広範囲に渡る人間との交流は、「人間の限界を超えた重荷」でしかないのである[52]。

さらに、鉄道だけではなく、機械全般をガンディーは否定する。そこで取り上げられるのが、綿布の輸入による対英貿易赤字だ。かつてインドは綿花の栽培から綿布の生産までを自国で行う、綿布の1大輸出国だった。しかし、イギリスで工場制機械工業が発展すると、インドはイギリスに綿花を輸出し、綿布を輸入するようになった。そうして、イギリスは莫大な利益を得る一方、インドは膨大な赤字を抱えることになったのだ。

だが、ここでもまた、ガンディーは搾取的な貿易システムに組み込まれたことに憤っているわけではない。植民地支配についての見方と同様、彼は「マンチェスターがどうして責められましょう？　私たちがマンチェスターの布を着たから、マンチェスターはそれを織った」のだと、綿布を買ったインド人にも非があるとするのだ。また、ガンディーが重要視しているのは貿易赤字の解消ではない。したがって、そのためにインドに工場を建て、綿布を国内生産することは解決策とはならない。「インドに工場を増やすのなら、マンチェスターに金を送り、薄っぺらいマンチェスターの布を使ったほうがましだ」と、彼はそれに強く反対している。なぜなら、ガンディーは以下のように考えるからだ[53]。

　　機械はヨーロッパを荒廃させ始めています。今や、破滅がイギリスの門をノックしています。機械は近代文明の一番の象徴であり、大きな罪を表しています[54]。

西洋医学の「罪」と同様、機械の「罪」は人間の良心を退廃させることにある。それは、先に見たように、労働者を奴隷化し、物質的欲求を増大させるだけのものなのだ。そのような人々の物質的欲求が、イギリス支配を永続させるのである。ガンディーは言う。「金持ちの利益は、イギリス支配の安定と結びついている[55]」のであると。

　このように、人間の良心の退廃を中心に、それを生じさせる西洋近代文明の文物制度を多面的かつ重層的に並べることで、ガンディーはその包括的な道徳批判を展開する。

　残る問題は、西洋近代文明とそこに取り込まれた人間の関係である。すでに述べたように、ガンディーはイギリス人を悪人とはしていない。彼は、「文明は不治の病ではありませんが、イギリス人がそれを患っていることを忘れてはいけません[56]」と述べている。つまり彼は、イギリス人を文明という病を患った「病人」に仕立て上げるのだ。このようにして、イギリス人を批難の照準から外したとき、ガンディーの西洋文明批判は普遍性を獲得するにいたる。近代文明が「病気」ならば、イギリス人であれ、インド人であれ、それに侵された人間は同じ病に苦しむ「患者」となる。「患者」である彼らは攻撃対象ではなく、「治療」の対象となる。インド人に対するイギリス人の差別的・抑圧的態度も「病気」の症状であり、その「病気」が完治すれば自ずと解消する問題となるのだ。

1.4　サッティヤーグラハの理念と実践

　西洋近代文明は「病気」であり、それに追従する人々は「患者」であるとした後、ガンディーはその「治療法」、すなわち、サッティヤーグラハを提起する。サッティヤーグラハには、「一つの拒絶が三十六の病を治す[57]」力があるとするのだ。

　そこでガンディーが示すのは、非暴力、自己犠牲、物質的・性的禁欲といった観念と、インドの土着の言語の教育や宗教教育、糸車によるカディー

（綿布）の生産といった具体的な手段である。ちなみに、彼はこの時点では「サッティヤーグラハとは、英語で受動的抵抗（passive resistance）と言われるもの」で「受難によって、権利を手に入れるという手段[58]」だと紹介しているが、この定義は後に取り下げられることになる。

　ガンディーはサッティヤーグラハを、数々の原則の複合体として成り立たせており、それぞれを互いに関連づけている。それを理解するためには、最初に「非暴力（アヒンサー）」、「性的・物質的禁欲（ブラーフマチャリヤ）」、「糸車を使ったカディーの生産」という、サッティヤーグラハの三大原則とも呼ぶべきものの意味を押さえておく必要がある。

　そこでまずは、この本の主題でもある「非暴力（アヒンサー）」から始めよう。「アヒンサー」とは、サンスクリット語の「ヒンサー（殺生）」に否定の接頭辞「ア」が付いたもので、ジャイナ教の「不殺生」という観念に基づいたものだ。そうして見ると、「非暴力」は語義通りの訳といえるが、しかし、ガンディーはそこに単なる暴力の否定以上の意味を持たせている。ガンディーの非暴力とは、暴力に対して暴力で応じないというだけのものではない。それは、他者の暴力を自ら引き受けることであり、その意味において、自己犠牲は非暴力に包括される。そして、そこからさらに非暴力の意味は広げられ、「死を恐れない気持ち」も含まれることになる。というのも、死に対する恐怖心があるために、暴力的反撃に出るのだとガンディーは考えるからだ。さらに、彼は敵前逃亡も認めていない。敵から逃げるのは、敵を恐れているためとされるからだ。そのため、ガンディーは自身の身をもって、他者の暴力を引き受けることを要求する。その目的は、敵対者の心を慈悲の力で変えることであり、その点で、非暴力は愛と同義とされる。

　2つ目の原則の「ブラーフマチャリヤ」は性的禁欲を意味するインド固有の観念に基づくものだが、非暴力と同様、その意味も拡大されている。ガンディーは禁欲の対象に物質的な欲望を加えると、このブラーフマチャリヤを非暴力の実践に不可欠なものとした。性的禁欲という意味では、性行為は力を消耗させるからそれを避けなければならない、そして、物質的禁欲という

意味合いでは、所有を放棄することで、死を恐れない勇気が得られるとしたのだ。ガンディーによると、恐怖心とは所有物を失う恐れから生じるものであり、何も持っていなければ何も恐れることはない。その意味において、簡素な生活を送ることはブラーフマチャリヤの実践ということになる。

　最後の「糸車によるカディーの生産」は、世界システム論的な資本主義体制からの離脱と、それに代わる経済システムの構築を目的として提起された。すでに見てきたように、ガンディーは工場制機械工業やそこでの労働、さらには機械製の品を欲することも否定していた。そこで、それらを一気に解決する手段として、糸車によるカディーの生産を打ち出したのである。すべてのインド人が糸車を使い、自分でカディーを手作りすれば、イギリスから綿布を輸入する必要はなくなる。つまり、国際的な観点から見れば、糸車はインドを世界システム論的な経済体制から抜けさせるための手段だったといえる。一方、国内的には、工場労働者が賃金労働から解放されるだけでなく、これまで職を持たなかった貧困層にも仕事が与えられることになる。すなわち、糸車は牧歌的で伝統復古主義的な発案などではなく、格差を是正し、経済的非暴力を実現するための実際的手段として提示されたものなのである。

　しかし、それだけを根拠に、ガンディーが伝統復古主義者ではなかったと主張しても、充分な説得力は持たないだろう。ガンディーは実際、『ヒンドゥ』で、「インドの古来の文明こそ真の文明だ」という主張を行っているし、アヒンサーもブラーフマチャリヤも、インド古来の文化に由来するものである。サッティヤーグラハが伝統復古のための運動ではないと結論付けるには、さらに根拠を提示する必要がある。

　確かに、ガンディーはインドの古来の文明を重視していた。しかし、西洋近代文明のアンチテーゼとして、インドの伝統に重きを置いたわけではない。彼は、どれが真の文明かと論じる前に、インド文明を低く位置づける西洋の歴史観・文明観がそもそも誤っているのだと、西洋近代文明を最善とする観点を転覆させている。

ガンディーによれば、「歴史」（history）に記録されているのは、「王や皇帝が行ったこと」であり、「歴史」とは「戦争の物語」に他ならない。それがけっして唯一の見方ではないことに、彼は気づいているのだ。そのため、戦争が実際の歴史のすべてなら、世界はすでに終わりを告げているはずだが、人間は生き残っていると、その矛盾を指摘した上で、ガンディーは別の歴史観を提示する。

> 世界には、まだこれほどたくさんの人が生きているという事実は、武力ではなく、真理や愛の力が世界の基礎なのだということを示しています。ですから、この力の成果の最強で疑いの余地のない証拠は、世界中で戦争が行われているにもかかわらず、世界はまだ生きているという事実なのです[59]。

さらに、その歴史観を補足するように、西洋の文明観を否定すると、彼独自の文明観を提示する。

> ヨーロッパの人々は、ギリシア人やローマ人が書いたものから学んでいます。彼らの過去に、栄光はありません。それらを学ぶことで、ギリシアとローマの過ちを犯さないよう、ヨーロッパ人は考えているのです。嘆かわしいことです。インドは静止しています。それはインドの栄光なのです。インド人が文明化されていないから、無知で愚かだから、インドは変化を受け容れられないのだと非難されます。それは、我々の長所に対する非難なのです。経験上それが正しいと思ってきたことを、敢えて変えることはありません。多くの人がインドにアドバイスを押し付けてきますが、インドは変わりません。これがインドのすばらしさなのです。それは我々の希望の最後の頼みの綱なのです[60]。

変化を否定し、不変を肯定するガンディーの提言は、「太古以来インドは

不動であり、その進歩には産業革命が必要」という、マルクスの有名なテーゼに挑むものといえる。言い換えるなら、ガンディーは、現象としての西洋近代文明だけでなく、その繁栄の根底にある、発展段階説的な歴史観・文明観をも否定しているのである。そして、ガンディーが提起する文明観、すなわち、不動の文明こそが真の文明なのだという観点に基づけば、真の文明と認められるのは、変化のない悠久のインド文明だということになる。

したがって、ガンディーの農村回帰の姿勢も、けっして単純な農村賛美ではない。それもまた、同じ彼の歴史観や文明観の延長線上にあるといえる。「大都市は罠であり、邪魔なのです。そこで人々が幸せになることはない」のは、そこがすでに西洋近代文明に取り込まれ、変化しているからだ。その点、「呪われた文明が及んでない」、インドの文明を固守し続ける不変の農村は「イギリスが支配していませんし、あなた（読者）だって支配できない」ところとして、存在し続けるのだ[61]。

かといって、ガンディーが諸手を挙げてインド文明を礼賛していたわけではない。彼の文明観には、「世界のどこでも、どの文明の下にいても、すべての人が完全性を獲得することはない」という前提も含まれている。そのため、ガンディーは幼児婚や一夫多妻制、ニヨーグ[62]といった慣習はインド文明の「欠点」だとも認めている[63]。

ガンディーは、無条件にインド文明を最善とみなしたわけではない。文明下に生きる人間の「良心」がどこに向かうのかということを、彼はもっとも重要視し、「西洋文明が不道徳を蔓延させる」のに対し、「インド文明は道徳を高める」というその1点において、彼は後者に軍配を上げたのである[64]。そして、「真の自治(Home Rule)を享受」できるのは、その歴史観や文明観を含め、西洋近代文明がもたらす変化と「無関係に生き、農作業を続けてきた」インドの農村の人々であるという結論を導き出すのだ[65]。

『ヒンドゥ』の最後には、サッティヤーグラハを実践するにあたっての条件が提示されている。弁護士であれば、その職を捨て、自分でカディーを作り、そして、法に関する知識を、同胞やイギリス人の啓発のために使う人で

なければならない。医師であれば、西洋医学を捨て、薬を処方することなく、患者の肉体ではなく、魂の治療を心掛ける人でなければならない。裕福な人であれば、財産に執着せず、カディーの生産に資金を投入し、それを自分でも着用し、人々に広める人でなければならない。その他の人々は、今が贖罪の時であることを理解し、イギリス人を批難するのではなく、自分たちの汚点を認め、自己改善を目指さなければならない。贅沢をしてはならず、堕落するよりは、監獄に入れられ、追放される方がましだということに気づかなければならない。そして、実際に行動することが大切で、苦難を通して初めて、自由は獲得できるのだとガンディーは訴えている[66]。

　そして、最後の最後に、ガンディーはそれを以下のように箇条書きにまとめる。

1. 真の自治とは自己統治であり、自己管理です。
2. その方法が受動的抵抗です。つまり魂の力、愛の力です。
3. この力を発揮するには、あらゆる意味でスワデーシ[67]が必要です。
4. イギリス人に抗議するとか、復讐したいからではなく、それが私たちの義務だから、私たちがしたいことをするべきなのです。ですから、たとえイギリス人が塩税を撤廃し、私たちに金を返し、インド人に高い地位を与え、イギリス軍を引き上げたところで、機械製の品を使うことはしませんし、英語も工場も使いません。これらのものは、本質的に害悪で、価値はありません。よって、欲しがらないのです。私はイギリス人に敵意を抱いていませんが、彼らの文明には敵意を持っています[68]。

　平たく言えば、サッティヤーグラハとは、それぞれの人間が自身の「良心」に従い、自己を管理、統治し、ひいては社会を安寧な状態へと導こうとするものなのである。

確かにそれは理想的な提案ではある。しかし、これだけでは具体性に欠けた精神論とみなされても止むを得ないところだろう。そこで思い出さなければならないのは、『ヒンドゥ』はガンディーの主著ではあるが、もっとも初期の作品だったということだ。彼が南アフリカでサッティヤーグラハを開始したのは 1906 年のことで、『ヒンドゥ』はそれからわずか 3 年後の 1909 年に書かれた作品である。その後、1948 年に暗殺されるまで、ガンディーは終生サッティヤーグラハを実践し続け、またそれについて書き続けているのである。

そのことは、『マハトマ・ガンディー全集』(*The Collected Works of Mahatma Gandhi*)を見れば一目瞭然だ〔以下『全集』と略す〕。『全集』には、1888 年から 1948 年までのガンディーの文章や発言が掲載されている。1 巻あたり 500 余頁、全 98 巻で構成されており、その総頁数は 5 万頁以上に及ぶ。そのうち、『ヒンドゥ』が収録されているのは第 10 巻で、その後に 88 巻、約 4 万 5000 頁ものテクストが残されている。

また、ガンディーがあくまでも実践を重視していたことも考慮しなければならない。『ヒンドゥ』のサッティヤーグラハは、いってみれば創成期のものにすぎない。その時点で、ガンディーはインドでサッティヤーグラハをまだ行ってはいない。『ヒンドゥ』のサッティヤーグラハはその後の実践を通して、その実際の姿を現していくのである。

例えば、糸車を使ったカディーの生産について取り上げてみよう。『ヒンドゥ』の時点では、それはアイデア止まりで、その後さまざまな段階を経て、ようやく実現にいたっている。その実情は、1925 年の『自叙伝――真理の実験の物語』(*An Autobiography: or the Story of My Experiments with Truth*)に詳しい〔以下『自叙伝』と略す〕。そのなかでガンディーは、「『ヒンドゥ・スワラージ』を書いた 1908 年ころ、織機もしくは糸車を見た記憶はない」ばかりか、「南アフリカからインドに戻った 1915 年でも、糸車を見たことがなかった」と打ち明けている。さらに、当初は織機で綿布を生産しようと考えていたが、そのために必要な国産の綿糸が手に入らなかったので、それなら

ば糸車を使った糸紡ぎから始めようと、計画を変更したことも明らかにしている。

　糸車の計画は、その後も順調に進んだわけではない。当時のインドでも、糸車はすでに廃れた過去の道具で、ガンディーはそれを農村の納屋にまで探しに行ったという。糸車が見つかっても、今度は使い方を知っている人を探すのに苦労したらしく、結局、実際にカディーを手作りするまでに、10年以上の月日がかかっている。しかし、それが実現できたのは、彼がサッティヤーグラハを真理と確信し、その実践に重きを置いていたからだ。糸車を用いて自分で自分の衣服を作ったガンディーは、「この習慣を取り入れたことで、私たちは経験の世界(a world of experience)に行けた」と、その実践を高く評価している[69]。そのことは、『自叙伝』の副題が示す通り、ガンディーがサッティヤーグラハの正当性を示すために、自分の人生をサッティヤーグラハの実験に賭していたことを示唆している。

　以上のことを踏まえるなら、『ヒンドゥ』だけを根拠にサッティヤーグラハを論じるのは、きわめて不十分だといえる。確かに、『ヒンドゥ』において、ガンディーはサッティヤーグラハの根幹を示してはいる。しかし、糸車の1例からも分かる通り、『ヒンドゥ』は「実験」前のアイデア集と見るべきである。サッティヤーグラハの全容をとらえるためには、その後のガンディーが何を訴え、何を行ったのかも、合わせて考慮しなければならない。

　その点において、チャタジーのサッティヤーグラハ分析は不十分と言わざるを得ない。『ヒンドゥ』を根拠に、サッティヤーグラハにおけるガンディーの視座が「市民社会の内側ではない」ところにあったとするその結論は、確かに説得力に富んでいる。しかしその後、その結論の延長上で、サッティヤーグラハがいかに国家建設のイデオロギーに取り込まれたのかを論じるにいたると、彼は手のひらを返し、ガンディーに対して厳しい姿勢をとり始めるのだ。

　チャタジーはサッティヤーグラハが独立運動に貢献したことを認めている。彼は次のようにいう。「『ヒンドゥ・スワラージ』のユートピアニズムか

ら始まった旅は、その途中でナショナリストの政治的イデオロギーという荷物を抱えはしたが、ガンディー主義は、新国家インドの建設の発展する政治形態に、国民の大多数を占める農民を取り込むという歴史的可能性を開いた」。しかし、その一方で、「非暴力の政治の実行過程で、それはガンディーが主張したのとは全く異なったものとなり、農民の政治的動員の目的も農民自身のためのものではなくなった」と述べると、サッティヤーグラハが、ガンディーが本来提起した形で実行されていたわけではないことを批判するのだ[70]。

　その点は、確かに、チャタジーのいう通りだろう。独立運動は、民衆の意思ではなく、政治的権力によって進められていったし、ガンディーのサッティヤーグラハもけっして「成功した」とはいえない。実際、独立運動期にも非暴力が徹底されることはなく、暴動は多発していた。さらに、ガンディーが描いた非暴力的社会は到来することなく、最終的にインドとパキスタンは分離独立している。ガンディーのサッティヤーグラハが失敗に終わったという点については、本書も異を唱えるつもりはない。だが、サッティヤーグラハを「理論の中でのみの真理[71]」と断じ、それをその敗因とする結論については再考の余地があるように思われる。

　チャタジーは、サッティヤーグラハはガンディーのユートピアニズムが作り上げた虚像であり、現実的な政治的課題に対処する力はなかったと診断している。そして結論的に、彼は次のように述べる。「政治の現状への強烈な道徳批判を展開することで、ガンディー主義は力を得た」が、しかし現実的に行き詰ると、「断食」という手段によって「最後には政治から逃げ」、それによって「ガンディー主義は真理を守った[72]」というのだ。これは、理想と現実という枠組みに基づいて、ガンディーのサッティヤーグラハを診断する論法といえる。現実に即していないとき、ガンディーは現実逃避せざるを得なかったという結論が導き出されるのも、そのためだといえよう。

　しかし、ガンディーは理想と現実の間に線引きしていない。より的確に言えば、理想を現実にすることを夢物語とはせず、その実現に向けて、実際に

彼は動いていたのだ。ガンディーは漠然と道徳の復権を訴え、理想論を展開していたわけではなく、彼のサッティヤーグラハは単なる理念だけのものではない。その実現のために、ガンディーは具体的な活動方針として『建設的計画[73]』(*Constructive Programme*)を提示している。

『建設的計画』では、『ヒンドゥ』で示されたサッティヤーグラハの理念の具体的な方法論が提示されている。チャタジーはこれに言及することなく、ガンディーを理想主義者として論をまとめてしまっているが、しかしガンディーはそうした態度を牽制するかのように、以下のように述べている。

> 労働者だろうと、ボランティアだろうと、読者には建設的計画が自治(swaraj)を勝ち取る真の非暴力的手段なのだということを、しっかりと理解してもらわなければなりません。その大規模な実行が完全な独立なのです。最底辺から上に向かって、国を作ろうと設計された建設的計画に、4億の人々全員が取り組んでいることを想像してみてください。これが、外国支配の追放を含め、あらゆる意味において、完全な独立の提案だということに誰が異論をはさめるでしょうか。4億の人々がこの計画を成し遂げるのに協力するなどあり得ないと、批評家はこの提案を嘲笑します。むろん、その嘲笑には、かなりの真実があるといえます。それでも、試みる価値はあるというのが、私の答えです。熱心な労働者一団に断固とした意志が与えられれば、この計画は、他の計画と同じように、もしくはそれ以上に、実行可能なものです。とにかく、それが非暴力を基本にしているならば、それに代わる方法を私は持っていません[74]。

そして、この『建設的計画』が非暴力の必須条件であることを、彼は以下のように力説する。

> 非暴力の準備をする、あるいは、それを表現する最上の手段は、断固と

して建設的計画を遂行することです。建設的計画の裏付けなしに、非暴力の力を発揮できると考えている人は、試練の時が来たときに、悲惨な敗北をするでしょう[75]。

　この言に従うなら、サッティヤーグラハを理解するためには、少なくとも『ヒンドゥ』と『建設的計画』の両方を押さえておく必要があることは間違いない。

　『建設的計画』では、『ヒンドゥ』におけるサッティヤーグラハの理念が、以下のような18の具体的な項目として提示されている。

1. コミュナルな団結
2. 不可触民制度の廃止
3. 禁酒
4. カディー
5. その他村落産業
6. 村落の衛生
7. 新規もしくは基礎教育
8. 成人教育
9. 女性
10. 健康と衛生に関する教育
11. 地方言語
12. 国語
13. 経済的平等
14. 農民
15. 労働者
16. アディバシス（少数民族）
17. らい病患者
18. 学生

これら 18 の項目は、サッティヤーグラハの真の目的を示唆している。植民地支配からの解放は、その直接の目的ではない。サッティヤーグラハにおける「自治」や「独立」の真の目的は、社会的に弱い立場に置かれた女性や不可触民、貧困層や少数民族といった「この後の者にも[76]」、等しく機会が与えられる社会を建設することに他ならない。

　そして、そのためにしなければならないことを、ガンディーは具体的かつ現実的な手段として提示している。例えば、「1. コミュナルな団結」は、ヒンドゥーとムスリムの対立の問題を扱っているが、そこで彼はただ「仲良くしよう」と訴えているわけではない。ガンディーは、宗教間の対立に政治が深く関与していることを認識している。そのため、議会制度には反対しつつも、現状の打開策として、「選挙団体に立候補者として望ましからぬ者が存在する以上、また、その内部に反動主義者が入り込むのを防ぐためにも、国民会議派は候補者を立てるべきだ[77]」と訴える。同じように、「3. 禁酒」においても、ただ「欲望を抑えよ」というのではない。「会議派委員は、疲れた労働者が手足を休め、健康的かつ安い値段の食事が取れ、適切な遊びを見出せるような娯楽施設を開設する[78]」よう、具体的に提案する。そして「9. 女性」においては、「男性が主体となり、その形成に女性が関与していない慣習と法律によって、女性は虐げられてきた[79]」と、彼はいわゆる女性差別の問題を提起している。そして、会議派党員が女性を平等に扱うことで人々の意識を改革するとともに、女性が高等教育を受けられる機会を増やそうと、現実的な改革案も提起するのだ。

　もちろん、『建設的計画』の各項目は、『ヒンドゥ』で見たサッティヤーグラハの理念と深く結びついている。不可触民や女性、らい病患者への差別は「非暴力の精神的友愛[80]」によって解消されなければならない。また、そこでは糸車に加え、マッチや石鹸の製造といった村落産業の発展も提言されている。そうして村落を社会の中心にすることで、西洋製の品物や機械製商品の魅力を損なわせ、ひいては人々の物質的欲求も解消させようというのだ。さらに、健康や衛生に関する教育は、食生活や生活習慣の改善をもたらし、

西洋医学の廃絶へとつながる。また、地域言語を重視し、ヒンドゥスターニー語を国の言語とするのは、英語を偏重する風潮を改めるためのものだ。

　少なくともガンディー自身は、理想論としてサッティヤーグラハを提起していたわけではない。彼は、現実的にそれを実践しようと試みていたのである。ガンディーのサッティヤーグラハは、『ヒンドゥ』で示された非暴力、性的・物質的禁欲、糸車によるカディーの生産という三大原則と、『建設的計画』に見られる具体的項目とを併せ持ったものとして、理解されなければならないのである。

　ガンディーはサッティヤーグラハを観念的で理想的なものとしながら、同時に、実際的で建設的な実現可能なものとした。そのことは、サッティヤーグラハを表すのに、彼が「法」という表現を用いていることからも察することができる。例えば、彼はそれを以下のように語っている。

　　私たちは、愛の法(law)を遵守することは難しいと知っています。しかし、アヒンサーまたは非暴力が何であるかは知っています。けれども、真理に関しては、その一部を知っているだけです。真理を完全に知るということは、非暴力の完全な実践者でも成し難いことなのです。私にとっても、サッティヤーグラハの法(law)、愛の法(law)は永遠のテーマなのです[81]。

　しかし、この「法」は、いわゆる西洋の近代法とは意味合いが異なっている。サッティヤーグラハを「法」と表現することで、彼が何を言おうとしているのかは、次の発言を合わせて見ることで、より明らかになるだろう。1914年に、ガンディーは自身の活動を振り返りつつ、サッティヤーグラハについてこう述べている。

　　私が初めてサッティヤーグラハを開始したときも、それはダルマの一部

だと思っていました[82]。

　ダルマとは、宇宙や自然界の法則とともに、人間の本性や正しい行い、徳を示すインド古来の観念である。それは、英語では「法(law)」と訳されるものだが、その意味範囲は西洋近代の「法」を明らかに超えている[83]。弁護士の彼が、そのことを理解していなかったとは考えられない。むしろ、「ダルマ」から「法」への言い換えに、ガンディーの意図があったのではないかと考えられる。

　言うまでもなく、市民社会は法によって作られ、維持される。それと同様に、ガンディーは「市民社会の内側ではない」ところで非暴力社会の建設を開始すると、そのための「法」としてサッティヤーグラハを打ち出したのである。サッティヤーグラハの法は『建設的計画』が示す項目を法規とし、あらゆる差別を禁止し、万人が平等を謳歌できる社会の建設を目指したものだ。近代法が市民社会を統治するためのものならば、サッティヤーグラハの法は、非暴力社会を統治するためのものなのである。

　だが、サッティヤーグラハはその原理において、西洋近代法とは根本的に別の次元に立っている。人間と宇宙の間に境界線を持たないサッティヤーグラハは、法の権威を人間には求めない。先の引用にもある通り、その正当性を保障するのは「真理」であり、それこそが非暴力の上位に立つ、サッティヤーグラハの最高原理なのである。

　「真理」について、ガンディーは『ヒンドゥ』でも言及している。そこでは、彼は「真理」をこう説明している。

　　真理に仕えないで、真理の力をどうして使うことができるでしょうか。だから、真理は絶対に必要なのです。どれだけ損失をともなっても、それを放置することはできません[84]。

　サッティヤーグラハにおいて、ガンディーが「真理」を絶対視していたこ

とは、ここからも充分にうかがえる。しかし、この段階では、これ以上に詳しい説明は見られない。より詳細な説明は、『自叙伝』の発行を待たねばならない。その序文で、ガンディーはサッティヤーグラハの最高原理としての「真理」について、次のように述べている。

> 私は、これから自分が書くものに、「私の真理の実験」というタイトルをつけました。これには、非暴力、禁欲、その他の行為原則など、真理とは別の実験が含まれます。ですが、私にとって、真理とは最高原理（sovereign principle）で、それは、他の多くの原理を内包するものなのです。真理とは、言葉における正直さだけでなく、考え方における誠実さであり、そして観念的な相対的な真理というだけでなく、絶対的な真理（Absolute Truth）であり、永遠の原則であり、すなわち神なのです[85]。

　サッティヤーグラハの法はあらゆる枠組みを超えている。ガンディーはあらゆる境界線を取り払い、その法を「観念的で相対的な真理」、かつ「絶対的な神の法」とするのだ。
　しかし、さらに後、彼は「真理は神」ではなく、「神は真理」だと表現を改めている。主述を入れ替えたのは、「神」とは異なり、真理は唯一絶対のものでなければならないからだ。周知の通り、インドには多くの神々が存在する。多神教のヒンドゥー教はもちろん、イスラム教やキリスト教の「神」を認めれば、「神」は唯一絶対のものではない。このような「神」と「真理」との関係について、ガンディーは以下のように述べている。

> 真理に関しては、二重の意味を見出すことはできませんし、無神論者だって、真理の必要性や力を否定することはありませんでした。それだけではありません。真理の探究心が芽生えれば、正しいと思う視点からいうので、神の存在を否定するのに、口ごもることもありません。「神は真理だ」といわず、「真理が神だ」というのは、こうした理由によるの

です[86]。

　ガンディーのいう「真理」としての「神」は、キリスト教やイスラムのそれを超えている。「神」と違って、「真理」は無神論者ですら認めざるを得ない超越的で絶対的な存在なのである。この「真理」はダルマの観念によって、法となり得る。ガンディー自身の言葉を借りるなら、「すべてのダルマは真理に到ります。真理は神です。真理を越える法はない[87]」からである。

　ガンディーのサッティヤーグラハは、西洋近代文明や西洋人を敵視した抵抗運動でもなければ、植民地支配からの解放運動でもない。それは新たな社会を建設するための「法」であり、その実践だったのである。「市民社会の内側ではない」ところで練り上げられたサッティヤーグラハの法は、市民社会のための近代法とは異なり、後者が必要とする境界設定をまったく行わない。それはむしろ、近代法の持つ限定的な枠組みを否定することで、それを凌駕しようとする、人間のための普遍の法なのである。

注

1　Gandhi, *An Autobiography: or the Story of My Experiments with Truth*, vol. 1, 1927, vol. 2, 1929, *CWMG*, vol. 44, 335–336.
2　ヴェド・メータ　植村昌夫訳『ガンディーと使徒たち―「偉大なる魂」の神話と真実―』(新評論、2004)41。
3　Shashi Tharoor, "Gandhi & Nehru," *Time* 13 Nov. 2006: 32–34.
4　Shashi Tharoor 34.
5　Shashi Tharoor 32.
6　他の例として、ロベール・ドリエージュ　今枝由郎訳『ガンディーの実像』(白水社、2002)150、154を挙げることができる。ドリエージュはガンディーの健康法について、「彼の理論は、少しの常識と多くの馬鹿げたことの混じりあったもので、これ以上紹介する必要はないだろう。幸いにして、インドでも外国でも、

彼の愚論を文字通りに受け止めた人は少なかった(150)」と紹介している。また、「スキャンダラスな関係？」と題した項では、「ガンジーは、若い女性に自分の身体を洗ってもらい、マッサージをしてもらった。正統ヒンドゥー教徒も、厳しい禁欲を課されていた弟子たちも、これにショックを受け、ガンジーのブラーフマチャリヤの解釈を嘲笑した(154)」と、ガンディーの女性関係をゴシップ的に取り上げている。

7 坂本徳松『現代インドの政治と社会』(法政大学出版局、1969)215。
8 スミット・サルカール　長崎暢子訳『新しいインド近代史Ⅰ―下からの歴史の試み』(研文出版、1993)246-247。
9 Gandhi, *Hind Swaraj*, 1919, *CWMG*, vol. 10, 245-315.
10 長崎暢子『ガンディー――反近代の実験』(岩波書店、1996)112。
11 本書では "alternative" を「オルタナティブ」と表記する。ただし、引用については元の表記に従う。長崎の引用にある「オールタナティブ」、「オルターナティブ」と表記もそれぞれ原典に従っている。
12 長崎暢子「南アジアのナショナリズムの再評価をめぐって―ガンディーのスワラージ」『アジア研究』vol. 48、2002、8。
13 長崎『ガンディー――反近代の実験』215。
14 Robert J. C. Young, *Postcolonialism: A Historical Introduction* (Oxford: Blackwell Publishers, 2001) 317-334.
15 長崎「南アジアのナショナリズムの再評価をめぐって」20。
16 長崎「南アジアのナショナリズムの再評価をめぐって」11。
17 Gandhi, *An Autobiography* 92.
18 Gandhi, "Letter to Pannalal Jhaveri," 29 Mar. 1933, *CWMG*, vol. 60, 204.
19 Gandhi, "My Attitude towards War," *Young India* 13 Sep. 1928, *CWMG*, vol. 43, 16.
20 Partha Chatterjee, *Nationalist Thought and the Colonial World* (London: Zed Books, 1986) 93.
21 Chatterjee 93.
22 Chatterjee 99.
23 Chatterjee 103.
24 Chatterjee 99.
25 Chatterjee 206.
26 Chatterjee 86.
27 Chatterjee 86.

28　Chatterjee 93.
29　ロマン・ロラン　宮本正清訳『マハトマ・ガンヂー』（みすず書房、1959）216。
30　Chatterjee 85.
31　長崎『ガンディー―反近代の実験』112。
32　Gandhi, *Hind Swaraj* 247.
33　Gandhi, *Hind Swaraj* 252.
34　Gandhi, *Hind Swaraj* 249-250.
35　Gandhi, *Hind Swaraj* 254.
36　Gandhi, *Hind Swaraj* 255.
37　Gandhi, *Hind Swaraj* 256.
38　Gandhi, *Hind Swaraj* 256-257.
39　Gandhi, *Hind Swaraj* 258.
40　Gandhi, *Hind Swaraj* 258.
41　Gandhi, *Hind Swaraj* 258.
42　Gandhi, *Hind Swaraj* 262-263.
43　Gandhi, *Hind Swaraj* 259.
44　Gandhi, *Hind Swaraj* 260.
45　Gandhi, *Hind Swaraj* 263.
46　Gandhi, *Hind Swaraj* 277.
47　Gandhi, *Hind Swaraj* 277-278.
48　Gandhi, *Hind Swaraj* 278.
49　Gandhi, *Hind Swaraj* 276.
50　Gandhi, *Hind Swaraj* 276.
51　Gandhi, *Hind Swaraj* 268.
52　Gandhi, *Hind Swaraj* 267-269.
53　Gandhi, *Hind Swaraj* 303.
54　Gandhi, *Hind Swaraj* 303.
55　Gandhi, *Hind Swara*j 303.
56　Gandhi, *Hind Swaraj* 261-262.
57　Gandhi, *Hind Swaraj* 290.
58　Gandhi, *Hind Swaraj* 292.
59　Gandhi, *Hind Swaraj* 292.
60　Gandhi, *Hind Swaraj* 279.

61　Gandhi, *An Autobiography* 279.
62　夫の兄弟、もしくは夫の近親者が未亡人に子を授ける行為。
63　Gandhi, *An Autobiography* 281.
64　Gandhi, *An Autobiography* 281.
65　Gandhi, *An Autobiography* 280.
66　Gandhi, *Hind Swaraj* 309-310.
67　国産品愛用運動。
68　Gandhi, *Hind Swaraj* 310-311.
69　Gandhi, *An Autobiography* 456.
70　Chatterjee 124.
71　Chatterjee 111.
72　Chatterjee 110.
73　Gandhi, *Constructive Programme: Its Meaning and Place*, 1941, *CWMG*, vol. 81, 354-374.
74　Gandhi, "Foreword to 'Constructive Programme: Its Meaning and Place'," Rev. ed., 1945, *CWMG*, vol. 88, 325.
75　Gandhi, "Non-Violent Resistance," *Harijan* 12 Apr. 1942, *CWMG*, vol. 82, 168-169.
76　ラスキンの『この後の者にも(Unto This Last)』に感銘を受けたガンディーはこうした表現をしばしば用いている。例えば以下。「私は『この後の者にも』というフレーズが暗示するものを信じています。この本が、私の人生のターニングポイントでした。世界が私たちにとってそうであるように、この後の者にも、私たちがしなければならないのです。皆が等しく、機会を持たねばなりません」Gandhi, "Interview to Andrew freeman," *Harijan* 17 Nov. 1946, *CWMG*, vol. 92, 394.
77　Gandhi, *Constructive Programme* 357.
78　Gandhi, *Constructive Programme* 357.
79　Gandhi, *Constructive Programme* 363.
80　Gandhi, *Constructive Programme* 357.
81　Gandhi, "Letter to Narandas Gandhi," 19 Aug.1930, *CWMG*, vol. 49, 451.
82　Gandhi, "Fragment of Letter," 9 Jun. 1914, *CWMG*, vol. 14, 174.
83　例えば、*Oxford Dictionary of English* は "dharma" を "(In Indian religion) the eternal law of the cosmos, inherent in the very nature of things." と定義する。
84　Gandhi, *Hind Swaraj* 294.
85　Gandhi, *An Autobiography* 91.
86　Gandhi, "Speech at Meeting in Lausanne," 8 Dec. 1931, *CWMG*, vol. 54, 268.
87　Gandhi, "Truth and Khilafat," *Navajivan* 3 Oct. 1920, *CWMG*, vol. 21, 329.

第 2 章　西洋市民社会ではないところへ

　ガンディーは、インドを西洋近代文明にとらわれない、非暴力社会にすることを真の「独立」とし、そのために、「市民社会の内側ではない」ところからサッティヤーグラハの「法」を提起した。

　とはいえ、むろんガンディーが最初から「市民社会の内側ではない」地点にいたわけではない。むしろ、「マハトマ・ガンディー」になる以前の、モーハンダース・カラムチャンド・ガンディーの半生は、世俗的な栄光に満ち満ちていた。彼はイギリス留学を経て、法廷弁護士になったエリートであり、いってみれば、近代法の番人として「市民社会の中央」にいた人物なのだ。

　では、なぜ彼はそのポジションを放棄し、「市民社会の内側ではない」ところに身を移したのだろうか。そこで本章では、「市民社会の中央」から「内側ではない」ところへと、ガンディーが視座を移した経緯を追跡する。まずは、誕生からエリート弁護士になるまでを対象に、ガンディーの視座が「市民社会の中央」にあったことを確認し、その後、南アフリカ時代にガンディーが「市民社会の内側ではない」ところに視座を移したことを明らかにする。

2.1　英領インドの少年ガンディー

　イギリスによるインド統治の歴史は長く、その起点をいつとするかは議論

が分かれるところだ。けれども、一般的にはプラッシーの戦いの後、1765年に、イギリス東インド会社がベンガルで地税徴収権を獲得したことに始まるとされている。それにより、東インド会社がインド経済を牛耳り、富を吸い上げた一方で、インドの経済は疲弊していった。蓄積したインド人の憤懣は 1857 年に、いわゆるインド大反乱として爆発した。しかし、反乱は鎮圧され、失敗に終わると、その翌年にムガール帝国は滅亡、インドはイギリスの直接統治下に置かれた。そして、それ以後、直轄植民地インドは宗主国によって近代化が進められ、鉄道や幹線道路、銀行や郵便局、医療制度や学校教育などのインフラが整備されることになる。

　モーハンダース・カラムチャンド・ガンディーは、カーティヤワール半島の藩王国ポールバンダルに生まれた。インドが英領植民地になってから 10 年後の 1869 年 10 月 2 日のことだ。ガンディー家は代々藩王国の首相(ディワン)を務める家系で、父親のカラムチャンド・ガンディーも祖父のウッタムチャンド・ガンディーも、そして叔父のトゥルシダス・ガンディーも同じ職に就いていた。
　「首相(ディワン)」という役職名を見れば、ガンディー家は上位カーストの家系だったのかと思われるかもしれない。けれども、実際のところ、ガンディーの家はバイシャという商人カーストに属していた。ちなみに、独立運動の指導者にはブラフマン出身者が多く、そうしたなか、バイシャ出身のガンディーは異例の存在だったといえる。
　そこで、インドのカースト制度について、少し説明しておこう。インドのカーストは司祭のブラフマン、王侯・武士のクシャトリヤ、商人のバイシャ、そして農民、手工業者のシュードラの 4 つの階級で構成されており、さらに、その下には、そのいずれにも属さない不可触民ダリットが置かれている。
　「インド人の人生は、カーストによって決定されている」といっても過言ではないほど、カーストはインド社会の基盤となっている。彼らの職業は、

カーストに従った世襲制で決められており、選択の自由はない。また、結婚制度においても、同じカースト内から配偶者を選ぶことが慣例となっている。さらに、普段の交流においても、他のカーストとの接触は制限されており、例えば、穢れをもたらすという理由から、下位カーストとの食事は禁忌とされている。そのため、同じカースト・コミュニティ内で、それぞれの規律に則って生きていくことが、インド人の人生となる。当然、規律が犯される場合もあるだろうが、その際は、カーストの規律に従って裁かれる。違反者はパンチャヤットと呼ばれるコミュニティ内の議会で審議にかけられ、罰金や、コミュニティからの追放といった制裁が加えられる。そうした慣習は、一方から見れば、コミュニティの規律に従うことを強要し、個人の自由を制限するものといえる。しかし、逆から見れば、その規律に従う限り、コミュニティ内での生活を保障するものともいえる。

では、話をガンディーに戻そう。親族が代々首相(ディワン)を務めていたこと、そして、19歳でイギリス留学を果たしていることを踏まえれば、ガンディーはそれ相応のプライドを持った、上昇志向の強い少年だったと考えられる。実際、留学に出発する際、ガンディーは以下のような言葉を後輩たちに残している。

> みんなの中の何人かが私の後をついてきてくれること、そしてイギリスから帰国した後、インドのリフォームに心から尽くしてくれることを願っています[1]。

このメッセージからは、少年ガンディーのアイデンティティを読み取ることができる。「リフォーム」とは直轄統治以後、近代化が進んだインドに見られた、社会の進歩と改革を求める思想のことであり、当時その信奉者は「リフォーマー」と呼ばれていた。つまり、ガンディーはリフォーマーとして、西洋近代文明を積極的に受容することを支持していたのだ。

とはいえ、リフォーマーは西洋近代文明にただ憧れていたわけではない。

インドの文明化を望むその背景には、イギリス支配からの解放というより大きな願望が潜んでいる。すなわち、リフォーマーが宗主国イギリスに注ぐ眼差しは、憧憬と敵意の入り混じったアンビヴァレントなものだったのだ。

リフォーマーの少年ガンディーも、同じように、イギリスに憧れるとともに、嫌悪していただろうと考えられる。しかし、そう断言するためには、インドでの彼の少年期について考察しなければならない。しかし、残念なことに、その頃ガンディーが書いたものは残されていない。そこで、『自叙伝』を手掛かりに、少年ガンディーの様子を読み取っていくことにする。

『自叙伝』でガンディーは、インドでの幼少期の出来事について書き連ねている。中でも、学校教育、キリスト教、牛肉を食べることについての３つのエピソードからは、植民地支配と近代化の影響を受けながら、ガンディーがリフォームの思想を持つにいたったことが読み取れる。

『自叙伝』でガンディーは、子どもの頃は成績が良くなかったと書いている。しかし、高校の時は成績優秀で、奨学金をもらい、13歳で結婚し進級が１年遅れても、それを飛び級で取り戻したともある。こうしたことから、ガンディーがかなり優秀な学生だったと判断して問題はないだろう。何より、この時代にイギリスに留学していることは、その証左となる。

そのことは、ガンディーが近代教育に高く適応した人物だったことを意味している。それは、彼の時代には重大な意味を持っていた。というのも、植民地支配は近代教育とともに、学歴主義をインドにもたらしていたからだ。しかも、その進展は急速で劇的だった。1世代前、父親の時代には、藩王国の首相(ディワン)の職に就くのに、教育は必要条件ではなかった。ガンディーによれば、彼の父親は「せいぜい５年生のグジャラーティー語の教科書を読めるくらい」で「歴史や地理の知識はなかった」そうだ[2]。他方、ガンディーの時代には、それでは通用しなくなっていた。彼が留学を決めたのは、それなりの教育を受けていなければ、首相(ディワン)の職には就けなくなっていたからだ。結局、留学後彼は首相(ディワン)ではなく、弁護士になっているが、いずれにせよ、ガンディーは「市民社会」の近代の教育制度に適応していたのだといっていいだ

ろう。
　他方、キリスト教に関しては、それを受け容れることができなかったと、ガンディーは述べている。しかし、それは彼が宗教的に排他的だったからではない。「ラージコートでは、ヒンドゥー教の全宗派と、その姉妹である宗教への寛容さの最初の基礎を得た」とガンディーはいい、また、ムスリムやパーシー教徒とも分け隔てなく接していたとも述べている。しかし、「キリスト教だけが唯一例外だった。わたしはそれに一種の嫌悪感を抱いた」というのだ[3]。
　宗教的に寛容だったのは、両親の影響とガンディー自身が診断している。ガンディー家ではヒンドゥー教のヴァイシュナヴァ宗派を信仰していたが、両親はシヴァ宗派やラーマ宗派の寺院にも、ガンディーを連れて行ったそうだ。さらに、ジャイナ教の僧侶とも食事を共にし、父親はムスリムやゾロアスター教徒の友人と信仰について話し合うこともあり、「こうした多くのことが組み合わさって、すべての信仰に対する寛容さを私に植えつけた[4]」とガンディーは述べている。確かに、こうした少年期の経験が、後のガンディーの宗教観の素地になったのだといっていいだろう。実際、独立運動期には、ヒンドゥーとムスリムの融和を唱え続け、インドとパキスタンの分離独立に最後まで反対している。
　さらに、宗教についての記述からは、ガンディーの特徴的な姿勢がうかがえる。あるヴァイシュナヴァ派の寺院について、「ピカピカで華美なところが嫌いだった。また、そこで不道徳なことがされているという噂を聞いていたので、全く興味を失ってしまった」と彼は述べている。すなわち、ガンディーは宗教の教義そのものに価値を認めているわけではない。彼が重きを置くのは、その道徳的側面なのだ。ガンディー曰く、「広い意味で『宗教』という語を用いているが、その意味は自己認識であり、自分を知ること」でなければならない。もちろん、少年のガンディーが宗教に、それほど深遠な意義を求めていたとは思えない。しかし、少なくとも、少年ガンディーはヒンドゥー教に偏執していたわけはなく、他宗教に対し排他的だったわけでもな

いと思われる[5]。

　そのことは、言語に対する彼の態度からも推察できる。『自叙伝』によると、ガンディーはサンスクリット語は難解なため、簡単なペルシア語の授業をとろうとしたというのだ。学習言語の選択は難易度だけの問題ではない。サンクリット語はヒンドゥー教の、ペルシア語はイスラムの言語として、それぞれ宗教と深く関わっているからだ。もちろん、ガンディーがそれを知らないはずはなく、宗教を重んじていれば、ペルシア語を選択することはあり得ない。最終的に、この話は、サンスクリット語の教師に説教され、サンスクリット語を選択したということで終わっているが、その理由がまた興味深い。彼は信仰心を揺さぶられて、言語を選び直したのではなく、「この親切さに、私は恥ずかしくなった。教師の愛情を無視することはできなかった[6]」と教師の愛情に敬意を払い、サンスクリット語に改めたことを強調しているのだ。

　とすれば、「キリスト教に一種の嫌悪感を抱いた」という話も、同じようにとらえ直すべきだろう。『自叙伝』によると、キリスト教の宣教師は「いつも高校の近くの四つ角に立って説教をし、ヒンドゥー教やその神々の悪口をいっていた。それは聞くに耐えないもの[7]」だった。また、キリスト教に改宗した者たちは、西洋の衣服を着て牛肉を食べ、酒を飲んでいた。ガンディーの嫌悪感は、彼らの不道徳に対するものであって、キリスト教に対するものではない。後にガンディーはキリスト教に理解を示し、キリストを非暴力の実践者と讃えてもいるのだが、その余地は、最初から十分に残されていたのだ。

　最後に肉食についてだが、教育や宗教に比べると、肉食に対するガンディーの姿勢は複雑だ。その揺れの中に、イギリスに対するアンビヴァレントな視線が見受けられる。『自叙伝』によれば、ガンディーの友人は、以下のように彼に肉食をすすめたという。

　　僕たちは肉を食べないから弱いんだ。イギリス人が僕たちを支配できる

のは、肉を食べるからだよ。僕は頑丈だし、走るのも速いだろう？　それは僕が肉を食べているからなんだ。肉を食べると、おできも腫瘍もできないし、できたってすぐに治ってしまう。僕たちの先生や偉い人でも、肉を食べている人に馬鹿はいない。君も食べてみるべきだよ。試す他はないね。試せば、どんなに力がつくかわかるから[8]。

肉食を人間の身体や知性の向上、ひいてはイギリスのインド支配にも結び付けるその言い回しは、極端な主張と見えるかもしれない。しかし、ガンディーが紹介する当時の流行歌も、同様の内容となっている。

　　見ろ、大きなイギリス人
　　小さなインド人を支配する
　　肉を食べているために
　　その身長は5キュービット[9]

友人の発言や流行歌からは、西洋人の身体に対するインド人の羨望の眼差しを見て取ることができる。その眼差しは、当時の非文明国に共通する。明治の日本人が肉を食べ始めたのも、西洋文明に憧れ、西洋人と同じ身体を手に入れるためだった。

しかし、日本とインドでは、肉食にまつわる文化的背景が大きく異なっている。周知の通り、ヒンドゥー教徒は牛肉を食べない。また、肉食を禁忌とする菜食主義者も多い。ガンディーの母親もそうしたひとりで、ガンディー家では、肉食が固く禁じられていた。しかし、彼は「肉食は良いことだ。そうすれば強くもなれるし、勇気も持てる。もし国中で肉を食べるようになれば、イギリス人に勝つことだってできるだろう」と自身を納得させると、親に内緒で肉を口にした。進歩への欲望が、宗教的禁忌を超えたのである。そのことにはガンディーも自覚的で、『自叙伝』では「リフォームの熱が私を盲目にしてしまった」と彼は後悔の念を示している[10]。

しかし、少年ガンディーはその後も肉を食べ続けた。そして、その味を楽しみもした。しかし、1年後には、肉食をやめたと彼はいう。親に嘘をつき続けるのが嫌になり、良心の呵責に耐え切れなかったというのがその理由だ。もちろん、『自叙伝』である以上、すべてを道徳的に判断しているのは、書き手のガンディーである。少年ガンディーが肉食をやめた経緯について、実際のところは知る由もない。

　ただし、肉食の中断が、リフォームへの熱意が冷めたからではないことは確かだ。リフォームへの信念は、ガンディーの中でくすぶり続け、それはイギリスへ留学という形で昇華されることになる。

　イギリス留学はガンディーの人生の1つの転機となった。弁護士の資格を取得したことで、ガンディーは植民地エリートの地位を獲得したのだ。しかし、留学までの道のりは、安易なものではなかった。そのために、彼はカーストから追放されているのである。

　ガンディーにイギリス留学を持ちかけたのは、家の相談役のブラフマン、マヴジー・ダーヴェだ。ダーヴェはガンディーを留学させるよう、次のように進言したという。

> 時代は変わったんだよ。だから、それなりの教育を受けていないと、お前たちの誰も、父親の高職を継ぐことはできないだろうよ。この子はまだ勉強中だから、この子に高職を継いでもらうよう考えるべきだ。彼が修士の学位を取るまでに、4、5年はかかるだろう。それでも、せいぜい1カ月に60ルピーだ。首相(ディワン)にはなれまい。私の息子と同じように、法学を目指すとなると、もっと長くかかるだろうし、その頃には、首相(ディワン)になりたい法律家が大勢いるだろう。(中略)イギリスから帰ってきたばかりのバリスターがいるけど、それはいい暮らしをしているよ。首相(ディワン)にだって、彼がなりたいと言えばなれるだろう[11]。

　この引用は、インドが急激に学歴社会に変化したことの裏付けとなる。

首相の職は、大卒でも就けるとは保障できない高職になっていたのだ。
　そこで、ダーヴェはガンディーを「バリスター」にするよう勧める。大法廷への出廷を認められた弁護士「バリスター」の資格は、イギリスでしか取得できないものだった。他方、インド国内で取得可能な、ワキールという弁護士資格もあった。しかし、ワキールには大法廷に出ることが認められておらず、そのため、同じ弁護士であっても、ワキールはバリスターよりも格下に位置づけられる。もちろん、こうしたシステムからは、法制度を通して、イギリスがインドを支配していたことを読み取ることができる。
　少年ガンディーはこの提案に飛びつくが、しかし、前途は多難だった。まず、資金的な問題があった。ガンディーの父親は、彼が16歳の時に、すでに亡くなっており、当時、ガンディー家の家計は兄が支えていたからだ。そうした状態で、留学費用の捻出は一家にとって大きな負担となった。
　加えて、カーストの規律という、より大きな障壁がガンディーの前には立ちはだかっていた。ガンディーが属するカーストでは、海に出る船旅は禁忌とされていたからだ。彼のイギリス留学をめぐる、パンチャヤットでは、船旅をするのであれば、カーストから追放するという決議が下された。カーストからの追放は、社会的地位の剥奪を、すなわち不可触民に転落することを意味する。しかし、ガンディーは臆することなく、その決議を一蹴した。航行の目的は勉学であること、そして「あなた方が最も恐れる3つ(酒、女、肉)は避けると、すでに母と固く約束した」と反論すると、「この問題にカーストは干渉すべきではない」とカーストの規律と、自身の決定の間に線を引いたのである[12]。
　「この問題にカーストは干渉すべきではない」という彼の反論は、人間の内なる「良心」は、社会規範よりも上位にあるという主張に換言することができる。その姿勢は、『ヒンドゥ』で示された、「良心に従って、彼らと違う考えに到ったなら、博学な教授は、自分の命でなく、良心の命に従えとアドバイスするでしょう[13]」という、内なる「良心」を行動規範にすべしという主張と重なっている。しかし、この時、青年ガンディーの内なる「良心」を

支えていたのはリフォームへの信念だ。

2.2 ロンドンでの青年時代

　少年ガンディーは「イギリス人に勝つことだってできるだろう」と肉を口にした。そして、ロンドンに向け出発する際は、リフォームへの熱い思いを後輩たちに伝えてもいた。ところが、留学に出発後、彼の様子からは、イギリスに対する敵意を感じ取ることはできなくなる。イギリスへと向かう船上で、青年ガンディーは目にするものすべてに胸を躍らせ、心を奪われている。

　当時の彼の様子については、「ロンドン日記[14]」（London Diary）からうかがえる。日記には、「デッキから見る月夜の海は格別」で、「船首に灯されたライトの月光のような美しさ」に目を奪われたこと、そして「船から見たスエズ運河の、そこに灯された電灯は表現できないほど美しかった」と船上からの景色に感動したことが書かれている。

　青年ガンディーの心を動かしたのは、景色だけでない。「蒸気船が気に入った[15]」、「（スエズ運河は）本当に素晴らしい。それを発明した人の才能は考えられない。どうやったのか私には分からないが、彼が自然と闘ったということは確かだろう[16]」など、彼は科学技術に賞賛の言葉を送ってもいる。さらに、「運河を通るすべての船から、フランスは通行料を受け取る。収入は莫大なはずだ[17]」と、経済効果にも強い関心を寄せている。

　こうした青年ガンディーの視座は、後のガンディーのものとは明らかに異なっている。西洋近代文明を肯定的にとらえていることから、青年ガンディーの視座は「市民社会の内側」にあったのだと判断していいだろう。

　視座の違いは、西洋人の人種主義的態度を見つめる視線にも表れている。蒸気船がアデンに寄航すると、青年ガンディーはある遊びを目撃する。入港した船に、現地の少年が乗ったボートが近づいてくると、甲板の西洋人が海にコインを放り投げる。すると、そのコインを拾おうと、少年たちが海に潜

っていくというものだ。後のガンディーならば、こうした見世物から別のものを感じ取っただろう。しかし、青年ガンディーは「私は1枚も投げてはいない」と弁解しながらも、「それはとても楽しい光景だった。その光景を30分程楽しん」でいたと感想を残している[18]。

ロンドンに到着するまでの間に、イギリスに対するガンディーの思いは変化した。出発前、彼は「勉学のため」に留学し、そして、帰国後はリフォームに取り組むのだと宣言していた。しかし、「ロンドン日記」では、彼は留学の目的を訂正している。それは「勉学のためというよりは、ロンドンとは何なのかを知りたいという密かな思い[19]」を満たすためのものとなっている。彼のリフォーム熱は、イギリスに対する敵意よりも羨望に大きく傾いていたといえるだろう。

イギリスへの羨望にまつわるエピソードとして、もう1つ、ガンディーの衣服に関する話を取り上げることができる。『自叙伝』によると、ガンディーは、到着の際は白いフランネルを着ようと決めていたそうだ。その理由を、彼は以下のように述べている。

> 白いフランネルは友人が私にくれたもので、上陸のときに着ようと特別にとっておいたものだ。上陸の際は、白い衣装の方がふさわしいだろうと考えていた[20]。

わざわざ衣装を吟味し、フランネルを選んだにもかかわらず、実際に下船すると、9月のロンドンはすでに寒く、そんな格好をしている人は誰もいなかった。そこで、ガンディーは自分の見当違いに気づき、その格好を恥ずかしく思い始めたという。

このエピソードを読むと、ガンディーも若い頃は、お洒落に気を配っていたのだと思われるかもしれない。しかし、彼の場合、それを青年期特有のファッションへの関心ととらえることはできない。なぜなら、彼にとって、衣服とはアイデンティティを示す手段であり、そうした姿勢は、その後の抗議

活動においても一貫しているからだ。

　バリスターとして活動していた頃、ガンディーはスーツに磨かれた靴という格好で、抗議先に向かっていた。しかし、西洋近代文明を批判し始めると、スーツを脱ぎ、インドの伝統的衣装に着替えている。サッティヤーグラハを開始してからの彼の衣装については、繰り返す必要はないだろう。

　ガンディーは常に衣装を通して、自身の立場と思想を表明していた。とすれば、この白いフランネルも、単なるお洒落ではなく、イギリスに敬意を表するための正装だったとみなすことができる。

　その後、青年ガンディーは、イギリス留学は成功裡に終わらせた。無事にバリスターの資格を取得したというだけではない。ガンディーは西洋近代文明に高く順応し、自身をイギリス化するのに成功したのだ。同時代の日本人留学生、夏目漱石が鬱病を患ったのと比べれば、ロンドン留学を謳歌したガンディーは楽観的にも見える。

　そこでここからは、ガンディーのイギリス化という観点から、彼の留学を追っていこう。『自叙伝』によれば、到着したその日の晩、ガンディーはP. J. メータ博士なる人物と面会したそうだ。そして、彼との面会を機に、イギリスへの敬意は、外面的なイギリス化へと方向づけられている。

　メータ博士との面会中のことだ。ガンディーは断りもなく、博士のシルクハットを手に取ると、いたずらに触ったため、シルクハットを毛羽立たせてしまった。そこで博士は、ガンディーにいくつか注意をうながした。インドとイギリスの慣習の違いをもとに博士は、他人のものを勝手に触ってはいけない、初対面の人にはいろいろ尋ねない、大声で話さない、そして「サー」と呼びかけてはいけないと注意した。すると、ガンディーはそれを「将来の戒め」とし、「ヨーロッパのエチケットのレッスンの第1回」と受け取ったというのだ[21]。

　「エチケットのレッスン」が外面的なことから始まったことは、『自叙伝』の第15章「イギリス紳士を演じる」（Playing the English Gentleman）で明らかにされている。青年ガンディーは、ボンベイで仕立てた洋服はイギリス社

会には合わないと、デパートで洋服を新調すると、それにあう高価な山高帽を買い揃えた。さらに、当時の流行の発信地ボンド街で、イブニングも作っている。インドでは贅沢品だった鏡を見るようになり、ネクタイの結び方や、整髪することを覚えると、髪の乱れを気にし始めた。また、帽子を脱ぎ着するたびに、頭に手をやって髪をなでつけることも覚えたという。

　こうして、外見的な条件を揃えた後、青年ガンディーはレッスンを次のステップへと進めた。ガンディー曰く「イギリス紳士になろうという無謀な企て」のために、ダンス、フランス語、ヴァイオリン、雄弁術などを習い始めたのである[22]。

　しかし、その「無謀な企て」を3ヶ月ほど続けた後、青年ガンディーは本来の目的である学業に力を注ぎ始めた。その際、ガンディーはバリスターの資格試験だけでなく、より高い目標として、ロンドン大学の受験を自らに課している。そして、法学以外にもラテン語やフランス語、化学や光学、熱学などに取り組むと、わずか5ヶ月間の試験勉強で大学に合格している。

　こうした変化を、ガンディーは「イギリス紳士になろうとした志願者が、みずからの意思で転向してまじめな学生になった[23]」と表現している。しかし、服装もダンスもヴァイオリンも、学問も西洋近代文明の一部であることに違いはない。「まじめな学生」になるということは、西洋近代的なアカデミズムの枠組みを内在化させたことに他ならない。その意味において、彼の努力に大きな方向転換はなく、西洋近代文明を全面的に受容するために、地続き的に努力していたのだといえる。すなわち、青年ガンディーは外面と内面の両側から、自己のイギリス化を試みたのであり、しかも、それに成功したのである。

　もちろん、ガンディーが完全にイギリス人になったというわけではない。E. H. エリクソンの言葉を借りれば「青年ガンディーは、イギリス人になることの習得に成功したのであった。─すなわち、イギリス的アイデンティティの一要素をインド的アイデンティティに結合した[24]」のである。

　では、どのようにしてガンディーはイギリス的アイデンティティを、イン

ド的アイデンティティに添わせることができたのだろうか？　その答えは、彼のロンドンでの交流関係にある。彼はロンドンで、互いの文化的背景を理解し、尊敬し合えるイギリス人と出会ったのだ。

　その1つが、菜食主義を通じてのイギリス人との交流だ。すでに見てきた通り、少年ガンディーは肉食をめぐって、コンプレックスを抱いていた。『自叙伝』によると、留学後も彼は「いつかすべてのインド人が肉を食べるようになること。そして、私もいつか自由に公然とその中のひとりになる日が来て、他の人たちを仲間に入れることを願っていた[25]」と同じ考えに取り付かれていた。母親との約束もあり、肉を口にすることはなかったと彼はいうが、真偽の程は定かではない。ただ、ベジタリアン向けのレストランが見つからず、肉を避け、食事をとるのに苦労したことは述べられている。

　ガンディーが肉への欲求を断ち、菜食主義者になることを決意したのは、この留学期間中のことである。そのきっかけとなったのが、イギリス人のベジタリアン、H. S. ソルトの『菜食主義の誓い』(*Plea for Vegetarianism*)だ。この本を通して、イギリス人にも菜食主義者がいることを知ると、ガンディーは「菜食主義者になることを決めた。それを広めるのが、私の使命だ[26]」と意志を固め、そのために実際に動き出している。留学中でありながら、ロンドンに菜食主義協会を設立すると、彼は書記として運営に携わった。そうして、ベジタリアンのイギリス人と交流を深めていったのだ。ちなみに設立後、ガンディーを菜食主義に目覚めさせたソルトもこの協会の会員となっている。

　菜食主義協会は、ガンディーにインド文明を紹介する場を提供した。ガンディーは協会の会報誌に、「インドのベジタリアン」(Indian Vegetarian)や「インドの食べ物」(The Foods of India)といった食物に関する記事だけでなく「インドの祭り」(Some Indian Festivals)といった文化記事も寄稿している。ガンディーはインド文化に関心を寄せ、それを理解しようとするイギリス人と交流を持つことができたのだ。

　また、菜食主義者とは別に、ガンディーはロンドンで神智学者とも接触し

ていた。神智学とは、インドの宗教の影響を受けた神秘主義思想だ。ガンディーはその創始者ヘレナ・P・ブラヴァツキー夫人や、代表的指導者アニー・ベサントとも、ロンドンで出会っている。特に、ベサントとの縁は深く、彼女は後にインドに渡ると、独立運動に参加し、国民会議派の年次会議議長を務めている。『自叙伝』でガンディーは、神智学者との交流を通して、初めてインドの古典ヴァガバット・ギーターを読んだことを明らかにしている。つまり、彼はイギリスを経由して、インド文明を再発見し、再評価したのである。

　菜食主義協会の人々や、神智学者たちの視点を借りたおかげで、ガンディーはインドの文化とイギリスの文化を同等に対置することができたのだといっていいだろう。彼がインド的アイデンティティとイギリス的アイデンティティの結合に成功したのには、こうした背景があったのだ。

　青年ガンディーが、いかにロンドン生活を満喫していたかは、菜食主義協会の会報誌の記事からうかがえる。

　　インドに帰るなんて、信じられなかった。私はロンドンが大好きだ。気に入らない人などいるのだろうか？　ロンドンの教育制度や公共の美術館、博物館に劇場に巨大な市場、公共公園に菜食主義レストランと、それらは学生や旅行者、商人や食にうるさい人（faddist）——菜食主義者はそう呼ばれていた——にもぴったりの場所だ[27]。

　ガンディーはイギリスに高く順応した。帰国後、出版を前提に彼が「ロンドン案内[28]」（Guide to London）を書いていることも、その裏付けとなる。「ロンドン案内」の第1章「イギリスには誰が行くべきか？」（Who Should Go to England?）では、イギリスは商業の国であり、商人こそが訪英すべきだとガンディーは提言している[29]。文脈から判断すれば、彼はそこに皮肉や否定的な意味合いを込めてはいない。この時点で彼は、商業主義を含めて、イギリスも肯定的に受け止めていたのだ。

2.3　南アフリカに渡ったバリスター

　「市民社会」を軸として考察するならば、ガンディーが弁護士だったことは、重要な意味を持つ。西洋近代法の専門家であるということは、法に支配される側ではなく、法を維持する側にあったことを意味しているからだ。

　晴れて弁護士となったガンディーは、インドに帰国後、ボンベイで働き始めた。それにより、高職に就くという当初の目的は果たされたが、しかし、ことはそう上手くは運ばなかった。初めての小法廷では、緊張と不安のあまり、立ち尽くしたまま、上手く反対尋問ができずに終わってしまったという。そのため、ガンディーはその仕事を他の弁護士に譲ると、自信が持てるまでは法廷に立たないと決心した。

　ボンベイで失敗したガンディーは、故郷ラージコートに戻ると、そこで新たに事務所を開設した。申請書や陳述書の代書など、そこでの業務は、バリスター本来の業務に比べれば、見劣りするものだった。しかし、それ以上に、司法や行政の裏舞台が彼を心底落胆させたという。国同士の小競合いや役人同士の権力争い、イギリス人秘書の横柄な振る舞いまいを目の当たりにして、そこが陰謀と策略に満ちた世界だということを知ったガンディーは、暗澹たる気持ちで弁護業を続けていた。

　そうしたなか、ガンディーに再度転機が訪れた。南アフリカのナタールの商社で顧問弁護士として働く、1年契約の依頼が舞い込んできたのだ。その依頼を、ガンディーは二つ返事で引き受けた。そして、1893年の5月に南アフリカに向けて出発するのだ。イギリスから帰国後、ガンディーがインドにいた期間は、わずか2年に満たない。

　心機一転、南アフリカに向かったガンディーは、フロックコートに折り目のついたズボン、磨かれた靴と、バリスターに見合った服装で新天地に上陸した。唯一本物のイギリス紳士と違うのは、彼の頭にシルクハットではなく、ターバンがのっていたことだ。

　一般的に、ヒンドゥー教徒はターバンを巻かない。ヒンドゥー教徒がター

バンを巻くとき、それは、その人物が上流社会に属することを意味する。スーツにターバンという姿は、イギリスとインドをまたぐエリートというガンディーのアイデンティティの表れといえるだろう。

　しかし、イギリス領南アフリカでは、ガンディーの意図は通用しなかった。問題はターバンだ。南アフリカの裁判所は、その格好で訪れたガンディーに、ターバンを脱ぐよう命じたのだ。裁判所はターバンをエリートを示す記号として受け取らず、帽子とみなしたのである。その命令に対し、ガンディーはターバンは帽子ではなく、室内で脱ぐ必要もないと反論したが、しかし、彼の主張は受け容れられなかった。裁判所がターバンを脱ぐか、それとも、法廷から退出するかの二者択一を突きつけると、ガンディーは退廷することを選択した。

　事態はこれだけで収まらなかった。ナタールの地方紙「ナタール新聞」（The Natal Advertiser）が、翌日の新聞に「招かれざる訪問者」という見出しで、昨日の裁判所での1件を記事として取り上げたのだ。それを読んだガンディーは、1通の手紙を新聞社に送った。そして、「行政官が私を不満に思っているならば、それは申し訳ないことをした[30]」と謝罪すると、自分はボンベイの裁判所での慣例に従って行動したのであり、それは裁判所に対する不敬ではなく、むしろ敬意を表してのことだと釈明した。

　ターバンの1件は、異文化接触の際にありがちな誤解のようにも見える。しかし、実際のところ、それほど単純な話ではない。その背景には、インド人に対する苛烈な人種差別があったからだ。

　南アフリカにおける人種差別の状況を、ガンディーは身をもって知ることになる。数日後、彼はプレトリアに向かう汽車に乗った。裁判所の時と同じように、スーツを着込んだ彼は、外見的にも職業的にも1等車両に乗るに値する人物だった。少なくとも、ガンディー自身はそう思っていただろう。しかし、有色人種に対する差別法は、弁護士といえども、例外ではなかった。インド人が1等車両に乗ることは、許されていなかったのである。そのため、彼は巡査と駅員に、真冬のプラットフォームに荷物ごと放り出されてし

まう。

　プレトリアへの道程は、その後も苦難の連続だった。インド人であるという理由で、ガンディーは駅馬車に乗ると車掌に殴られ、ホテルでは宿泊を断られた。不当な対応に怒りが治まらないガンディーは、翌朝、鉄道会社の総支配人に抗議の電報を送る。しかし、彼の予想に反し、その返事は、駅側の行為は正当だと伝えるだけのものだった。

　当時のナタールでは、インド人は「クーリー[31]」、「サミー[32]」と呼ばれ、差別されていた。しかも、そうした有色人種への差別は、法的に認められたものだったのだ。そのことを、ガンディーは、南アフリカに来て初めて知ったのである。

　ガンディーは差別に対する憤りを、同胞のインド人にぶつけた。しかし、彼の怒りが共有されることはなかった。『自叙伝』には、そのときのやり取りが書かれている。ホテルで宿泊を断られた件を、ガンディーは怒りを交えて、1人のインド人に話した。しかし、それを聞いたインド人は、大笑いしながら「本当に泊まれると思ったのか？」と逆にガンディーに尋ねたという。そこで、「そう思ってはいけないのか？」とガンディーが問いかけると、彼はこう答えたそうだ。

　「ここに数日いたら、あなたも分かるようになりますよ」
　「私たちがこんなところに住んでいられるのは、金を稼ぐためです。馬鹿にされるのも気にしません。だからこうしているんです」（傍点は筆者による）[33]

　続けて、このインド人は、南アフリカの同胞が体験している苦難について語った後、ガンディーにこういったともいう。

　「この国はあなたのような人には向いていない」（傍点は筆者による）[34]

「私たち」、「あなた」という言葉によって、南アフリカのインド人たちとガンディーの間には境界線が引かれている。しかし、それは、そのインド人だけが引いたものではない。「南アフリカは、自尊心のあるインド人には向かない国[35]」というガンディーの言葉は、その境界線を補強するものといえる。ガンディーの言葉を加味して言い直せば、南アフリカに居住するインド人は金儲けのために「自尊心」を捨てた人間であり、「自尊心」を持つガンディーは、彼らからは区別される存在なのだ。

　ガンディーの「自尊心」は弁護士という職業と、イギリス紳士であるというアイデンティティに支えられている。別の表現を使えば、彼の「自尊心」とは、エリート英国臣民としてのものだ。そのことは、差別に抗議するガンディーの様子に表れている。

　鉄道を利用する別の機会が訪れると、1等車両に乗れるよう、ガンディーは駅長に交渉することを計画する。その際、彼は法律家らしく、鉄道規則を取り寄せると、それを参考に駅長宛てに手紙を書いている。こうして手はずを整えた後、ガンディーはイギリス紳士の装いで駅に向かうのだが、その時の心境を、彼は以下のように述べている。

> 　もし駅長が返事を書いてよこしたら、彼は「否」と書いただろう。彼が「クーリー弁護士」を想定していたら、なおさらのことだ。そこで私は、完璧なイギリス風の服装をして彼の前に現れて話をし、1等のチケットを出すよう説得しようと思ったのだ。だから、フロックコートにネクタイを締めて駅に行き、カウンターにソヴリン金貨を置いて、1等のチケットを求めた[36]。

　明らかにガンディーは「イギリス」を強調することで、「クーリー」を打ち消そうとしている。彼が要求しているのは、自分を差別の対象から外すことに他ならない。つまり、当初ガンディーは、インド人差別そのものを解消しようとは考えていなかったのだ。

ガンディーにとって、問題は自分が差別されていることだ。そのため、契約期間中に、彼が行った抗議も個人的なものに限られていた。ガンディーは当地の実情をまったく知らず、南アフリカには「ひとつの訴訟のために行っただけ[37]」の雇われ弁護士でしかなかった。ガンディー自身が否定しようとも、彼の実際的な立ち位置は、他のインド人労働者たちとそう変わらないところにあったのだ。

2.4　英国臣民としての抗議活動

　1年の契約期間の終了後、ガンディーは帰国の準備を進めていた。彼のために送別会が開かれ、後は帰りの船に乗るだけの状態だった。しかし、その送別会で目にした新聞をきっかけに、ガンディーは帰国を取りやめた。

　彼が読んだのは、インド人の選挙権を剥奪する法案が審議中であることを伝える記事だ。それに反応したのは、ガンディーが弁護士だったからだといえるだろう。日常的な人種差別とは違い、法的権利の剥奪には目をつぶることができなかったのである。ガンディーは、その場で法案に対する反対運動を提案すると、その日の晩には請願書を作成した。そして、ナタールでの弁護士登録を早々に済ませると、法的な専門知識を後ろ盾に、抵抗運動を開始するのだ。

　再びエリクソンの表現を借りれば、ここでガンディーは、英国とインドを結合した「より広い大英帝国的(British)アイデンティティに従って[38]」活動を行っている。サッティヤーグラハが「市民社会の内側ではない」ところで展開された運動であるとするなら、この当時のガンディーの抗議活動は「市民社会の内側」でのものだった。実際、彼が植民地政府に要求したのは、インド人を英国臣民と認め、法的権利を剥奪しないことだ。つまり、自分たちインド人を大英帝国の法的枠組みに正当に収めるよう彼は訴えたのだ。彼の活動は「市民社会」の秩序体系から逸脱したものではない。そのため、この時点では、まだ彼の視座は「市民社会の内側」にあったといえる。

ガンディーの視座が「市民社会の内側」にあったことは、彼がナタール立法議会に提出した請願書を見れば明らかとなる。そこで、もっとも初期に書かれた 1894 年 6 月 29 日付けの「ナタール下院への請願書[39]」(Petition to Natal Legislative Assembly)をここでは取り上げよう。長いものなので、最初の部分だけを以下に引用する〔以下「請願書」と略す〕。

1. 請願者は英国臣民であり、インドから来て、植民地に定住する者である。
2. 請願者の多くは、議員選挙の際、投票することが正式に認められた有権者である。
3. 請願者は選挙法改正法案の第二読会に関する新聞報告を読み、心から驚き失望している。
4. 請願者は、議会に最大限の敬意を払ってはいるが、様々な雄弁家の観点を借り、全面的に異論を唱え、不当な法案の通過を正当化する証拠とするには、事実は理由として不十分であると主張する。

　この後、「請願書」では具体的に異論が展開され、項目は 24 番まで続く。番号を振ってまとめるその書式は、いかにも弁護士らしい。さらに、曖昧で掴み所がないサッティヤーグラハ言説とは違い、「請願書」は西洋知識人や英国議会の言論を援用しながら、論理的に構成されている。
　「請願書」の主な目的は、インド人の選挙権を剥奪する 2 つの理由——「インド人は出身国で選挙を経験していない」、「インド人は政治に参加するのにふさわしくない」——を覆すことにある。まず、先の「インド人は出身国で選挙を経験していない」わけではないことを示すのに、ガンディーは英国の歴史法学者ヘンリー・サマー・メインや法律家チゾム・アンスティー、さらには英国議会の見解を証言として引用している。その後、同様に「インド人は政治に参加するのにふさわしくない」わけではないことを証明するために、トーマス・ムンローやマックス・ミュラー、英国人官僚の見解を証拠として

提示している。

　「請願書」とサッティヤーグラハ言説の違いは、両者の目的が本質的に異なっていることを示唆している。先に見たように、サッティヤーグラハでは「良心」が価値基準とされていた。それは、「市民社会の内側ではない」ところに、新たな社会を構築するための法として提起されたものだ。それに対し、この「請願書」はクライアントを擁護する弁護士の訴状でしかない。その言説は、西洋近代的な枠組みの中で、その知に依存することで正当性を主張する。ガンディーの目的は、インド人を「英国臣民」として認めさせることであり、「請願書」は「市民社会」におけるインド人の権利を要求するためのものなのだ。アフリカ研究者ブライアン・M・デュトワが指摘した通り、この頃のガンディーは、コミュニティの外にいるインド人以外の被差別者を視野に入れていないのである[40]。

　ガンディーの目的が、インド人を「市民社会の内側」に入れることだったことは、次の事実によっても裏打ちされる。「インド人は政治に参加するのにふさわしくない」という通説を撤回させるために、ガンディーはインド人コミュニティでも行動を起こしていた。そもそも、「インド人は政治に参加するのにふさわしくない」とされた背景には、インド人は不潔でケチだというレッテルが貼られていたことがある。批難されたのは、インド人が生活空間で商売を営んでいること、収入に見合った服を着ていないことだった。もちろん、そうした批難は生活様式の違いから生じた偏見である。しかし、ガンディーは批判者と同じ視点に立つと、「秩序正しい生活」を送るようインド人を指導している。「請願書」にせよ、生活様式の改変にせよ、ガンディーはインド人を「英国臣民」として英国的「市民社会」の秩序体系に首尾よく収めることで、問題を解決しようとしていたのである。

　問題の法案は 1897 年に取り下げられ、選挙権をめぐる闘争は、ガンディーの勝利という形で一旦幕を下ろした。しかし、それで彼の南アフリカでの闘争が終わったわけではない。

　隣国のトランスヴァールで金鉱が発見されると、トランスヴァールにおけ

る「英国人」の不遇を理由に、1899年にナタール政府は戦争を起こす。いわゆるボア戦争である。ナタール政府のいう「英国人」とは、インド人のことに他ならない。政府は、トランスヴァールに言い掛かりをつけるとともに、インド人の待遇が改善されると甘言を弄して、インド人に従軍を呼びかけた。

　ナタールのインド人コミュニティでは、戦線に加わるかどうかが議論となり、意見が分かれた。しかし、ガンディーは終始一貫して従軍を主張すると、インド救護隊 (Indian Ambulance) を率いて戦場に向かった。とはいえ、ガンディーはボア人に敵意を抱いていたわけではない。むしろ「ボア人に正義があることは大いに認められる[41]」と後に彼は述べている。にもかかわらず、従軍を決意したのは、ナタール政府が差別の解消を公約したことが1つの理由となっている。しかし、それ以上に、「英国臣民」としてのガンディーのアイデンティティが決め手となっていた。インド人に参戦を促すのに、ガンディーは「私たちが南アフリカにいられるのは、ひとえに英国臣民の資格のため[42]」であり、「臣民が統治を受け容れている以上、それが誤っていようとも適応し、支援するのが臣民の義務[43]」だと鼓舞したのだ。さらに、この時ガンディーは「臣民の一般的な義務は、戦争の是非を考えることではなく、実際に起こっている戦争をできるだけ支援することなのだ[44]」とも訴えたという。そうして見ると、この時点においても、彼の視座はイギリスの「市民社会の内側」にあり、「英国臣民」として自身の行動を決定していたのだといえる。

2.5　法的秩序からの自己排除

　ボア戦争の終了後、ガンディーはインドに帰国した。戦争は英国側の勝利で終わり、公約が守られれば、インド人の待遇は改善されるはずだったからだ。ところが、実際はそうはならなかった。戦後、イギリスの支配下となったトランスヴァールには、新たにアジア人局が新設された。そして、イン

ド人の入国制限が検討されるなど、むしろ状況は戦前よりも悪化していたのである。

在留インド人たちに呼び戻され、ガンディーは南アフリカでの闘いを再開した。そして、今回は活動拠点をトランスヴァールに定め、以前と同じように弁護士登録を済ませると、請願書の提出や政府要人との交渉を開始した。しかし、ここにきて、ガンディーはそうした手段に限界を感じ始める。これまでの抗議活動を振り返ると、「つぎを当てるようなものでした。強盗たちが私たちの全財産を奪い、嘆願すると少しは返してくれる。そうすることで私たちは満足していたのです[45]」と認識を改めるのである。

また、この頃から、ガンディーの視座に変化が見られる。彼は、植民地法そのものに疑いの目を向け始めると、差別的法律は英国人商人の経済的利益を守るためのものであり、邪魔者のインド人商人を排斥するための方便でしかないと問題をとらえ直すのだ。

植民地政府に対するガンディーの批判的言説も、かつての「請願書」と比べると、そのスタイルが変わっている。「請願書」のガンディーは、インド人に対する否定的言論に、ひとつずつ再反論を試みていた。しかし、ここに来て、彼はそうした抗議の方法を改めている。個々の言論にとらわれるのではなく、「南アフリカの知的なヨーロッパ人たちは、商売のための、図々しい自分勝手な議論だけでは満足しません。その知性は、不正を通すために、もっともらしい議論を作り出します[46]」とその支配の枠組みを、包括的に批判し始めるのである。

南アフリカの植民地大臣、スマッツ将軍に対するガンディーの批判には、そうした変化が顕著に現れている。ガンディーは、スマッツ将軍は「南アフリカは西洋文明の代表で、インドは東洋文明の代表だ。現代の哲学者は、これらふたつの文明が一緒になれないと言っている。(中略)インド人の問題は商売上の敵意や人種偏見ではない[47]」と主張してきたという。しかし、それは「哲学的観点から見れば、完全に偽善[48]」で、その「『哲学的』議論には実体がない[49]」と為政者に典型的な主張であると断罪するのだ。

ガンディーの批判が、包括的なものに変化していることを見れば、彼が西洋近代的な思考の枠組みから、一歩踏み出したかのように思われる。けれども、一足飛びに、彼が「市民社会の内側ではない」ところにいたったわけではない。植民地政府に対する彼の態度には、この後も揺れが見受けられる。

　1906年にズールー族の反乱が起こると、彼はボーア戦争のときと全く同じ理由で、従軍を決意する。先の戦争と同じように、彼はズールー族に正義を認めてもいる。しかし、英国臣民である以上、従軍することが義務なのだと主張すると、ガンディーは救護隊を率いて再び戦場に向かうのである。為政者と彼らが制定する法に正義はないと否定した後も、ガンディーは英国臣民としてのアイデンティティを放棄していたわけではない。むしろ、英国臣民としての彼のイギリス的アイデンティティが、最後までガンディーを「市民社会の内側」に踏み止まらせていたのだ。

　しかし、同じ年の8月、ガンディーは「市民社会の内側ではない」ところへと完全に視座を移す。そのきっかけとなったのが、トランスヴァール政府が提出した暗黒法法案だ。暗黒法とは、トランスヴァールに居住権を持つ8歳以上のインド人に名前、住所、カースト、年齢、身体的特徴、指紋の登録を義務付け、さらにその登録証を常に携帯すること、そして警察官から求められた場合は、提示することを義務付ける法案のことである。それが通過した場合、拒否すれば犯罪となり、監獄への送致か罰金刑が課されることになる。

　暗黒法以前にも、インド人に登録を義務付ける法律がなかったわけではない。ボーア戦争の終結後、イギリス領となったトランスヴァールでは、治安維持条例が施行され、インド人には登録義務が課された。その際も、インド人コミュニティでは、登録に応じるか否かが問題となった。しかし、その時は、最終的に自主的に登録することに決まった。なぜなら、「英国臣民」のガンディーが、「こうすることが、自分たちの正直さ、配慮、寛大さ、常識と博愛の証でした。インド人コミュニティは、トランスヴァールのいかなる法律も犯すつもりなど毛頭ないことを示すことでもあります[50]」と訴えてい

たからだ。
　治安維持条例には従えたが、暗黒法には従えなかった最大の理由は、後者が指紋の押捺を義務付けるものだったことにある。西洋の近代法において、指紋の押捺は犯罪者に課されるものであることを、ガンディーは知っていたからだ。ガンディーは暗黒法を、インド人を犯罪者扱いする「祖国インドに対する侮辱だ」と受け取ったのである。そのため、「こんな法律の対象になることを受け容れられない。私たちは罪を犯してはいない」と、その法に従うことを拒否したのだ[51]。
　暗黒法に対する抗議集会で、ガンディーは政府と闘うことを公言した。そして、「あらゆる手段を尽くしたにもかかわらず、もしそれが通過した場合、インド人たちはこの法律に服従せず、服従しないことで被るすべての苦難に耐える」と抵抗の手段を発表した。その内容から、これを彼の非暴力と不服従の原型とみなすことができる。しかし、より重要なことは、その提案とともに示された「私たちは監獄に行かねばならないでしょう」というガンディーの予告だ。法に従わず自ら監獄に入るということは、近代法が制定する秩序体系から自己排除することに他ならない。ガンディーの非暴力とは、法的秩序体系からの自己排除を前提にしたものだったのである[52]。
　しかし、その時点でも、ガンディーは西洋近代法を完全に見限っていたわけではない。反対集会の後、彼は直訴のため、本国イギリスに渡っている。本来、直轄植民地のトランスヴァールでは、宗主国イギリスの法律が適用されなければならない。イギリスの法律は人種差別を認めておらず、ガンディーはその1点に賭けたのである。だが、彼の期待は裏切られた。イギリス政府は、暗黒法を取り下げはしたが、しかし、その後すぐ、トランスヴァールを自治植民地とすると、暗黒法が採択される手はずを整えたのである。
　植民地政府だけでなく、本国政府にも正義がないと気づいたとき、ガンディーはその視座を確かなものにした。彼が求めるのは、もはや法の改正ではない。「もう恐れない。帝国政府の助けなどなくとも、私たちは闘える。抵抗を誓った神の名の下に、自分たちの力で闘える。私たちが本物なら、曲が

った政策もまっすぐになる[53]」と「私たち」の闘いを誓ったのである。

　ガンディーの指導に従い、法を犯したインド人たちが、次々と監獄へ送られた。そして、ガンディー自身も 1907 年に逮捕されることになる。バリスターから被告人への転落は、法秩序の番人から抗議者への転身といえる。

　市民社会と監獄の境界線である裁判所に立ったとき、ガンディーは最後の揺れを見せている。最初、彼は「弁護人として立った法廷に、被告人として立つことに、少し気まずさを感じました。しかし、弁護士席よりも被告人席に立つ方が誇らしく思いました」と自信を持って、立ち位置の変化を受け容れていた。ところが、禁固 2 ヶ月の判決が下され、囚人用のベンチに移されるとき、彼は戸惑いを見せる。「家のこと、これまで従事してきた法廷のこと、集会、そのすべてが夢のように過ぎ去った。今、私は囚人だ。2 ヶ月の間に何が起こるのだろう。私は 2 ヶ月間務めきらねばならないのだろうか」と監獄への送致を前に、一瞬躊躇するのだ。しかし、そうした思いを恥じ入ると、法的秩序体系から排除される犯罪者ではなく、自己を主体的に排除する抵抗者へとアイデンティティを変えて、監獄へとガンディーは自ら歩を進めた[54]。

　監獄とは、法によって排除された場だ。しかし、その意味において、法に包含される場であるともいえる。監獄が、そうした法の境界線上の場であることを、ガンディーは自身の体験を通して知ることになる。

　ガンディーの逮捕後、監獄を一杯にしようと、多くのインド人たちが彼の後を追った。1 週間でその数は 100 人を超え、最終的には 150 人を超えたという。禁固刑に処され、することのない彼らは、労働や運動をさせてくれるよう所長に求めたが、「規則違反はできない」と断られてしまう。監獄も法の適用範囲であることに変わりはないのだ。

　しかし、ガンディーは「市民社会」からは完全に排除されている。囚人に提供される、野菜だけの食事では蛋白質不足だとガンディーは申し立てた。しかし、「囚人たちは医学的観点から議論してはならない」と却下されてしまう。囚人には学問を語る権利も、健康な食生活を追求する権利も認められ

ない。その意味において、囚人は「市民社会」からは排除された存在なのである[55]。

　排除されつつ包含される法的秩序体系の境界で、ガンディーら一行は「楽しく平和に刑期を終えよう[56]」と決める。そして、監獄での生活を自分たちの秩序体系に沿った形に変えようと試みるのだ。最終的に、獄吏の管理のもとではあるが、毎朝の教練や昼食を自分たちで調理することを認めさせている。つまり、ガンディーは監獄の秩序の管理者に、自らの秩序の構築を容認させたのである。西洋近代的な法的秩序から自己排除した後、「市民社会の内側ではない」ところで、ガンディーは自分たちの秩序体系を構築し始めたのだ。

　1914年にはインド人救済法が成立し、ガンディーの勝利という形で、南アフリカでのサッティヤーグラハ闘争は幕を閉じた。ガンディーがインドの独立運動で活躍するのはこの後のことだ。ちなみに、その時彼の年齢はすでに46歳に達していた。

　1921年、インドで第1回サッティヤーグラハ闘争を大々的に進めるなか、ガンディーはその目的を以下のように述べている。

　　現在の統治システムは完全に誤っており、それを終わらせるか、修正するための特別な国民的努力が必要だと思います。それが自己改善する可能性はありません。私は今でも、イギリス人行政官を正直だと思っていますが、それだけでは何の役にもたちません。なぜなら、かつての私と同じように、彼らは盲目で欺かれていると思うからです。そのため、私は帝国を自分のものと呼び、自分自身を市民ということに誇りを持てません。逆に、私は自分が帝国の不可触民であることを十分に理解しています。だから、その根本的な建て直しか、もしくは完全な崩壊を祈り続けねばならないのです[57]。

　ガンディーの狙いは、イギリスから国家主権を奪回することではない。彼

の目的は、それを崩壊させることにあった。彼の敵は組織としてのイギリス政府ではなく、それが押し付ける帝国主義的な秩序体系であり、それを支える西洋近代文明だったのだ。その意味において、サッティヤーグラハは「非暴力・不服従」ではない。サッティヤーグラハとは、西洋近代法に基づく統治システムを崩壊させるための闘いであり、西洋近代法に代わる新たな法だったのである。

注

1 Gandhi, "Speech at Alfred High School, Rajkot," *Kethiawar Times* 12 July 1888, *CWMG*, vol. 1, 1.
2 Gandhi, *An Autobiography* 93–94.
3 Gandhi, *An Autobiography* 116.
4 Gandhi, *An Autobiography* 116.
5 Gandhi, *An Autobiography* 115.
6 Gandhi, *An Autobiography* 104.
7 Gandhi, *An Autobiography* 116.
8 Gandhi, *An Autobiography* 106.
9 Gandhi, *An Autobiography* 106–107.「キュービッド」は長さを表す単位で、肘から中指の先までのこと。5キュービッドは約2メートル。
10 Gandhi, *An Autobiography* 107.
11 Gandhi, *An Autobiography* 118–119.
12 Gandhi, *An Autobiography* 122.
13 Gandhi, Hind Swaraj 249–250.
14 Gandhi, "London Diary," 12 Nov. 1888, *CWMG*, vol. 1, 2–16.
15 Gandhi, "London Diary" 9.
16 Gandhi, "London Diary" 11.
17 Gandhi, "London Diary" 12.
18 Gandhi, "London Diary" 10.
19 Gandhi, "London Diary" 2.
20 Gandhi, *An Autobiography* 124.

21　Gandhi, *An Autobiography* 125.
22　Gandhi, *An Autobiography* 129.
23　Gandhi, *An Autobiography* 132.
24　Eric H. Erikson, *Gandhi's Truth: On the Origins of Militant Nonviolence* (New York: Norton & Co., 1993) 202.
25　Gandhi, *An Autobiography* 128.
26　Gandhi, *An Autobiography* 128.
27　Gandhi, "On Way Home to India-I," *The Vegetarian* 9 Apr. 1892, *CWMG*, vol. 1, 50.
28　Gandhi, "Guide to London," 1893-1894, *CWMG*, Vol.1, 65-121.
29　Gandhi, "Guide to London" 68.
30　Gandhi, "Letter to 'The Natal Advertiser'," *The Natal Advertiser* 29 May 1893, *CWMG*, vol. 1, 57.
31　中国人、インド人の下層労働者の蔑称。
32　インド人に対する蔑称。ヒンディー語の「スワミ (swami)」から転化し「サミー (sami)」となった。
33　Gandhi, *An Autobiography* 176-177.
34　Gandhi, *An Autobiography* 177.
35　Gandhi, *An Autobiography* 188.
36　Gandhi, *An Autobiography* 177.
37　Gandhi, *Satyagraha in South Africa*, 1928, *CWMG*, vol. 34, 38. なお、グジャラーティー語の *Dakshina Africana Satyagrahano Itihas* は第1巻が1924年に、第2巻が1925年に出版された。
38　Erikson 151.
39　Gandhi, "Petition to Natal Legislative Assembly," 28 June 1894, *CWMG*, vol. 1, 144-8.
40　Braian M. DU Toit, "The Mahatma Gandhi and South Africa," *Journal of Modern African Studies* Dec. 1996: 643-660.
41　Gandhi, *Satyagraha in South Africa* 63.
42　Gandhi, *Satyagraha in South Africa* 62.
43　Gandhi, *Satyagraha in South Africa* 63.
44　Gandhi, *Satyagraha in South Africa* 63.
45　Gandhi, *Satyagraha in South Africa* 73-74.
46　Gandhi, *Satyagraha in South Africa* 77.
47　Gandhi, *Satyagraha in South Africa* 77.

48　Gandhi, *Satyagraha in South Africa* 78.
49　Gandhi, *Satyagraha in South Africa* 79.
50　Gandhi, *Satyagraha in South Africa* 81.
51　Gandhi, *Satyagraha in South Africa* 86.
52　Gandhi, *Satyagraha in South Africa* 90.
53　Gandhi, *Satyagraha in South Africa* 106-107.
54　Gandhi, *Satyagraha in South Africa* 125.
55　Gandhi, *Satyagraha in South Africa* 125.
56　Gandhi, *Satyagraha in South Africa* 128.
57　Gandhi, "Notes," *Young India* 17 Nov. 1921, *CWMG*, vol. 25, 102.

第 3 章　サッティヤーグラハと暴力

　本章では、サッティヤーグラハの法の部分に焦点を当て、その非暴力と暴力について考察する。法と暴力の関係といえば、ヴァルター・ベンヤミンの「暴力批判論」が想起されるが、タイトルだけ見れば、単純な暴力批判の書と思われるかもしれない。しかし、冒頭で明らかにされている通り、ベンヤミンの「暴力批判論の課題は、暴力と、法および正義との関係をえがくこと[1]」にある。

　そこで、ベンヤミンの批判する「暴力」の意味を再確認しておくことが必要だ。というのも、ドイツ語の「暴力(Gewalt)」は日本語の「暴力」よりも意味的な幅が広く、「権力」の意を併せ持つものだからだ。つまり、ベンヤミンの「暴力批判論」とは、国家権力による法的支配に潜む暴力を指摘した書なのだ。

　同書において、ベンヤミンは西洋近代的な法的統治の問題を指摘しただけではない。国家権力を「神話的暴力」と定義すると、それを打ち破る力として「神的暴力」を提起してもいる。国家権力による法的統治を問題視し、それに対抗する力を呈した点で、ベンヤミンの神的暴力とガンディーのサッティヤーグラハには通じるものがあるといえる。ちなみに、両者は同時代の人物でもあり、ベンヤミンが「暴力批判論」を発表した 1921 年は、ガンディーがインドで第 1 回サッティヤーグラハ闘争に奔走していた時期にあたる。

　とすれば、ベンヤミンとガンディーは同じ時期に、同じように問題を設定し、その対抗策を提示していたのだといえる。ならば、ベンヤミンを敷衍し

て、サッティヤーグラハ分析を進めても、あながち的外れな行為とはならないだろう。そこで、ここからはベンヤミンの神話的暴力と神的暴力という概念を仮軸とし、両者の比較を通じて、サッティヤーグラハの非暴力に潜む暴力を明らかにしていこう。

3.1 法と暴力、手段と目的

「暴力批判論」において、ベンヤミンは、まず既存の法哲学を否定するために字数を割いている。そこでの彼の主張を要約すれば、自然法と実定法に分かれた法哲学に、法と暴力の関係の答えを見出すことはできないということになる。

既存の法哲学に、法と暴力の関係の答えを見出すことができない理由について、ベンヤミンは次のように論じている。法哲学のうち、自然法的学派は「あらゆる現行の法を、その目的を批判することによってのみ判定」する。つまり、それは正しい目的のためならば、手段としての暴力を容認するものだ。他方、実定法的学派は「あらゆる未来の法を、その手段を批判することによってのみ判定」する。すなわち、それは正しい手段が正しい目的に向かうと考えるため、目的の如何にかかわらず、手段としての暴力を否認するものということができる。

自然法と実定法は、それぞれ目的と合法性を判断基準にした対立的なものに見える。しかし、ベンヤミンは、その対立の向こう側に1つのドグマを見て取っている。つまり、両者はともに「正しい目的は適法の手段によって達成されうるし、適法の手段は正しい目的へ向けて適用される」というドグマ的前提を共有しているというのだ。そのため、「もしこのドグマ的な前提が誤謬であって、一方の適法の手段と他方の正しい目的がまっこうから相反するとすれば、解決のできない二律背反が生まれるだろう」とベンヤミンは問題提起する。

そこで、ベンヤミンは「この点を明晰に認識するためには、まず圏外へ出

て、正しい目的のためにも適法の手段のためにも、それぞれ独立の批評基準を提起しなくてはなるまい」と提案する。そして、「手段の正当性」の判別について問いを立てるのだ。当然、自然法からその解を導き出すことはできない。しかし、それは実定法からも導き出すことはできないとベンヤミンは断ずる。なぜなら、実定法はそれ自身が暴力の尺度であり、その尺度を吟味するためには、「実定法哲学のそとに立場を見つける必要があるが、その立場は同時に自然法のそとでもなければなら」ないからだ。こうしてベンヤミンは法哲学的観点を退けると、その立場を「歴史哲学的な法研究」に求めるのである[2]。

そこで、まず「もしこの共通のドグマ的な前提が誤謬であって、一方の適法の手段と他方の正しい目的がまっこうから相反するとすれば、解決のできない二律背反が生まれるだろう」というベンヤミンの仮定に、現代の「非暴力」を当てはめて検証することから始める。

「はじめに」で見たブッシュと「呼びかけ」の「非暴力」言説は、ベンヤミンの問題提起とみごとに重なっている。ベンヤミンの枠組みに従えば、「未来の平和と非暴力」を目的に、テロとの戦争を正当化したブッシュの「非暴力」言説は自然法的な言説といえる。他方「非暴力」的手段だけが未来の平和を約束すると訴える「呼びかけ」は実定法的言説として、区別することができる。実際のところは、ブッシュが強権を発動し、報復戦争を開始したことで、両者の対立は終わってしまった。しかし、言説レベルの「解決できない二律背反」は手つかずのまま残されている。よって、両者の対立は「両者が前提とするドグマ的前提が誤謬」であるとするベンヤミンの仮説を実証するものといえる。

そこで重要なことは、ブッシュが「目的」を、他方「呼びかけ」は「手段」を「非暴力」とすることで、それぞれの主張を正当化していることだ。視点を変えれば、「非暴力」がブッシュの自然法的言説と「呼びかけ」の実定法的言説の定立を可能にしているのである。

それを可能にしているのが、「非暴力」の絶対的肯定性であることは、す

でに指摘した通りだ。「暴力はいけない」という「非暴力」の道徳的命題に対する答えは常に"YES"であり、"NO"とはならない。その絶対的肯定性が、対立する両者を同時に保障するのだと考えられる。ベンヤミンを敷衍すれば、その絶対的肯定性が、「平和は非暴力によって達成されうるし、非暴力は平和に向けて適用される」というドグマを強化するのだともいえるだろう。そして、そのドグマが暴力／非暴力の二項対立を補強するとともに、暴力／非暴力の境界域を思索する道を閉ざしてしまうのだ。

　ベンヤミンは法哲学を放棄し、実定法と自然法という観点から、問題を追究することを退けた。しかし、ここでは敢えてその観点を採用し、手段と目的の関係から、ガンディーの非暴力について考察を進めたいと思う。というのも、そうすることで、ガンディーの非暴力と現代の「非暴力」の相違とともに、西洋近代法とサッティヤーグラハの法の相違を明るみに出すことができるからだ。

　そこで、ひとまず、ガンディーのサッティヤーグラハを実定法と定義して議論を進めよう。おそらく、それは納得しやすい、無難な定義付けに見えるだろう。もちろん、根拠を提示することも可能だ。例えば、以下の『ヒンドゥ』の1節などは明らかに実定法的と判断できる。

> 手段と目的には何ら関係がないというあなたの考えは、大きな間違いです。そうした間違いから、敬虔な人たちが嘆かわしい罪を犯すのです。あなたの論法は、毒草の種を撒いてバラを咲かせると言うのと同じです。(中略)手段と目的の間には、種と樹木の間にあるのと同じ関係があるのです。悪魔に祈ることで、神に祈るのと同じ結果を得ることはありません[3]。

ここで、ガンディーが目的よりも、手段に重きを置いていることは明らかだ。また、以下のように非暴力と真理の関係についても、ガンディーは実定法的に語っている。

あなたはまた間違っています。アヒンサーは目的ではありません。真理が目的なのです。人間同士の関わりあいにおいては、アヒンサーの実践しか、真理に到達する方法はありません。アヒンサーを忠実に実行すると、必ず真理に結びつくのです。暴力ではありません。だから、私はアヒンサーを誓ったのです。真理は自然に訪れます。闘いの後、私はアヒンサーを身に付けました。しかし、アヒンサーは日常生活で私たちが普通に感じていることなのです。それがアヒンサーなのです。ですから、私たちはそこで学ばなければなりません。真理の教育は、そこから自然な目的としてやってきます[4]。

　非暴力を手段にすれば、自ずと真理にたどり着くという彼の主張も、明らかに実定法的である。とすれば、手段である非暴力に正当性が認められなければならないことになるが、その点もガンディーは十全に整えている。「我々の運動の基礎は完全な非暴力にあり、暴力は政府の最終手段[5]」と彼は自分たちの非暴力と政府の暴力を対立させると、「暴力には段階がありますが、非暴力にはありません[6]」と非暴力の完全性を約束するのだ。
　しかし、これはサッティヤーグラハ言説から実定法的なものだけを拾い上げ、組み立てた議論にすぎない。ガンディーの非暴力言説は終始一貫しておらず、上記に反する自然法的な言説も、そこには見出される。例えば、第1回サッティヤーグラハ闘争の際、その宣言文の中で、ガンディーは以下のようにも述べている。

　　臆病か暴力かの選択しかないならば、私は暴力をすすめるでしょう。だから、1908年に致命的な暴行を受けたとき、もし長男がそこにいたとしたら、どうするべきだったか、彼は逃げて私を見殺しにするべきだったか、それとも私を守るのに、出来るだけの腕力を使うべきだったのか、そう長男に尋ねられたとき、暴力を使ってでも、私を守るのが彼の義務だと私は言ったのです[7]。

「暴力を使ってでも、私を守るのが彼の義務だ」というガンディーの主張を、実定法的と解釈することはできない。「臆病か暴力か」の条件が付けられているが、正しい目的のためならば、暴力が手段として認められるとする彼の主張を実定法的と判断することはできない。

ガンディーは実定法的に非暴力的手段をとるよう訴えながら、自然法的に暴力的手段を認めていた。実定法、自然法という観点に立てば、ガンディーの非暴力言説は、矛盾を抱えたものだったということになる。しかし、逆説的に言えば、その不整合は、ガンディーの視座が既存の西洋近代的な法哲学の枠組みを超えたところにあったことを示唆している。第1章で述べた通り、ガンディーのサッティヤーグラハは西洋近代的な枠組みを越えたところで打ち立てられたものだ。本来収まるものではない彼のサッティヤーグラハを、法哲学の枠組みに当てはめようとするから、そうした矛盾が生じるのだと考えられよう。

では、ガンディーの非暴力において、手段としての暴力が矛盾とならないのはなぜなのか。そのことは追って明らかにするが、そのためにも、サッティヤーグラハにおいて、非暴力がどう定義されていたのかを明らかにすることが先決だ。

ガンディーは、非暴力を絶対的な手段としていたわけではない。そのことは、以下の引用が示している。

> 人生において、完全に暴力を避けることは不可能です。どこで線を引くかという問題が生じるのです。その線が誰にとっても同じなはずはありません。本質的に原理は同じでも、それぞれが、それぞれの手段に、それを適用するのです。ある人にとっての食べ物が、他の人の毒になることもあります。肉を食べることは、私にとっては罪です。ですが、生きるのに肉を食べ、それを少しも悪いとは思っていない人が、単に私の真似をするためにそれをやめるのであれば、それは罪となります[8]。

第3章　サッティヤーグラハと暴力

　非暴力と暴力の間に、すべての人間が同じ境界線を引くわけではないことを、ガンディーは見抜いている。言い換えれば、現実的には、非暴力は不安定でまとまりのないものであることを、彼は認めているのだ。その点を、ガンディーがどう収拾を付けていたのかは、以下の引用から明らかとなる。ガンディーの真理と非暴力の理論は、以下のように組み立てられているのである。

　　真理は、誰もそれに従って行動することなどできない偉大な原理です。非暴力もまったく同じです。幾何学的に、直線は想像することしかできず、それを描くことはできません。実際のところ、自分たちの道具で十分な線を書くことで満足しています。ユークリッドによれば、「まっすぐ」な壁などありません。それでも、壁は何千年も建っています。アヒンサーも同じです。私たちは、自分たちのできる最善のこととして、それを実践に移さねばならないのです[9]。

　サッティヤーグラハにおいて、非暴力は重層的に定義されていた。原理としての非暴力は理想であり、実行不可能なものなのだ。そのため、実践としての非暴力は、その理想に限りなく近づこうとすることであり、それが手段としての非暴力なのである。

　言い換えれば、非暴力は理想としての絶対的非暴力と、それを目指し、個々人が実践する相対的非暴力から構成されていたのである。ガンディーは西洋近代科学を応用することで、絶対的非暴力と相対的非暴力の隙間を埋めた。ユークリッド幾何学において、理論上の直線と実際の直線の間に差異があるのと同じように、非暴力の理想と現実の間にある差異を矛盾ではなく、誤差としたのだ。先の引用を利用して言えば、ガンディーにとって、非暴力の実践とは「『まっすぐ』な壁」ではなく、「何千年も建って」いられる「壁」を建てることだったのである。

　そこで重要となるのが、『建設的計画』だ。ガンディーは『建設的計画』

を、「非暴力の準備をする、あるいはそれを表現する最上の手段[10]」としていた。概念的な絶対的非暴力に対し、『建設的計画』は実際的で具体的な非暴力の行動指針であった。ガンディーの非暴力において、『建設的計画』には、直線を引く際の定規と同じ役割が与えられていた。そのことは、『建設的計画』の序論にある以下の一節からうかがえる。

> 書かれた直線がユークリッドの理論上の直線に劣るように、実践は常に理論には届かないのです。そのため、完全な独立は、我々が真理と非暴力の実践においてどこまで接近できたのかということでしか、成し遂げることはできません[11]。

ガンディーの非暴力は、理想としての絶対的非暴力と、実践としての相対的非暴力、そして『建設的計画』の3点がそろって、初めて成し遂げられるものなのだ。以下のような非暴力言説は、そのことを踏まえて、解釈されなければならない。

> 完全な非暴力をその思想、言葉、行為において遵守すること、そして会議派の建設的計画を完全に実行することが、私を最大限助けることなのだと彼らに伝えてください[12]。

ここで言われている「思想や言葉、行為」において守られた「完全な非暴力」は、絶対的非暴力のことではない。それは、絶対的非暴力に限りなく近づいた相対的非暴力のことである。「完全に実行」すべきは『建設的計画』であり、それが相対的非暴力をより絶対的非暴力に近づけるための手段なのである。ちなみに引用文では、『建設的計画』の前に「会議派の」と付けられているが、それは、会議派が『建設的計画』を綱領として採用していたからであって、ガンディーの『建設的計画』であることに違いはない。

さらに、この『建設的計画』が、実定法と自然法の手段と目的という観点

からガンディーが解放されていたことを示している。というのも、『建設的計画』において、ガンディーは手段と目的を一致させているのである。ガンディーは、『建設的計画』を「より的確には、真理と非暴力による完全な独立と呼ばれる」ものとし、「もしそれが成功裡に実現すれば、最終的にそれは我々の求める独立になるの(傍点は筆者による)」と述べている[13]。つまり、『建設的計画』の手段を徹底すれば、『建設的計画』の目的は適うというのだ。

『建設的計画』の各項目は、そのことをより明らにする。その内容については、先に見た通りだ。そこでは社会的弱者への差別や宗派間の対立を解消し、万人が経済的平等を享受できる、広義の非暴力的社会を建設するという目的と、その手段が並べられている。

ここで、現代の「非暴力」とガンディーの非暴力との差異が明確に現れることになる。ガンディーの非暴力は、二項対立としての暴力を想定するものではない。彼の非暴力は、非暴力だけで完結するものなのだ。ガンディー自身が言うように、「私(ガンディー)の目的は、非暴力の努力によって建設的計画を完遂する必要性を読者に納得してもらうことであり、そのためには、独立の達成のための暴力の無意味さについての私の議論を受け容れてもらう必要はない[14]」のである。

そもそも、彼の「非暴力への信念」は、「人間は本性においてひとつであり、そのため愛が増せばそれに必ず応えるという前提に基づく[15]」ものだ。だからこそ、彼は相対的非暴力における多少の誤差を問題とせず、その総体は必ず絶対的非暴力に向かうと定義できたのである。

さらに、その前提は西洋近代法とサッティヤーグラハの法にも、差異をもたらす。人間の愛を前提とするサッティヤーグラハの法には、罰則規定が設けられていないのだ。とあるインタビューで、「あなたの非暴力に照らしますと、自由インドでは犯罪者はどのように扱われることになりますか?」という問いに対し、ガンディーは次のように答えている。

非暴力的な独立国インドにも犯罪はあるでしょうが、犯罪者はいません。彼らが罰せられることはありません。犯罪は他の病気と同じような病気で、流行中の社会制度が生み出したものです。ですから、殺人を含め、全ての犯罪者は病人として扱われます。そんなインドが実現するかどうかは別の問題です[16]。

こうした彼の人間観は、『ヒンドゥ』の頃から一貫していた。西洋文明を病と、そして、イギリス人を病人とみなしたことで、彼はイギリス人を敵意の対象から外した。また、同じ視線を犯罪に向けると、資本家と泥棒の間に、本質的な違いはないともした。「搾取や汚いやり方で富を手に入れた金持ちは、スリや盗みを働く泥棒に劣らず、掠奪の罪を犯した」者であり、「ただ前者は世間的に立派とされることで隠れ、法的罰則から逃れているだけ」でしかなく、「その魂に目を向ければ、そう違いはない」と断じたのだ。犯罪者の悪は「犯罪」にあり、「人間」にはない。犯罪は、彼らの魂が病んでいることの現れなのである。そのため、彼らに必要なのは罰則ではなく、自然治療(nature cure)なのだと、ガンディーは訴えてもいる[17]。そのため、サッティヤーグラハの法は、刑務所を必要としない。実際、ガンディーは刑務所を処刑の場ではなく、感化院にすることを提案している[18]。

ガンディーの非暴力社会は、対立項である暴力を排除することで成立するものではない。暴力が入り込む余地を、最初から設定しないことで、彼は非暴力社会を実現しようとしたのだ。確かに、彼は現実的な相対的非暴力が不完全であることを知っていた。しかし、「不完全な非暴力」が「暴力」だというわけではない。彼は、それを「魂の病」とし、絶対的非暴力に抵触させることなく、その内側に取り込んだのである。そうしてガンディーは、非暴力の理想を現実のものとしようとしたのだ。

3.2 サッティヤーグラハの非暴力は神的暴力か？

　ガンディーのサッティヤーグラハとベンヤミンの神的暴力の比較へと論を進めよう。そこでまずは「暴力批判論」から、ベンヤミンが神的暴力をどう定義したのかを確認することから始める。

　ベンヤミンは国家による法の措定と維持を暴力とすると、ニオベ伝説をもとに、それを神話的暴力と定義した。法の暴力の本質は「その存在の宣言[19]」に起源を持つことにあると、すなわち、法を犯した者に適用されることにあるのではなく、その暴力が行使されることで、法が定まることにあるとしたのだ。

　ベンヤミンは神話的暴力をそう定義すると、それに拮抗し、破壊する力として神的暴力を提起した。ベンヤミンによれば、両者には以下のような対照的な特長があるという。

> 　いっさいの領域で神話に神が対立するように、神話的な暴力には神的な暴力が対立する。しかもあらゆる点で対立する。神話的暴力が法を措定すれば、神的暴力は法を破壊する。前者が境界を設定すれば、後者は限界を認めない。前者が罪をつくり、あがなわせるなら、後者は罪を取り去る。前者が脅迫的なら、後者は衝撃的で、前者が血の匂いがすれば、後者は血の匂いがなく、しかも致命的である[20]。

　神話的暴力と神的暴力は性質だけでなく、その作用も正反対であるとされている。さらに、ベンヤミンは以下のように、それら2つの暴力の対象も異なっていると定義する。

> 　神話的暴力はたんなる生命にたいする、暴力それ自体のため、血の匂いのする暴力であり、神的暴力はすべての生命にたいする、生活者のため、純粋な暴力である。前者は犠牲を要求し、後者は犠牲を受け入れ

る[21]。

　神話的暴力は「たんなる生命」を、神的暴力は「すべての生命」を対象にするとされる。そこで問題となるのが「たんなる生命」と「すべての生命」がそれぞれ何を指しているのかということだが、それについては、人間の生命について論じる以下の引用が手掛かりとなるだろう。

> 人間というものは、人間のたんなる生命とけっして一致するものではないし、人間のなかのたんなる生命のみならず、人間の状態と特性とをもった何か別のものとも、さらには、とりかえのきかない肉体をもった人格とさえも、一致するものではない。人間がじつにとうといものだとしても、それにしても人間の状態は、また人間の肉体的生命、他人によって傷つけられうる生命は、じつにけちなものである[22]。

　「たんなる生命」とは、生きているという事実を指しているのだと考えられる。言い換えれば、生物学的な生命のことだ。それを「じつにけちなもの」といっていることから、ベンヤミンは「たんなる生命」に価値を認めていなかったのだとも判断できる。他方、「すべての生命」とは「たんなる生命」に分離される以前の、感情や理性や人格を持ち、ものを食べ、眠り、働き、生活する「人間」の生命のことだと考えられる。

　そこでまとめ直せば、神話的暴力は生物学的な生命を対象に、他方、神話的暴力は人間そのものを対象にするものということになる。では、神的暴力は人間そのものにどう作用し、神話的暴力と対立するというのだろうか。読み手としては、当然そのあたりが詳しく知りたいところだ。しかし、ベンヤミンは示唆的に論じるばかりで、神的暴力の姿を具体的に示すことはない。残されているのは、以下のような手掛かりだけだ。

> 　（神的）暴力のもつ滅罪的な力は、人間の眼には隠されている。純粋な神

的暴力は、神話と法が交配してしまった古くからの諸形態を、あらためてとることもあるだろう。たとえばそれは、真の戦争として現象することもありうるし、極悪人への民衆の審判として現象することもありうる[23]。

この神的な暴力は、宗教的な伝統によってのみ存在を証明されるわけではない。むしろ現代生活のなかにも、少なくともある種の神聖な宣言のかたちで、それは見出される。完成されたかたちでの教育者の暴力として、法の枠外にあるものは、それの現象形態のひとつである[24]。

　そして最後に、ベンヤミンは「神的な暴力は、神聖な執行の印章であって、けっして手段ではないが、摂理の暴力といえるかもしれない[25]」と謎解きをしないまま論を終わらせている。そのあたりから考えると、ベンヤミンにとっても、神的暴力は漠としたもので、明確に像を結んでいなかったのかもしれない。

　残された手掛かりをもとに、ベンヤミンの神的暴力について、研究者は解釈を試みてきた。その際、神的暴力が「非暴力」と結び付けられることもあった。例えば、今村仁司は「神話的暴力は force、つまり強制的暴力で、神的暴力が violence」だと区別すると、「厳密には、violence はもはや『暴力』とは訳せない。それはむしろ『非-暴力』」であるとした[26]。

　神話的暴力を"force"と、神的暴力を"violence"とした今村の判別は的確で、納得のいくものだ。彼が用いた英語の"force"と"violence"は、ともに「暴力」と訳されるものだが、そのニュアンスは異なっている。"force"が「法的強制力」や「軍事力」を含意するのに対し、"violence"は「猛烈さ」や「激情」の意味を持つ。その意味的な差異を生かして、今村は神的暴力と神話的暴力を弁別したのである。

　しかし、神的暴力の"violence"を「暴力」から「非-暴力」に反転する際、今村は１つのことを前提としている。神話的暴力の「暴力」と対立する

ものとして、神的暴力を「非-暴力」と定義するためには、暴力／非暴力の二分法的枠組みが前提になければならない。

その際、今村はガンディーに言及しているわけではない。また、その枠組みから、彼は現代の「非暴力」を念頭に置いていたのだと思われる。現代の「非暴力」が、神的暴力になり得るかどうかも疑問となるところだが、それこそ、本書が問題とするところであり、ここで結論を出すことはできない。しかし、今村の結論をもとに、1つのことはいえるだろう。神話的暴力の側から見れば、非暴力は神的暴力とみなされ得るのだということだ。

サッティヤーグラハが、人種差別法に対する抗議から始まったことは、国家の法措定暴力に立ち向かうという神的暴力の条件を満たしている。また、自ら法を犯し、監獄に収容されるという自己排除は、法の境界を破壊するという神的暴力の機能と合致する。さらに、サッティヤーグラヒーが誇り高き囚人であったことは、統治者が押し付ける犠牲を受け容れ、法が押し着せた罪を浄化するという神的暴力の特徴と重なる。神的暴力と入れ替え、サッティヤーグラハを「法の枠外」に、「神聖な宣言」の形で現れた「完成された形での教育者の暴力」と表現しても何ら違和感はない。それどころか、サッティヤーグラハを的確に表現しているようにも見える。

しかし、視点を変え、サッティヤーグラハの側から見れば、同じことはいえなくなる。ガンディーのサッティヤーグラハは神的暴力の枠に収まるものではない。抽象的で神懸り的な神的暴力とは違い、サッティヤーグラハは実践を前提とした具体的な方法論なのだ。

そうした差異は、ベンヤミンの視座とガンディーの視座の違いに起因すると考えられる。ベンヤミンは、神話的暴力批判と神的暴力の提起を「歴史哲学的な研究」によって行った。つまり、彼は西洋近代的の学問的な知に、西洋近代国家権力に対峙する力を求めたのだ。西洋近代的なアカデミズムを基礎とするベンヤミンに、神的暴力を明確に打ち出すことはできない。「市民社会」を形成する権力とは違う、別の力を提起するためには、「市民社会」の知の枠組みからも離れなければならないからだ。

ガンディーが「市民社会の内側ではない」ところに心身を移し、普遍的な法としてサッティヤーグラハを打ち出したことはすでに見てきた。そこで、その実践についてさらに具体的に考察を進めていきたいと思う。

非暴力社会の建設に先立ち、帝国とそれが措定する法の権威を破壊することが必要だった。そのために、ガンディーは以下のように語っている。

> かつて、私は完全に帝国に忠誠を示し、忠誠を示すよう他の人にも教えていました。「神は王を守り賜う」と熱意をもって謳い、友人たちにもそうするよう言いました。しかし、やっと目が覚め、魔法は解けました。帝国は忠義に値しないことに気付いたのです。それは抵抗するに値するものです。そこで、私は自分のダルマで抵抗しました[27]。

「神は王を守り賜う」という定型文を「魔法」と揶揄することで、ガンディーはその権威を失墜させている。それは、ダルマを持ち出すために、既存の法を破壊する行為といえる。

ダルマが法であり、サッティヤーグラハであることも、すでに述べた通りだ。ダルマとはインド古来の観念で、人間だけでなく、宇宙や自然界も範囲とする法のことであり、ガンディーは「すべてのダルマは真理に到」り、その「真理は神」であり、「真理を越える法はない」と、ダルマをサッティヤーグラハと結びつけている[28]。

見方を変えれば、サッティヤーグラハの法とイギリスの法には共通点があるともいえる。両者はともに、神にその権威の擁立を依存しているからだ。しかし、西洋近代法の場合、神に任されているのは王の主権を是認することだけで、実際に法が施行されれば、神は法の埒外に置かれてしまう。さらに、その主権者と法が逆説的な関係にあることを、カール・シュミットが以下のように述べている。

> 主権者は法的秩序の外にありながら、法的秩序に所属している。という

のは、憲法が全面的に宙吊りにされているかどうかの決定は彼に任されているからである[29]。

シュミットに従えば、近代法の主権者とは、その法が定める秩序体系の中に自らを収めつつ、法の適用を中断する権限を持つ存在である。再度、彼の表現を借りれば、「主権者とは例外状態について決定する者」なのだ[30]。

他方、ガンディーはサッティヤーグラハの法の主権者を「真理である神」とし、そこに人間の代表を介在させていない。「真理である神」は絶対であり、理念上サッティヤーグラハの法に例外はない。そのため、主権者と法の間に逆説的な関係が生じることはない。しいて言えば、「真理である神」に背いた西洋近代文明的な社会が例外なのであり、ある意味、ガンディーは内部矛盾を持たない完璧な法を作り上げたのだといえる。

西洋近代法とサッティヤーグラハの法とでは、背景とする世界観がまったく異なっている。そのため、西洋近代的な法哲学の観点に立てば、実定法と自然法の齟齬にとらわれ、サッティヤーグラハの法は矛盾を抱えたものと判断されることになる。そうなれば、ガンディーの非暴力を1つの思想として成り立たせることはできない。

サッティヤーグラハの法を普遍化させるにあたり、以下のように語ることで、ガンディーはすべての人間と社会を網羅する境界のない世界観を設定した。

> 日常のありふれた問題で非暴力の実践することが、その真価を知ることなのです。それは天国を地上におろすことです。来世などありません。全世界はひとつなのです。あの世もこの世もないのです[31]。

ダルマを採用することで、ガンディーは西洋近代法が前提とする神と人間の間の境界線を撤回したのである。境界線の消失は、神の理想と人間の現実を同じ次元に置くことを可能にする。理想である絶対的非暴力と、現実の相

対的非暴力が矛盾なく、1つの非暴力としてまとめられたのは、この世界観が前提となっているからだ。

さらに、ガンディーは「神と人間、真理と神の関係」について、こうも述べている。

> 神と神の法に違いはありません。神の法は神自身なのです。説明すれば、人間は熱心に祈り、神の内に融合しなければならないということです。それぞれの人が、自分のやり方で同じものを解釈するのです。神と人間の関係について言えば、人間は2つの手があるからといって、人間だというわけではありません。人は神の棲家となることで人間になるのです。(中略)肉体が神の家であるということに気付くまで、我々は人間ではありません[32]。

「真理である神」は理想としての絶対的非暴力を啓示する。と同時に、「真理である神」は個々人の内にも存在する。すなわち、それが個々人の「良心」であり、それぞれがそれぞれの「真理」を解釈し、実践したものが相対的非暴力なのである。

サッティヤーグラハの主権者である「真理である神」は、それぞれの人間の間にも偏在する。ガンディー曰く「イギリス史の表面的な研究のために、すべての権力(power)は議会の人々から染み出るものと、我々は考えるようになっている」が、「実際には、権力は人々の内にある」のである[33]。

ここでようやく、以下の引用の意味を的確に理解することが可能となる。

> サッティヤーグラハは純粋な魂の力(soul-force)です。真理はまさに魂の本質なのです。だから、この力はサッティヤーグラハと呼ばれるのです。この魂は知によってもたらされます[34]。

サッティヤーグラハの「真理」の力は、「神」によって一方的にもたらさ

れるものではない。それは、「真理」を内在させた人間の「魂」の力なのだ。ガンディーは「魂は知によってもたらされる」ともいっているが、当然それは、西洋近代的な「知」ではない。「真理は解脱と同じもの」であり、「解脱のために力を誇示できない者は、人間ではなく、ただの獣[35]」とされるのである。

神話的暴力の破壊を目的に、ベンヤミンが西洋近代の向こう側に神的暴力を夢想したとするならば、ガンディーは神話的暴力と闘うために、それが前提とする世界観ごと作り変えようとしたのである。ガンディーの判断に従えば、西洋近代法を否定するためには、それに代わるより普遍的な「真理」の法を立ち上げるとともに、西洋近代的世界に代わる別の世界観を築くことが必要なのだ。

3.3 たんなる生命

ベンヤミンの神的暴力を「非暴力」とする等式は、ガンディーの非暴力の具体性を削ぎ、西洋近代的な「市民社会の内側」に体良く収めるものといえる。その際、より重大な問題は、サッティヤーグラハもまた法であったということを不可視化してしまうことだ。

ガンディーは、サッティヤーグラハの主権者を天と人間に偏在する「真理である神」とした。しかし、それは理念上のことにすぎない。サッティヤーグラハの法の実質的主権者は、「真理」を語ったガンディーなのである。

ガンディーが「マハトマ」となったことは、サッティヤーグラハの法の施行に優位に働いた。「マハトマ・ガンディー」になったことで、彼は神と人間の境界線上に立つことができたからだ。

神と人間の境界から語られたことで、サッティヤーグラハはより高い普遍性を獲得することができた。しかし、サッティヤーグラハもまた法である以上、その措定と維持には、暴力性が潜んでいたと考えられる。その法の暴力

を明らかにするためには、まずその対象を明らかにすることが必要となる。そのため、先にベンヤミンの神話的暴力から、西洋近代法の対象を確認し、その後、サッティヤーグラハの法の対象を明らかにしていこう。

　神話的暴力は「たんなる生命」、つまり生物学的な生を対象にする。その「たんなる生命」を、ベンヤミンが「じつにけちなもの」だと蔑み、軽視していたことは確認した。ところが、そこでもベンヤミンの姿勢は徹底していない。「たんなる生命」と「生命ノトウトサ」というドグマ的戒律の撞着に、彼はとらわれてしまっているのだ。

　「生命ノトウトサ」のドグマとは、生命それ自体に尊厳を認めるものだ。その生命に、人間だけが含まれる場合もあれば、生きとし生けるものすべてが含まれる場合もある。しかし、いずれにせよ、「生命ノトウトサ」のドグマは、生命それ自体に価値を認め、その殺害を否定する。

　「生命ノトウトサ」のドグマを、ベンヤミンは「存在の方が正しい存在よりも高くにある、という命題は虚偽で、下劣[36]」と強く批難した。そのドグマのために、戒律は「行為の物差しではない」にもかかわらず、「人間による人間の暴力的な殺害の判断を、戒律から根拠づける[37]」ことになってしまったというのだ。ベンヤミンによれば、本来「殺してはならない」という戒律は「行為の以前」にあり、「戒律からは、行為への判決は出てこない」。「人間の暴力的な殺害」は、個人や共同体が、それぞれの基準で判決すべきものであり、戒律によって裁くものではないというのだ。

　ところが、そう主張する傍ら、ベンヤミンはこのドグマを否定しきれないでいる。「この命題は、巨大な真理もふくんでいる、かりに存在が(中略)『人間』という確たる集合態を意味するものとするならば[38]」と条件を付けて、そのドグマを認めてもいるのだ。そして、ここでも彼は撞着に陥ったまま、「生命ノトウトサというドグマの起源を探究することは、むだではないだろう。たぶん、いや間違いなく、このドグマの日づけは新しい[39]」と後人に委ねて、この議論を終わらせてしまう。

　「たんなる生命」という神話的暴力の対象は、サッティヤーグラハの法で

も対象とされていた。しかし、その対象の仕方が、サッティヤーグラハと西洋近代法とでは異なっている。

神話的暴力が「たんなる生命」を対象にするものであることは、西洋近代法が「たんなる自然的生命に罪」を認めていることに端的に現れている。西洋近代法は、犯罪者への罰を人間の身体に加える。それは「罪からではなく法から、罪人を免罪する」ものであり、そのため「たんなる生命が終われば、生活者にたいする法の支配も終わる」のだ[40]。

その意味において、サッティヤーグラハは「たんなる生命」を法の対象にしていない。ガンディーは犯罪者を病人とみなし、彼らを処罰ではなく、治療の対象とした。サッティヤーグラハの法は、犯罪者を「たんなる生命」ではなく、「すべての生命」とみなし、処遇を決定する。

サッティヤーグラハが「たんなる生命」を対象としていたことは、まったく別の場面で確認される。サッティヤーグラハにおいて、「たんなる生命」は「すべての生命」の善良さを証明するための賭け金とされていたのだ。そこで関係してくるのが、非暴力の原則だ。非暴力の原則には、「死を恐れない気持ち」が含まれていた。ガンディーは「我々は死をもっとも恐れる。だからこそ、私たちは結局のところ、肉体的な力が勝るものに服従する」と、死への恐怖が善良な「すべての生命」を阻害するとみなしていた。その前提をもとに、彼は「生を享受するためには、生に執着することをやめねばならない」と、人々に「たんなる生命」を放棄することを求めたのである[41]。

ガンディーが人々の「たんなる生命」を軽視していたことは、以下の事例が示している。1930年の塩のサッティヤーグラハの最中、途中立ち寄った町で演説会を催すと、そこでガンディーは以下のように述べている。

> サッティヤーグラヒー[42]一行の出発は、お芝居ではありません。その影響は単なる一時的なものではないのです。死が必要とあれば、死をもって、真理への誓いを証明するでしょう。最終的に、政府はサッティヤーグラハの実践者たちが、真理と非暴力に身を捧げていることを認めざる

を得なくなります。サッティヤーグラヒーが滅びることが一番いいのです。サッティヤーグラヒーが死ねば、その主張を認めるでしょう[43]。

　ガンディーが、サッティヤーグラヒーの「たんなる生命」を塩のサッティヤーグラハの成功の鍵にしていたことは明らかだ。
　それが比喩でないことは、次の事例からより明らかとなる。サッティヤーグラハの闘争中、ジャイラムダースというひとりのサッティヤーグラヒーが警官に銃で足を撃たれた。ガンディーは電報を国民会議派宛に送ると、その件を以下のように報告するのだ。

　　ジャイラムダースは本当に幸運でした。刑務所より、弾丸で足をやられる方が良かったかもしれません。心臓をやられていれば、なお良かったでしょう[44]。

　ガンディーにとって、サッティヤーグラヒーの「たんなる生命」は、サッティヤーグラハの真理のための供犠だったのである。
　「たんなる生命」に価値を認めてはいないという点では、ガンディーとベンヤミンは視点を共有している。しかし、ベンヤミンが「たんなる生命」と「生命ノトウトサ」のドグマの間で悩んだのとは違い、ガンディーはその問題に煩わされていない。
　ガンディーには、サッティヤーグラヒーの「死」を公然と望むことが許されていた。というのも、以下の引用が示す通り、ガンディーはサッティヤーグラヒーに「生命ノトウトサ」のドグマを適用していなかったからだ。

　　勝利を求めて武装して闘いに挑むことは、虚勢にすぎません。しかし、私の独立を奪おうとする人の力を無視し、彼の意志に従うのを拒み、無防備のまま死んだなら、そうとはなりません。それによって、私は肉体を失いながらも私の魂を、つまり、私の名誉を守るのです[45]。

ベンヤミン同様、彼も「存在の方が正しい存在よりも高くにある」という「生命ノトウトサ」のドグマ的前提を認めてはいない。むしろ、彼以上に断定的に「たんなる生命」を「すべての生命」の下位に置いている。ガンディーが暴力を禁止したのは、善良な「すべての生命」のためであり、そのためには、サッティヤーグラヒーは「たんなる生命」を捨てて当然とされるのだ。そして、それがサッティヤーグラハの自己犠牲の本質なのである。

ガンディーの特徴は、「すべての生命」であれ、「たんなる生命」であれ、それらの中心を「自己」としたことにある。自己犠牲による「たんなる生命」の放棄は、その人間の「すべての生命」の価値を決定する。つまり、「暴力はいけない」という非暴力の命題は、他者に向けられるものではない。平たくいえば、「暴力はいけない」という命題は、それぞれが自己に「他者を傷つけてはいけない」と命ずるものであり、他者に強いるものではない。すなわち、ガンディーの非暴力とは、暴力を振るう他者に「暴力はいけない」と批難するものではない。暴力を受けた「私」に許されているのは、「たんなる生命」を放棄し、自己の「すべての生命」が善良であることを証明することだけなのだ。

「生命ノトウトサ」のドグマは、サッティヤーグラハの法を経由して、「他者を殺してはならない」という「自己」犠牲のドグマに変換された。そのため、「たんなる生命」の軽視は、自己にのみ該当されるものとなり、「生命ノトウトサ」のドグマは他者の生命にのみ適用されるものとなる。

ガンディーが「暴力を使ってでも、私を守るのが彼の義務だ」と長男に命ずることができたのもそのためである。長男にとって、ガンディーは「自己」ではない。長男を中心に見れば、「他者を傷つけてはいけない」という非暴力の命題によって、彼は他者であるガンディーを救わねばならないことになるのだ。

現代の「非暴力」とサッティヤーグラハの非暴力の違いは、ここでさらに明白になったはずだ。現代の「非暴力」は、「生命ノトウトサ」という命題に縛られている。しかし、サッティヤーグラハの非暴力は、「他者を殺して

はならない」ことを真理とする一方、自己の「たんなる生命」に尊さを認めてはいない。他者の死を望むことが許されているのは、サッティヤーグラハの法の主権者ガンディーだけなのである。

　西洋近代法とサッティヤーグラハの法の相違についても、次のようにいうことができるだろう。前者が「自然的生命に罪がある」として「たんなる生命」を法の対象にしたのだとすれば、後者は、「自己」の「すべての生命」は善良たるべしという前提のもと、人間の「たんなる生命」を法の対象にしたのだ。

　こうしてガンディーは、サッティヤーグラハを西洋近代的な統治システムに代わる新たな法と措定した。しかし、彼の野望は実現することなく、その影響力も限定的なまま、闘いは1947年の独立によって終焉を迎える。ガンディーは分離独立に最後まで反対していたが、結果は周知の通りだ。国の中心部が独立の祝賀ムードで賑わう一方、ガンディーが懸念した通り、インドとパキスタンの国境では多数の犠牲者が現れた。そのため彼は、独立式典に参加せず、断食によって、この暴動を治めようとした。

　彼を落胆させたのは、ヒンドゥーとムスリムの宗派対立だけではない。「イギリスの政治的優越性を放り投げることはできたが、文化的なものをまだ放り投げられずにいる[46]」と、彼は新生インドの現実を嘆いてもいる。また、独立のほぼ1ヶ月前の7月、彼はそれまでのサッティヤーグラハを振り返ると、次のようにも述べている。

　　この30年間、私は国を間違った方向へ導いてきたのではないかと、時々思います。(中略)私たちの闘いは、ただの「受動的抵抗」でした。私たちの闘いは、弱者の非暴力の上に成り立っていたのです。それでも、強い力は国をもたらしました。ですが、もし、私独りで勇者の非暴力ができるのであれば、それが引き起こす素晴らしい成果を世界に示すことができますのに[47]。

ガンディーは、サッティヤーグラハが失敗に終わったことを認めていた。独立運動期に展開されたのは、弱者による「受動的抵抗」で、彼の非暴力ではない。彼に言わせれば、非暴力は今まで1度も成功したことはないのだ。

　だが、そうしたガンディーの思いは、後世にまったく届いていない。一般的に、ガンディーの「非暴力・不服従」がインドに独立をもたらしたのだと理解されている。その一方で、サッティヤーグラハの法のほとんどは過去に置き去りにされ、その意義を失ってしまった。近代国家インドの象徴として、糸車が国旗の中央を飾っているのは皮肉ともいえる。

　それでも、ガンディーの非暴力は「非暴力」として、現代まで生き残っている。もちろん、その過程で変化する社会に合わせて、非暴力も変化してきたのだと考えられるだろう。しかし、穿った見方をすれば、もともと彼の非暴力に、現代に残れるだけの現代的要素が備わっていたのだとも考えられるのではないだろうか。

3.4　サッティヤーグラハの陥穽

　そこで、インドにおけるサッティヤーグラハ闘争の経緯をさかのぼり、現代に通ずるサッティヤーグラハの陥穽の端緒を探ることにする。

　南アフリカでのサッティヤーグラハを成功裡に終えた後、1915年にガンディーはインドに帰国した。サッティヤーグラハが、インド全域に広まるのにそう時間はかからなかった。帰国後すぐ、ガンディーは各地の労働争議に関与し始めると、彼と彼のサッティヤーグラハは、またたくまに知名度を高めた。

　1918年に発表されたローラット法案は、ガンディーの躍進のきっかけとなった。民族運動を弾圧するその法案に対し、ガンディーは、サッティヤーグラハ闘争の開始を決定したのだ。翌1919年に運動組織サッティヤーグラハ・サバが結成されると、運動は全国規模で展開された。

　当時のサッティヤーグラハの様子については、ネルーの自伝から確認する

ことができる。新聞でサッティヤーグラハ・サバを知ったときのことを、ネルーは以下のように述懐している。

> その提案を初めて読んだとき、私は大変な安堵感を覚えた。混乱から抜け出る方法はこれだと思ったのだ。行動の方法は直線的で率直だし、おそらく効果的と思われた。私は感動に燃え、すぐにサッティヤーグラハ・サバに入会しようと思った[48]。

その後、サッティヤーグラハは政治運動として発展する。翌1920年には、国民会議派に認められ、サッティヤーグラハは独立運動の公式手段として採用された。

サッティヤーグラハの指導者として意思表明した際、ガンディーは「わたしは空想家ではない。わたしは実際的な理想主義者であることを断言する[49]」と、サッティヤーグラハが実際的なものであることを強調した。しかし同じ発表のなかで、彼はサッティヤーグラハを「本質的に宗教的なもの」で、「結果を一切考えず自らを悪から引き離す、神を畏れるすべての者のつとめ」とも述べている[50]。ガンディーの視点に立てば、それは矛盾する発言ではない。しかし、聞き手が、それを宗教的な形而上学的言説と受け取ったとしても不思議はない。

ガンディーが人間を性善説的に語ったことについても、同じようにいえるだろう。繰り返しになるが、ガンディーは「イギリス人だろうと何人だろうと、人間の本性の善なることを信じる[51]」と人間の本質を善なるものと定義した。そして、問題の根本は「病」にあり、植民地主義の悪しき1面である人種差別も「根深い病気[52]」にすぎないと主張した。

そうして、ガンディーは悪を人間の本質から引き離し、対決相手を人間から「病」的な文明に入れ替えたのだが、そのために、彼は以下のように人々に訴えてもいる。

> イギリス人を責めないでください。哀れむべきです。イギリス人は賢明ですから、この罠から抜け出すものと私は信じています。イギリス人は勇敢で勤勉です。考えは根本的に不道徳ではありませんから、私はイギリス人を高く評価しているのです。心は悪くありませんし、文明はイギリス人たちにとって不治の病ではありませんが、いま病気に罹っているのを忘れてはなりません[53]。(傍点は筆者)

ガンディーは、イギリス人を病人と位置づけると、彼らに憐憫の情を示している。そうすることで、彼はイギリス人を暴力の対象から、治療の対象に替えるだけでなく、弱者と強者の立場を入れ替えたのだ。

ガンディーの性善説に基づけば、どのような人間にも「内なる高貴な本能に応える能力[54]」が認められることになる。そのため、彼らを打ち倒すのではなく、「信頼しうる隣人に変える[55]」ことがサッティヤーグラハの法に加えられることになる。

サッティヤーグラハには、「愛」の力が備わっている。「愛と真理の力で人々の思想を変えることで自治を手に入れよう[56]」とガンディーは「愛」をサッティヤーグラハの駆動力とすると、「ほとんどの場合、武器の力よりも慈悲の力の方が強い[57]」とその威力を保証するのだ。そして、以下のように語ることで、彼はサッティヤーグラハの愛の力を政治と結びつける。

> 普遍的で、すべてに行き渡る真理の精神に直面するために、最も微々たる創造物も自分と同じだとして、愛することができなければなりません。それを求める人間は、あらゆる生活の領域から距離をとってはならないのです。私の真理への忠誠が、政治の領域へと私を引き込んだのはそのためなのです[58]。

こうして、ガンディーは愛のサッティヤーグラハに政治運動としての地位を与えた上で、人々に非暴力の自己犠牲を突きつけたのである。

イギリス人を「病人」とする設定は、「他者を傷つけてはならない」という非暴力の命題には有効となる。しかし、現実の闘争の場において、非暴力を徹底することが難しいことは、想像に難くない。暴力を受ければ、「怒り」や「憎しみ」を感じるのが当然の反応といっていいだろう。そして、こうした感情が、非暴力の妨げになることも容易に想像がつくだろう。「怒り」や「憎しみ」にとらわれていては、他者の「生命ノトウトサ」を重視し、自己の「たんなる生命」を放棄することはできないからだ。

もちろん、ガンディーもそのことに気づいていた。「わたしたちは大変虐げられてきたと感じているため、怒ったり復讐心を持ったりせずにはいられない[59]」と、相手に対し否定的な感情を持つことを彼も認めている。当然、この「怒り」や「憎しみ」という感情をいかに解消するかが、非暴力の課題となった。

そこでガンディーは、人々に自己抑制を求めるのである。「あなたは腹を立てない。哀れみを覚えた。この人は病人なのだと思った[60]」と、彼は「あなた」を代弁して語る。そうして、彼は人々の感情を操作しながら、さらに次のように述べる。

> 自己浄化の道は厳しく、険しいものです。完全な純潔に到達するためには、人間は思想や言葉、行為において、絶対的に感情から解放されてなければなりません。愛と憎悪、愛着と嫌悪の対流から超越していなければならないのです[61]。

あらゆる境界線を払拭しようというガンディーの試みは、人間の感情にも及ぶものだった。だが、「愛」と「憎悪」を「超越しよう」というガンディーの真意は、人々から「憎悪」の感情を消すことに他ならない。「サッティヤーグラハには、憎悪の余地はありません。サッティヤーグラハの原則の重大な違反です[62]」と語ることで、彼は怒りの抑制をサッティヤーグラハの法規に組み込むのである。

サッティヤーグラハにおける感情の抑制、特に怒りのコントロールが実際に効果的だったことは、ネルーの自伝から読み取れる。同じような状況の国々と比べ、外国人支配者に対する憎悪がインドでは並外れて少なかったとネルーは述べている。そして、それはサッティヤーグラハの影響だと、ネルーは以下のように診断している。

> 民族主義は本質的に何かに反対する感情だ。そのため、それは別の民族集団、特に従属国の外国人支配者に対する憎悪や怒りによって育成され、助長される。1921年のインドにも、この種の憎悪や怒りが確かに存在した。しかし同じような状況にある他の国々に比べてみると、並外れて少なかった。疑いもなく、これはガンディージー[63]が非暴力の意義を強調したことに基づいていた[64]。

ネルーによれば、ガンディーの非暴力は人々の怒りを抑制し、暴力を阻止するのに成功したのだ。しかし、そこに問題が潜んでいたことを、ネルーは次のように付け加えている。

> こうして、私たちは、曖昧に、しかし熱烈に前進した。運動の虜になってうきうきしていたのだ。しかし目的については、明確な考えが全くもって欠けていた。今となって驚くことだが、私たちは運動の理論的側面である哲学や、自分たちが持つべき明確な目標を、どうしたことか完全に無視していた[65]。

ガンディーの目的は、目先の独立にはなかった。サッティヤーグラハは、非暴力社会を建設するためのものだ。しかし、それは彼と同時代の人間にも理解し難いものだった。それに関して、ネルーは以下のように述べている。

> 結局、彼のねらいは何だったのか。長年、彼とは非常に親密な交際があ

ったのだが、私には彼の目的をはっきりと理解することはできなかった。彼にとって自分自身が明確なものだったのかさえ疑わしい。(中略)その態度は政治的でも科学的ではなく、さらに道徳的でさえなかった。それは、狭義のモラリストであり、善とは何か、個人の問題か社会の問題か、といった論点を避けるものなのだ[66]。

ネルーの指摘は、ある意味的を射ている。サッティヤーグラハは「政治的」でも「科学的」でも、「道徳的」でもない。「たんなる生命」に対する姿勢を見れば、ガンディーを広義の「モラリスト」ということもできない。

ネルーが社会主義を標榜する現実主義者だったことを思えば、彼にガンディーの意図が理解できなかったというのも無理はない。「市民社会の内側」にいたネルーに、「市民社会の内側ではない」ガンディーのサッティヤーグラハ言説を理解することは不可能なのだ。

しかし、インドの人々はガンディーに追従した。とはいえ、彼らがサッティヤーグラハを的確に把握していたとは考えにくい。実際、ローラット法への反対から始まった第1回サッティヤーグラハ闘争は、大暴動を招いて終わっている。その際、ガンディーは、サッティヤーグラハの開始は時期尚早であり、失敗の原因は自身の「ヒマラヤの誤算」にあるとした。そのため、彼は運動を一旦中止すると、サッティヤーグラハのための教育活動に取り組み始めた。

この教育活動を通して、ガンディーは、人々にサッティヤーグラハを理解させるのが、いかに難しいことかを知ることになる。

> この活動を続けるなか、サッティヤーグラハの平和的側面に人々に関心をもたせるのは難しい課題だと私は知りました。志願者は多くはありませんでした。また、実際に志願してきた人も、定期的な組織的訓練を受けることはありませんでした。それに、日が経つにつれ、新しい志願者も増えるどころか、徐々に減っていったのです。市民的不服従の訓練

は、最初に期待していた速さでは進まないのだと、私ははっきりと理解しました[67]。

　そして、ガンディーは糸車の普及を中心とする、社会改革運動に専念するのである。
　1929年になると、ガンディーは塩税法反対のスローガンを掲げ、再び政治の表舞台に登場する。そして、翌1930年にはいわゆる「塩の行進」を行うと、暴動を起こすことなく、塩税法の撤廃に成功した。ちなみに、「塩の行進」として知られているが、ガンディーは、それを「塩のサッティヤーグラハ」（Salt Satyagraha）と呼んでいた。それもまた、サッティヤーグラハの一環として行われたものだったのだ。
　「塩のサッティヤーグラハ」に成功した後、ガンディーは引き続き政治活動に従事した。しかし、人々のサッティヤーグラハ理解が深まったわけではない。1942年に、ガンディーはイギリスにインドからの撤退を迫る「クイット・インディア」を提唱する。「クイット・インディア」は、最終的に独立の引き金になった運動とみなされているが、しかし、非暴力が完遂されたわけではない。これも最後は、暴動に発展して終わっている。
　こうして、インドにおけるサッティヤーグラハを概観すると、現実的な問題を取り上げた「塩のサッティヤーグラハ」が唯一の成功例だということに気づく。ネルーの表現を借りれば、人々はサッティヤーグラハという「運動の虜」にはなったが、非暴力社会の構築という目的については、「明確な考えが全くもって欠けていた」のだ。
　そこで、感情の抑制という観点に立ち、その原因をサッティヤーグラハ言説から見出していこうと思う。その際、2人のポストコロニアル知識人、E. W. サイードと、フランツ・ファノンの感情に対する見解を参考にすることができる。ちなみに両人とも民族解放を目指したという点で、ガンディーと共通することはいうまでもない。
　パレスチナ問題に関するあるインタビューで、サイードは自身の「怒り」

と「憎しみ」の感情について、次のように語っている。パレスチナ問題を背景に、イスラエル人のインタビュアーが「あなたの感情的な反応とはどのようなものですか」と尋ねると、彼は「怒りです。大変な怒りを感じます」と、自身の「怒り」の感情を露にする。しかし、そこでインタビュアーが「わたしたちを憎んでいますか」と尋ねると、サイードは「いいえ。おかしなことに、憎しみはわたしが感じることのない感情のひとつです。怒りのほうがずっと建設的です」と答えるのだ[68]。

　サイードが「怒り」と「憎しみ」の感情を区別していることは明白だ。「怒り」は「建設的」な感情だという返答を踏まえれば、サイードは「憎しみ」を「破壊的」な感情ととらえているのだと推測できる。そうした区別を敷衍すれば、両感情は以下のように定義することができるだろう。「怒り」と「憎しみ」は、同じく他者に向けられる。その際、「建設的」な「怒り」の感情は、将来的な改善や改変を、他者に期待する行動として現れる。それに対し、「破壊的」な「憎しみ」は、敵対する他者を排撃し、苦痛を与える行動として現れる。

　むろん、実際には「怒り」と「憎しみ」の感情は容易に分けられるものではない。しかし、サイードは、その中に建設的な何かがあると認めていた。だからこそ、彼はそれを一律に否定的感情として封じ込めるのではなく、「怒り」の感情として表に出したのだ。そう考えるならば、非暴力社会の建設を目的としながら、「怒り」の抑制を命じるガンディーは、その駆動力を自ら減少させていたのだということになる。

　ファノンを援用しても、感情の抑制は否定的結果しかもたらさないという結論にいたる。しかも、その結論はより深刻だ。精神分析学者フランツ・ファノンは、自己の確立について、以下のように分析している。彼は、白人の支配下に置かれた黒人が無気力で従属的な人間になっていることを問題視すると、その原因は、彼らが支配者の視線や言説をその内面に取り込んでしまっていることにあると診断した。つまり、蔑視の対象として自己を確立することが、真の自己の確立を阻む原因であるとし、ファノンはこれを「依存コ

ンプレックス」と呼んだ。

　ファノンはヘーゲルの弁証法を応用すると、この「依存コンプレックス」から脱却するとともに、人間性を復活させるための方法を提起した。その際、鍵となるのは「媒介と認知とによって、他者に自然的現実と異なる彼の人間的現実を取り戻させること」だ。そして、そのために「主観的確実性の客観的真理への変化」、つまり他者による「認知」が必要なのだと、ファノンは説いた。ファノンは、さらにその「認知」を「生への是」「愛への是」「寛大さへの是」といった自己に対する肯定的認知と、「人間蔑視への否」「人間の卑賤に対する否」「人間搾取に対する否」「自由の圧殺に対する否」といった他者への批判的認知の2つに分類した。もちろん、ファノンも怒りや憎しみの感情を無視しているわけではない。「（人間の行動である）反応のうちには常に憤怒(resentment)が混在している」と、そうした感情が湧き起こるであろうことを想定している。しかし、サイード以上に、彼はそれが「人間を作動的(actional)にする」のだと、「憤怒」を容認する。そして、ファノンは自身の「怒り」を行間に潜ませながら、「否」の「認知」は「闘争と、闘争に伴うリスクを通じて」得たものでなければならないと、闘争を扇動する姿勢を示すのである[69]。

　サイードやファノンに基づけば、ガンディーの「怒り」の抑制は「建設的」可能性を閉ざし、「否」の認知を否定するものということになる。さらに、すべてを「愛」で処理せよという彼の指示は、他者に「否」の認知を突きつけたいという欲求を、「是」の認知欲求に転化させるものということになる。サッティヤーグラハを通して得られるのは「是」の認知のみであり、「否」の認知を得ることはない。ファノンに従えば、それは人間の自己の確立を阻害するものですらあるのだ。

　さらに、両者のベクトルについても見てみよう。「否」の認知を求めるのであれば、その抗議のベクトルは対峙する他者に向かうことになる。他方、「是」の認知を求める際は、他者への抗議とは別の力学が働き、そのベクトルは自己の言動へと向かう。そのベクトルは、自己の「たんなる生命」を軽

視し、他者の「生命ノトウトサ」を遵守するサッティヤーグラハの自己犠牲と重なる。しかし、他者に対する「否」の認知は、自己に対する「是」の認知に代えられるものではない。鬱積した「否」の認知欲求が遅かれ早かれ暴発することは、サッティヤーグラハの顛末が示している。

それについても、ネルーの言葉が参考となる。「ヒマラヤの誤算」の後、ヒンドゥーとムスリムの対立について、ネルーは「抑圧された暴力は、出口を見つけねばならなかった[70]」と表現している。さらに、「(個人や集団の)変化の過程は、できるだけ苦痛のないものであるべきだが、残念ながら苦痛や混乱は必然なのである[71]」とも彼は述べている。こうしたことから、ネルーもまた「否」の認知を改革の必須条件ととらえていたのだと考えられる。しかし、ガンディーがそのことを認めることはなかった。ガンディーにとってサッティヤーグラハは「否」の認知を放棄し、「是」の認知を追求するものでなければならなかったのだ。

3.5　アシュラムとアサイラム

サッティヤーグラハが人間に及ぼした影響は、アシュラムに暮らしたサッティヤーグラヒーに顕著に現れる。アシュラムとは、ガンディーが建設、運営したサッティヤーグラヒーのための共同生活場のことで、そこでの生活はサッティヤーグラハの法によって統制されていたからだ。

偶然の一致か、それとも、その語源に関連性があるのかは明らかにできないが、「アシュラム」(ashram)は収容所「アサイラム」(asylum)と響きも、意味するところも似通っている。両者がともに「市民社会の内側ではない」神聖な場所を意味するものであることは、その語源から明らかだ。アシュラムは「聖者の庵」、つまり俗世間から離れた聖なる空間を意味するサンスクリット語を語源とする。他方、収容所アサイラムが、一般社会から切り離された空間であることは言うまでもない。ちなみに、そのアサイラムも、「神聖な場所」を意味するギリシア語の "asulon" を語源としている。

イタリアの思想家ジョルジョ・アガンベンは、ベンヤミンの「暴力批判論」とフーコーの生政治を敷衍して、ナチス時代のユダヤ人収容所(camp)を分析すると、それを「我々が依然として生きている政治空間の隠れた母型、ノモスと見なすことができる[72]」と結論付けた。すなわち、収容所をユダヤ人の「たんなる生命」を政治化した神話的暴力の場ととらえると、それを近代の生政治の原型とみなしたのだ。

　アガンベンの分析は、「たんなる生命」がどのように政治の対象に組み込まれ、現代の生政治的統治にいたったのかを明らかにしようとしたものだ。その際、分析に先立って、彼はギリシア語をもとに、「生」を「ゾーエー」と「ビオス」に区別している。両者は領域によって分けられており、ポリスを対象とする「ビオス」は、そこでの人間の生き方、つまり社会的な「生」を意味するものと、他方、「ゾーエー」は「純然たる再生産の生として、家(オイコス)の領域にしっかり閉じこめられて」いた「生」で、「生きている、という単なる事実」を意味するものと定義された[73]。これらのうち、後者ゾーエーを「たんなる生命」に結びつけ、アガンベンは先の結論を導き出したのである。

　アガンベンに先立ち、ジャック・デリダも「暴力批判論」を敷衍して、アウシュビッツを考察している。ただし、アガンベンとは正反対に、デリダはアウシュビッツを神的暴力の場と結論を出した。

　この結論に対し、アガンベンは「この試論(「暴力批判論」)の解釈において奇妙な曲解をおこな[74]」っているとデリダを批判している。その批判は、ベンヤミンの表現を援用しながら、デリダが以下のようにアウシュビッツを神的暴力と結論付けていることに向けられている。

　ベンヤミンは、神的暴力の特徴はコラーの徒党への神の制裁が「まさに滅ぼしながら」も「同時に罪を取り去っている」、その「無血的性格と滅罪的性格」にあるとした[75]。その表現を援用して、デリダは、ホロコーストとは「滅ぼすものであり、かつ罪を浄めるものであり、かつ無血的[76]」な神的暴力だと結論付けたのだ。アガンベンの批判は、その部分を指摘したものと考えられるが、しかし、デリダの試論における重要性は、その結論にいたる過

程にある。

　そもそも論の前半では、デリダは、ナチズムは「法／権利を維持する革命[77]」であると、それを神話的暴力と認めている。しかし、その後、ナチズムの「最終解決」は「法／権利の神話論的暴力の空間とは別の場所から[78]」しか想起できないと、彼はその診断を覆している。すなわち、デリダがナチズムを神的暴力としたのは、それが神話的暴力に収まるものではないと判断したからなのだ。

　もちろんデリダは、神話的暴力ではないから神的暴力と、二者択一的に結論を導き出したわけではない。彼がホロコーストを神的暴力と位置づけたのは、「表象を超越しており、唯一無比のものや、さらにはあらゆる唯一性を、一般性の秩序ないしは比較作用の秩序のなかに再び書き込まれないように守[79]」るためだ。デリダはその残虐性を考慮し、道徳、社会学、理学などあらゆる既存の概念による「最終解決」の解釈を避け、「ホロコーストを、神的な暴力の解釈不可能な顕現[80]」としたのである。

　デリダとアガンベンのどちらの分析が妥当かは、議論が分かれるところだ。しかし、そこに踏み込むことは、本書の目的ではない。本書が重視するのは、同じ「暴力批判論」に依拠しながら、アウシュビッツについて真逆の結論が出されているということだ。つまり、見方によっては、アガンベンとデリダは共同して、アウシュビッツが神的暴力にも神話的暴力にも収まり得ないことを示唆しているのだともいえるのである。サッティヤーグラハに通底するアウシュビッツの本質はそこにある。結論から先に言えば、サッティヤーグラハとアウシュビッツは、相互補完的にその完成度を高める生政治の範例なのである。

　南アフリカ時代に、ガンディーはフェニックスとトルストイという2つのアシュラムを建設した。そして、インドではアーメダバードとサバルマティ、そして、ワルダに3つのアシュラムを建設した。それらが単なる合宿所ではなく、サッティヤーグラハの法の中心領域であったことは、ガンディーの以下の引用が示している。

私は精神の法(law)がそれ自身の領域でのみ作用するとは考えていません。逆に、生のいとなみを通して、それは現れるのです。そうして、それが経済や社会、政治的分野にも影響を及ぼすのです[81]。

　サッティヤーグラハにおいて、「真理である神」は個々人の内にあるとされていた。そのため、彼は「権力は議会を通して来る」ものではなく、「人々に内在する」ものともみなしていた[82]。ガンディーにとって、政治は「生のいとなみ」の中にあり、家(オイコス)がサッティヤーグラハの中心的領域だったのである。

　アシュラムは、ガンディーの真理が「真理」であることを証明するために、サッティヤーグラハの法の下、人々が「生のいとなみ」を行う実験場だった。そのアシュラムでの生活を覗けば、「再生産の生」を支配された人間が、支配に従順な人間に変えられる様子を見て取ることができる。

　その際、問題となるのが、ガンディーの美徳がアシュラムにも覆いかぶさっていることだ。美徳のベールがアシュラムを理想郷として映し出すことで、その本質を不可視化してしまうのである。その効果の程は、近代批判で知られるイヴァン・イリイチの感想を見れば明らかだ。アシュラムを実際に訪れた彼は、次のような感想を残している。

　イリイチは「この小屋に息づいている精神を吸い込んで、それが伝えるメッセージがわたしのなかに浸透するにまかせたい」と、セヴァグラム・アシュラムの中で沈思黙考したという。そして、そこから「すべての人々への愛と、すべての人々との平等の原則」を受け取ると、「この小屋の単純さ、美しさ、きちんとした様子」から「精神的側面」と「居心地のよさ」を感じたというのだ[83]。

　その感想をもとに、イリイチは近代批判を展開している。人間と物質のバランスと「生活力」という観点から、彼は、居住区間を「家〔ハウス〕」と「ホウム〔うち〕」に区別する。そして、「荷物や家具を納めておく」、「人間自身より、家具の安全や便宜を考え」て建てられた「家」を、人間の「生活

力」を「ますます制限」するものと定義する。イリイチによれば、「家」は人間が物質に依存していることの現れであり、「われわれが弱いものになったこと」の証左なのだ。他方、物質よりも人間に重点を置いた居住空間を、彼は「ホウム」と定義する。そして、「木と泥」を材料に「機械ではなく人間の手で」作られたアシュラムは、人間の理想的な「ホウム」だと、イリイチは賞賛するのである[84]。

さらに、「家」と「ホウム」という2つの概念を用いて、イリイチは人々がガンディーの「真理」を理解できない理由を解明している。イリイチは、「家」を産業化の表象とし、「ホウム」を自足(self-sufficiency)の表象とすると、前者による物質の氾濫と、それを享受する「金持ち」が、後者の「真理」の理解を阻んでいるのだと主張した。彼によれば、人間はガンディーの「単純／簡素(simplicity)」な真理の正しさを十分に理解している。にもかかわらず、人間がそれを実行に移さないのは、「便宜品をたくさん持っている人間こそが、上等な人間と見なされ[85]」、「金持ちたちの消費のありかたが、かれらから、真理を理解する力を奪[86]」っているからなのだ。こうして、イリイチは、過剰な生産と消費が社会を蝕んでいるのだと批判すると、解決の糸口はガンディーの「真理」にあると示唆しながら、最後にこう述べる。

> ガンジーの小屋が世界に対して証しているのは、どのようにしたら、普通の人間の尊厳がはぐくまれることができるかということです。この小屋はまた、単純さと奉仕と真理という原則を実践することから、われわれが引き出すことのできるあの幸福の象徴でもあります[87]。

イリイチにとって、アシュラムは自足に基づく簡素で平等な社会のモデルであり、ガンディーはそれを実現した「清貧の思想家」なのである。とはいえ、イリイチの見解が、特別なものというわけではない。ガンディーのイメージは豪富からもっとも遠いところにある。何よりガンディー自身「もっとも貧しい人の生活をすることが、私の希望[88]」だと述べている。「清貧の思

想」に基づく平等は、サッティヤーグラハの理念の1つであり、アシュラムはそれを具現化したものでもあるのだ。

　イリイチは「清貧」は善であると「普通の人間は十分に理解して」いると述べた。彼が言うように、「贅沢」と「清貧」を比べれば、多くの人が後者に善を認めるだろう。しかし、イリイチのその前提が、アシュラムへの洞察を阻む壁になっているのだといえる。「非暴力」と同様、「清貧」の絶対的肯定性は、そこから先の思索を妨げてしまう。アシュラムの中で、サッティヤーグラハがどう作用し、人間をどう変化させたのかを見極めるためには、「清貧」の美徳の向こう側に目を向けなければならない。

　そこでまず、南アフリカで最初に建設されたフェニックス・アシュラムから注目していこう。フェニックスは、サッティヤーグラハの開始よりも早く、1904年に開設されたアシュラムだ。ちなみに、当初ガンディーは共同生活場を「アシュラム」と呼ぶことを避けていた。『僧院』(math)とか『アシュラム』といった語は、実質的にヒンドゥー的な意味合いを持っている」ことを懸念したからだ。また、「英語にすることで、住んでいる地に敬意を払う」ために、その名を採用したという事情もあった[89]。しかし、後に彼は英語の使用を控えるようになると、それを「アシュラム」と呼んでいる。そのため、1915年には、フェニックスでのルールを「アシュラムの規則草案[90]」（Draft Constitution for the Ashram）としてまとめている〔以下「規則草案」と略す〕。

　『自叙伝』には、フェニックス開設のきっかけが明らかにされている。その頃、ジョン・ラスキンの『この後の者にも』（Unto This Last）を読んだガンディーは、そこから、「個人の善は、すべてのものに含まれている」こと、「すべての人間が労働によって生活の糧を得る権利を持っている限り、弁護士の仕事と理容師の仕事には同じ価値がある」こと、そして「労働者の生活、つまり地を耕す者の生活や手工業者の生活は、生きる価値を持つものである」ことを学んだという。そして「これらの原理を実践へと移す」ために、ガンディーはフェニックス農場を開設した[91]。

　ラスキンの人道主義経済は近代の資本主義に対抗する、いわゆるユートピ

ア主義的な思想である。とすれば、フェニックスはラスキン的な「ユートピア」を現実したものと考えられる。しかし、より正確にいえば、ガンディーのアシュラムはサッティヤーグラハ的「ユートピア」であり、そのことは「規則草案」が示している。「真理」や「非暴力」、「禁欲」、「味覚の抑制」、「スワデーシ」といった条項が並ぶ「規則草案」は、サッティヤーグラハの法を共同生活用に書き換えたものといえる。

「規則草案」には、「生のすべてをかけて祖国に尽くす(傍点は筆者による)」というアシュラムの目的が明記されている。その「生のすべて」が、何を意味するのかは、以下の引用を合わせて見れば理解することができる。南アフリカ時代を振り返って、ガンディーは次のように述べている。

> どれほどたくさんの資金であっても、サッティヤーグラハの闘争、すなわち自己浄化と自立という真理のための闘いを、推し進めることはできません。サッティヤーグラハの闘争は、人格という資本なしには不可能なのです[92]。

サッティヤーグラハのために、ガンディーは資本を金銭から人格に変換することが必要であった。そのために、彼は労働の目的を資金の獲得から「自己浄化」の達成に変えると、アシュラムの人間がそれに「生のすべて」をかけることを義務化したのだ。例えば、「規則草案」には「手作業」という項目がある。それによると、アシュラムでは「肉体労働は自然が人間に課した義務」であり、「人間の精神的で神聖な力は公益のために用いられるべき」とされるのである[93]。

平等をモットーにしたアシュラムでは、労働は等しく分配されていた。それは、ラスキンの理想を実践したものではあるが、その際、アシュラムではインド特有の問題が発生した。伝統的にインドでは、カーストによって労働が細かく分配されている。例えば、トイレ掃除のカースト、洗濯夫のカーストというように、清掃場所まで割り振られる。しかし、ガンディーは「アシ

ュラムの開設者たちは、この慣習はヒンドゥーという宗教の汚点と考える[94]」とこのカーストの伝統を撤回した。けれども、上位カースト出身者にとって、それが耐え難い屈辱であったことは想像に難くない。そして、他でもない妻のカストゥルバーイーが、ガンディーのやり方に不服を申し立てたのだ。つまり、彼女がガンディーに対し、「否」の認知を要求したのである。しかし、ガンディーは彼女の抗議を聞く耳を持たず、戸口を指差すと、農場を出て行くよう命じた。アシュラムでは、「否」の認知要求は認められるものではなかったのである。

もちろん、カストゥルバーイーはガンディーの妻であり、彼とは特別な関係にある。彼女とのやり取りだけを根拠に、サッティヤーグラハの法を判断することはできない。しかし、アシュラムでのガンディーの態度に対しては、エリクソンが同様の問題を指摘している。

エリクソンは、ガンディーがカストゥルバーイーとの性的交渉を一方的に断ったこと、また規則を破った少女の髪を切ってしまったことを例に挙げると、「そうではないものを表現するのに、『愛』という言葉を使う」その「誤った教育的な(pedagogic)調子に、私は異を唱える」とガンディーの欺瞞を指摘している[95]。エリクソンは、ガンディーの「愛」が表面的なものと非難しているわけではない。彼は、それをより根深い問題ととらえている。「平和のために働く者ならば、知っていなければならない愛と憎しみの共存というアンビヴァレンスに、あなたは気付いていないか、もしくはなくなればいいと願い、祈っている」と、ガンディーが「怒り」の感情と「否」の認知欲求を認めていないことを指摘するのだ。そして、まさに「この点に、サッティヤーグラハの未来はかかっている」と、それをガンディーの最重要課題とするのである[96]。

ガンディーは「怒り」を抑圧し、「是」の認知のみを求めるよう押し付けることが暴力であり、サッティヤーグラハの欠陥であることにまったく気づいていない。確かに、「私の行動が、農場に住む全ての人々に影響を及ぼさずにはいられなかった[97]」と、彼は自身の影響力の強さを認識してはいる。

だが、「最終決戦のために精神の浄化と苦行の場[98]」である「トルストイ農場の生活を、サッティヤーグラヒーはこのように追従し、将来を受け容れる覚悟をしていた[99]」のだと、彼は他者の精神を代弁し、自らの統治下に置くことで、その暴力を不問に付すのだ。

サッティヤーグラハの法の下に置かれれば、「是」の認知だけを求めるサッティヤーグラヒーは、主権者ガンディーに異論を唱えることはできない。その法の下に置かれた人間は、支配に対し一切拒否できないのだ。さらに、ガンディーは家(オイコス)を中心に、衣食住に関する細かい規則を定めることで、人間の再生産の生を支配した。彼は、人間の内なる感情を抑制することで、被支配者を支配に従順な人間へと作り変えてしまうのである。

アシュラムでカディーの着用が義務付けられたのは、糸車の復活後のことだ。しかし、それ以前から、ガンディーは衣服を通して、サッティヤーグラヒーを「市民社会の内側ではない」ところに位置づけていた。「規則草案」には、「原則として、全員が簡素な制服を着る[100]」という条項がある。実際には、それは「簡素」なだけでなく、「囚人服を模した」工場労働者用の作業着であった[101]。こうして、ガンディーはサッティヤーグラヒーのアイデンティティを衣服を通して決定した。

さらに、食事について、ガンディーは以下のような細かい規則を制定している。

> 食事は簡素なものとする。唐辛子は完全に取り除き、全般的に塩、こしょう、ターメリックを除いて香辛料は使わない。牛乳、ギー[102]、その他乳製品は禁欲の障害となり、また牛乳はしばしば結核の原因ともなり、肉と同じような刺激を持つので、できるだけ使用を控える。食事は1日に3度まかなわれ、乾燥果物や新鮮な果物は自由に食べることができる。アシュラムの入居者は健康法の一般原則を学ぶ[103]。

繰り返しになるが、ガンディーは西洋医学を否定していた。健康は毎日の

食事を通して管理すべきと、彼は考えていたからだ。もちろん、引用の最後にある健康法も西洋医学に基づくものではない。ガンディー独自の健康法が、どのようなものだったのかは、以下の引用から明らかとなる。

> あらゆる病気は地と水の療法か、もしくは断食か食事制限で治療できると思っていました。農場で病人が出ても、薬を使ったり、医者を呼んだりしたことは一度もありません。喘息で咳に苦しむ北インド出身の70歳の老人がいたのですが、彼も食事制限と水療法で治療しました[104]。

ガンディーの治療法の是非について、本書が判断することはできない。しかしガンディーが食事制限を通して、人間の身体を自らの管理下に置いていたのだとはいえるだろう。

さらなる問題は、食事制限が自己の抑制の達成と関連づけられていたことだ。サッティヤーグラハにおいては、「彼らの生活全般の様式と違わねばならないように、自己抑制をする人間の食事制限は快楽主義の人間のものとは異なっていなければならない[105]」と定められていた。また、「規則草案」には、「味覚の制御」という項目もある。そこでは、「味覚を克服するまでは、上述の誓い、特に禁欲の誓いを守ることは難しい[106]」とされており、「食べることは、身体を維持するためだけ」に行わなければならないと規定されている。つまり、アシュラムでの食事は、「たんなる生命」を維持するためのものとされていたのだ。

人格を資本にするということは、人々の「再生産の生」を管理し、「すべての生命」を抑制する人間を製造することに他ならない。そのことは、アシュラムで生活した、元サッティヤーグラヒーの女性の証言からうかがえる。ちなみに、彼女は、イリイチが訪問したセヴァグラム・アシュラムに暮らしていた。

彼女は「何よりも、アーシュラムはバプー（ガンディー）の真理と非暴力、勤勉と謙譲の理想に献身する者たちの共同体でした[107]」と、その家がポリ

スでもあったことを証言している。彼女の証言は、そこで居住者の「再生産の生」がいかに管理、支配されていたのかを明らかにする。

「日常生活は絶対に規則的たるべし」というガンディーの信条をもとに、アシュラムでの生活は時間通りに進められていた。その証言は、「規則草案」とも合致している。起床時刻は午前4時、身支度を整えて朝の祈りを行った後に朝食、7時からは掃除と労働と、アシュラムの日常生活は時間通りに決められていた。さらに、アシュラムの時間が、ガンディーによって定められていたことが、その管理的性格を示唆している。アシュラムでは食堂の時計が基準とされていたが、それを毎晩ガンディーは自分の懐中時計に合わせていたというのだ[108]。アシュラムは、ガンディーを中心とする世界であり、すべての活動が、彼を基準に進められていたのである。

また、彼女の証言によると、ガンディーは便秘気味の人に「お通じ」があったかどうかを頻繁に尋ねていたそうだ。そして、便秘をしている者がいれば、野菜を食べるように勧め、それでも効果がないときは、浣腸を勧めていたという。

便秘にまつわる彼女の証言には、ガンディーが他者の「たんなる生命」を管理し、その「すべての生命」を支配していたことが端的に表れている。

それが、なぜ「すべての生命」の支配なのかは、その後に続く彼女の証言が示唆している。アシュラムでは「何でも率直に口に出して言う」ことが決められていた。そのため、「お通じ」について報告することも、「話題にして恥ずかしいとは誰も思わなかった」と彼女は述べている。さらに、「浣腸は恥ずかしがらずにお互いにするようにバプーは教えていた」とも彼女は語っているのだ[109]。

この時点で、サッティヤーグラハの法は、身体の内に及ぶ「恥ずかしい」ものとなっている。しかし、彼らにそうした感情はない。「是」の認知を得ようと「バプーの教え」に従い続けた彼らは、自己の抑制を超えて、自己を抑圧する従順な人間に変化してしまっている。

イリイチはアシュラムの「単純さ、美しさ、きちんとした様子」から「す

べての人々への愛と、すべての人々との平等の原則」を感じ取っていた。しかし、それはサッティヤーグラハの法により居住者の「再生産の生」を管理した結果、作り出されたものなのだ。その「平等の原則」は、人々が感情を極限まで抑制することで守られたものなのである。

「感情の抑制」という命題を身体に取り込んだ人間に、もはや監視係は必要ない。身体の外部に管理システムを設けるまでもなく、自己に配慮する彼らは、容易に管理を受け容れる人間に変化している。最終的に、彼らが「管理しやすい人間」から、「管理されなければならない人間」にまで堕ちてしまったことは、同じ女性の以下の証言から明らかとなる。

> 私たちはあらゆる問題の解決にバプーが必要でした。何でもバプーが頼りで、何かを決めるのに彼に相談せずにはいられなかった。「バプー、ヘアオイルはどれだけつけたらいいでしょうか？」「バプー、頭は剃った方がいいでしょうか？」「バプー、大豆ペーストは一匙食べたらいいでしょうか、二匙がいいでしょうか？」「バプー、私たちの結婚を祝福していただけませんか？」[110]。

被験者である彼らの「再生産の生」は、実験の監督者ガンディーに完全に掌握されてしまっている。アシュラムの人間に、主体的に何かを決める力は残されていない。ヘアオイルや大豆ペーストの量といった日常のほんの些細なことまで、彼らは何１つ自分では決められないのだ。「是」の認知を前提とする暮らしの中で、否応なく「再生産の生」を管理された彼らは、「すべての生命」を喪失してしまったのである。

アシュラムがアウシュビッツ同様の実験場であったことは、アガンベンの分析と照らし合わせれば明白となる。アウシュビッツを分析するにあたり、アガンベンは、その極限状態のために「およそいっさいの道徳意識を欠いているだけでなく、感覚と神経の刺激さえも欠い[111]」た「回教徒」と呼ばれ

た人間に焦点を当てている。そして、「回教徒が棲みかとした生と死、人間的なものと非人間的なものの極限的な閾が政治的な意味をもちうる[112]」ことを論じているのだ。

　アウシュビッツの「回教徒」の姿は、アシュラムに暮らしたサッティヤーグラヒーの姿と重なる。アウシュビッツの収容者は、「たんなる生命」を維持するだけの極限状態に置かれたことで、「すべての生命」を失い、「回教徒」に転落した。「収容所に移った者は、沈んでしまった場合も、生き残った場合も、耐えられるものはすべて耐え、耐えたくないものも耐えるべきでないものもすべて耐えた。しかし、このように『力のかぎり耐え抜いた』結果、このように可能なものを汲み尽くした結果、『人間的なものをすっかり』失ってしまう[113]」のである。アウシュビッツとアシュラムの違いは、忍耐を強いるのに用いられるのが、暴力であるか、非暴力であるかの違いだ。そこが、「自分本来のもの自分本来のものでないもの、可能なものと不可能なもののあらゆる区別がまったくなくなる場所[114]」であることに違いはない。アガンベンは、「死のない死体、非-人間。ひとつの可能な、また一般に流布してもいる解釈によれば、この死の零落こそが、アウシュヴィッツに特有の陵辱、その恐怖に固有の名であるということになるのだろう[115]」と述べた。その表現を援用すれば、「生のない人間、非-人間。ひとつの可能な、また一般的に流布してもいる解釈によれば、この生の零落こそが、アシュラムに特有の陵辱、その美徳に固有の名」なのである。

　アガンベンに添っていえば、「たんなる生命」を政治化する収容所と同様、アシュラムは人間の「再生産の生」を管理し、「自己に配慮する」従順な人間を製造する神話的暴力の実験場だ。デリダに添っていえば、「表象を超越」した「唯一無比」のものであるにもかかわらず、サッティヤーグラハの神的暴力は「非暴力」として「一般性の秩序」に書き込まれてしまったのである。

　精神分析学者のエリクソンは、ガンディーに暴力の匂いを嗅ぎ取ると、それについて、次のように述べている。

私は感じ取ってしまうのです。真理を断言するまさにその時、ある種の不実 (untruth) を、言葉すべてが非現実的な純潔さを表す時、不純な何かを、そして何より、非暴力が公言されるとき、そこで追放された暴力を[116]。

興味深いことに、ガンディーについて分析を進めるなかで、彼はさりげなく2回、ガンディーとヒトラーを並べている。1つは以下の引用で、彼はガンディーの『自叙伝』に誇張があるとしながら、エリクソンはこう述べている。

有名な自叙伝のすべてに宣伝があるように（もっとも図々しいのは、もうひとりの有名な菜食主義者、アドルフ・ヒトラーなのだが）、著者（ガンディー）も誇示している。青年期に自分があらゆる危険と、そして、あらゆる嘲笑を克服したことを証し、それゆえ、すべての徳性と自身の価値は自分自身のものといえるのだと[117]。

もう1箇所は、ガンディーの母親に対する愛情について論じる、以下のところだ。

外部からの、もしくは家庭内の下劣な侵入者から母親の純潔を守ろうとする情熱は、多くの将来の民族解放者にとって、必須条件だったのかもしれない。（ボリバルからヒトラーに至るまで）[118]。

エリクソンの直感に従えば、ガンディーとヒトラーは自己を過剰評価した民族解放者として並置することができる。2回に渡って、エリクソンが2人を並べて書き込んだのは、両者に同じ暴力の匂いを嗅ぎ取ったからかもしれない。

ガンディーとヒトラーの行動が正反対のものであることは言うまでもな

い。もちろん、エリクソンも、ガンディーが愛と非暴力の力を重視したことを認めている。しかし、その美しさの裏に隠された、ヒトラーに共通する暴力を、精神分析学者である彼は読み取ったのだと考えられる。同じように民族の解放を謳いながら、ヒトラーは暴力で他者の「たんなる生命」を、ガンディーは非暴力で自己の「たんなる生命」を支配した。人間の「すべての生命」を切り詰める両者の暴力は、現代の生政治的な管理社会の相互補完的な礎となっているのだ。

注
1 ヴァルター・ベンヤミン　高原宏平、野村修編「暴力批判論」、『暴力批判論―ヴァルター・ベンヤミン著作集1』(晶文社、1969、1978)8。
2 ベンヤミン 10。
3 Gandhi, *Hind Swaraj* 287.
4 Gandhi, "Talk with a Friend," *Harijan* 23 Apr. 1946, *CWMG*, vol. 91, 59.
5 Gandhi, "To the Mussulmans of India," *Young India* 29 Sep. 1921, *CWMG*, vol. 24, 316.
6 Gandhi, "Interview to Tingfang Lew, Y. T. Wu and P. C. Hsu," *Harijan* 28 Jan. 1939, *CWMG*, vol. 74, 386.
7 Gandhi, "The Doctrine of the Sword" 133.
8 Gandhi, "Religion V. No Religion," *Harijan* 9 June 1946, *CWMG*, vol. 91, 62.
9 Gandhi, "Blankets for Soldiers," *Khadi Jagat* Sep. 1941, *CWMG*, vol. 81, 98.
10 Gandhi, "Non-Violent Resistanc," *Harijan* 12 Apr. 1942, *CWMG*, vol. 82, 168-169.
11 Gandhi, *Constructive Programme* 354-355.
12 Gandhi, "Interview to the Press," *Manchester Guardian* 14 Sep. 1931, CWMG, vol. 53, 352.
13 Gandhi, *Constructive Programme* 354-355.
14 Gandhi, *Constructive Programme* 355.
15 Gandhi, "Discussion with Christian Missionaries," *Harijan* 24 Dec.1938, *CWMG*, vol. 74, 311.
16 Gandhi, "Question Box," *Harijan* 5 May 1946, *CWMG*, vol. 90, 322.

17　Gandhi, "Talk to Villagers," *Harijan* 11 Aug. 1946, *CWMG*, vol. 91, 407.
18　Gandhi, "From Europe," *Young India* 8 Oct. 1925, *CWMG*, vol. 33, 72.
19　ベンヤミン 29。
20　ベンヤミン 32。
21　ベンヤミン 33。
22　ベンヤミン 35。
23　ベンヤミン 37。
24　ベンヤミン 33。
25　ベンヤミン 35。
26　今村仁司『ベンヤミンの〈問い〉』(講談社、1995) 161-162。
27　Gandhi, "Speech at Borsad," *Navajivan* 23 Mar. 1930, *CWMG*, vol. 48, 453.
28　Gandhi, "Truth and Khilafat," *Navajivan* 3 Oct. 1920, *CWMG*, vol. 21, 329.
29　カール・シュミット　田中浩、原田武雄訳『政治神学』(未來社、1971) 13。
30　シュミット 1。
31　Gandhi, "Fasting in Non-Violent Action," *Harijan* 26 July 1942, *CWMG*, vol. 83, 124.
32　Gandhi, "Discussion with D. Ramaswami," *An Atheist with Gandhi*, 28-31, *CWMG*, vol. 266.
33　Gandhi, *Constructive Programme* 356.
34　Gandhi, "Satyagraha-Not Passive Resistance," *CWMG*, vol. 16, 10.
35　Gandhi, "Letter to Mahadev Desai," 15 Sep. 1919 *CWMG*, vol. 18, 403.
36　ベンヤミン 35。
37　ベンヤミン 34。
38　ベンヤミン 35。
39　ベンヤミン 35。
40　ベンヤミン 33。
41　Gandhi, "Criminal Assaults," *Harijan* 1 Mar. 1942, *CWMG*, vol. 82, 42.
42　サッティヤーグラハの実践者のこと。
43　Gandhi, "Speech at Anand," *Navajivan* 23 Mar. 1930, *CWMG*, vol. 48, 447.
44　Gandhi, "Telegram to N. R. Malkani," 18 Apr. 1930, *CWMG*, vol. 49, 130.
45　Gandhi, "If I Were a Czech," *Harijan* 15 Oct. 1938, *CWMG*, vol. 74, 90.
46　Gandhi, "Discussion with Rev. John Kellas," *Harijan* 24 Aug. 1947, *CWMG*, vol. 96, 239.
47　Gandhi, "Discussion with V. K. Krishna Menon," *Bihar Pachhi Dilhi* 1947, 298–299, *CWMG*, vol. 96, 13-14.

48 Jawaharal Nehru, *An Autobiography: with Musings on Recent Events in India*（London: The Bodley Head, 1936）41.
49 Gandhi, "The Doctrine of the Sword," 134
50 Gandhi, "One Step Enough for Me", *Young India* 29 Dec. 1920, *CWMG*, vol. 22, 153.
51 Gandhi, "One Step Enough for Me" 153.
52 Gandhi, *An Autobiography* 174.
53 Gandhi, Hind Swaraj 261–262.
54 Gandhi, "The Frontier Friend," *Young India* 25 May 1921, *CWMG*, vol. 23, 193.
55 Gandhi, "The Frontier Friend" 193.
56 Gandhi, "Triumph of Non-Violence" *Navajivan* 21 Nov. 1920, *CWMG*, vol. 21, 10.
57 Gandhi, *Hind Swaraj* 289.
58 Gandhi, *An Autobiography* 467.
59 Gandhi, "The Doctrine of the Sword" 134.
60 Gandhi, *Hind Swaraj* 289.
61 Gandhi, *An Autobiography* 468.
62 Gandhi, *Satyagraha in South Africa* 96.
63 「ジー」は敬称。日本語で「さん」にあたる。
64 Nehru 75.
65 Nehru 76.
66 Nehru 509.
67 Gandhi, *An Autobiography* 442.
68 E. W. サイード　田村理香訳「帰還の権利」『現代思想』第 31 巻第 14 号（青土社、2003）21–36。
69 Frantz Fanon, *Black skin, White Masks* trans. Charles Lam Markmann,（New York: Grove Press, 1967）「依存コンプレックス」については第 4 章を、そこからの脱却に関しては第 7 章を参照した。
70 Nehru 86.
71 Nehru 529.
72 ジョルジョ・アガンベン　高桑和巳訳『ホモ・サケル』（以文社、2003）227。
73 アガンベン『ホモ・サケル』7–8。
74 アガンベン『ホモ・サケル』96。
75 ベンヤミン 33。
76 ジャック・デリダ　堅田研一訳『法の力』（法政大学出版局、1999）193。

77　デリダ 185。
78　デリダ 186。
79　デリダ 192。
80　デリダ 193。
81　Gandhi, "What of the West?," *Young India* 3 Sep. 1925, *CWMG*, vol. 32, 373.
82　Gandhi, "*Constructive Programme* 356.
83　イバン・イリイチ　桜井直文監訳『生きる思想』(藤原書店、1991)8。
84　イリイチ 9-10。
85　イリイチ 10。
86　イリイチ 12。
87　イリイチ 14。
88　Gandhi, *An Autobiography* 336.
89　Gandhi "Letter to Maganlal Gandhi," 24 Nov. 1909, *CWMG*, vol. 10, 316.
90　Gandhi, "Draft Constitution for the Ashram," 20 May 1915, *CWMG*, vol. 14, 453-460.
91　Gandhi, *An Autobiography* 313.
92　Gandhi, *Satyagraha in South Africa* 192.
93　Gandhi, "Draft Constitution for the Ashram" 457.
94　Gandhi, "Draft Constitution for the Ashram" 456.
95　Erikson 233.
96　Erikson 234.
97　Gandhi, *Satyagraha in South Africa* 202.
98　Gandhi, *Satyagraha in South Africa* 212.
99　Gandhi, *Satyagraha in South Africa* 213.
100　Gandhi, "Draft Constitution for the Ashram" 458.
101　Gandhi, *Satyagraha in South Africa* 202.
102　水牛の乳で作られたバター。
103　Gandhi, "Draft Constitution for the Ashram" 458-459.
104　Gandhi, *Satyagraha in South Africa* 204.
105　Gandhi, *An Autobiography* 262.
106　Gandhi, "Draft Constitution for the Ashram" 454.
107　メータ 27。
108　メータ 28。
109　メータ 37。

110　メータ 27。
111　ジョルジョ・アガンベン　上村忠男、廣石正和訳『アウシュヴィッツの残りもの』（月曜社、2001）73。
112　アガンベン『アウシュヴィッツの残りもの』60。
113　アガンベン『アウシュヴィッツの残りもの』101-102。
114　アガンベン『アウシュヴィッツの残りもの』99。
115　アガンベン『アウシュヴィッツの残りもの』94。
116　Erikson 230-231.
117　Erikson 144.
118　Erikson 224.

第Ⅱ部　マハトマ・ガンディーの非暴力

ガンディーの非暴力は「非暴力」ではない。彼の非暴力は、「暴力を用いてはならならない」という単純な教えではなく、非暴力社会を建設するためのサッティヤーグラハの法の一部であった。しかし、その法には、人間の「すべての生命」に制約を加える生政治的暴力性も認められる。ガンディーの非暴力は、現代の管理的社会に通底するものなのだ。

　他方、サッティヤーグラハには、既存の統治システムを破壊するという狙いもあった。その点において、彼の非暴力は現代の統治システムと相容れるものではない。ところが、そこに焦点が当てられることはなく、ガンディーの非暴力は「非暴力」として、理想の座に留まり続けている。そこで、第Ⅱ部では、ガンディーの非暴力が現代の「非暴力」に変容する過程を追い、その空隙を埋めるための作業を進める。

第 4 章　ガンディーとソローの接合

　本章では、植民地時代を対象に、いかにガンディーが支配的な言説空間に取り込まれていったのかを考察する。その際、少し視点を変え、「非暴力・不服従」の「不服従」に焦点を当てることにする。

　ガンディーはヘンリー・デイヴィッド・ソローの影響を受けて「不服従」を実践したのだと一般的に認められている。しかも、それはインドの首相も認める「歴史的事実」となっている。「はじめに」では、訪印の際、ブッシュ元米大統領の祝辞を紹介したが、同じ場面で、インドのシン首相は以下のように歓迎の挨拶を述べている。

> 何世紀もの間、インドの人々はアメリカの人々を尊敬し、好感を持ってきました。私たちには双方向の関係があるのです。かつて建国の父、マハトマ・ガンディーはヘンリー・デイヴィッド・ソローから影響を受け、外国支配に対する市民的不服従運動を開始しました。我々の時代になって、合衆国の偉大な息子、マーティン・ルーサー・キングはマハトマ・ガンディーの影響を受け、市民的自由と人種平等のために非暴力闘争を開始したのです[1]。

　ソローからガンディー、そしてマーティン・ルーサー・キングへと続く「非暴力・不服従」の系譜は、インドの首相も認める「歴史的事実」なのだ。それが広く認められた「歴史的事実」であることは、ハンナ・アレントの

論考「市民的不服従」も示している。ただし、彼女はソローの影響を受けて、ガンディーは「不服従」を行ったのだと明言しているわけではない。けれども、彼女の「市民的不服従」の言説は、ガンディーをソローの後継者に位置づけ、「歴史的事実」を補強するものとなっている。

論考「市民的不服従」での中心的主張は、非暴力を理由に、市民的不服従者を革命家から区別するべきではないということにある。西洋近代的な法的枠組みを否定するという点で、市民的不服従は革命的運動に位置づけられるべきだというのだ。具体的にいえば、アレントは、ガンディーを引き合いに出すと、「既成の権威の枠組み」を拒絶し、「法体系の普遍的な正統性」を覆した「市民的不服従」の指導者と彼を評価しているのである[2]。

アレントによるガンディーの評価は、妥当なものと思われる。そこで問題となるのは、ガンディーの取り上げられ方だ。「市民の法律にたいする道徳的関係」について論じるにあたり、アレントは「その多くを投獄された二人の有名人——アテナイのソクラテスとコンコードのソロー——に依拠[3]」している。その際、ガンディーは１例として取り上げられているにすぎない。すなわち、ガンディーの「不服従」はソローの「市民的不服従」の枠内にあるのだと、その論考は言外に示しているのだ。とはいえ、「歴史的事実」を共有していれば、アレントの言説に違和感を持つことはないだろう。

そもそも「歴史的事実」の証拠は、ガンディー自身が提示しているともいえる。『ヒンドゥ』の付録には、推薦図書としてソローの『原則のない生活』（*Life without Principle*）と『市民的不服従』（*Civil Disobedience*）が並べられているからだ[4]。

しかし、それでも、「歴史的事実」には疑うだけの余地がある。実際、知人に宛てた手紙の中で、ガンディー自身が以下のようなことを書いているのである。

　　ソローの書いたものから、市民的不服従というアイデアを得たというのは間違いです。市民的不服従についての、ソローのエッセイを読む前

に、南アフリカでの権力者に対する抵抗運動は、かなり進展していました。しかし、その頃、運動は受動的抵抗(passive resistance)として知られていました。グジャラーティー語の読者のために造ったサッティヤーグラハという語では、不十分だったのです。ソローのすばらしいエッセイのタイトルを見たとき、自分たちの闘いを英語の読者に説明するために、彼のフレーズを使い始めました。ですが、市民的不服従でも闘いの意味を完全に伝えることはできないと気付いたのです。そのため、市民的抵抗(civil resistance)というフレーズにしたのです[5]。

　サッティヤーグラハとそれ以外の英語名について、ガンディーの記憶が混乱していることは追って明らかにする。しかし、その点を差し引けば、この手紙の内容に誤りはない。運動名を決定するまで、ガンディーは試行錯誤していた。そのため、彼は自身の運動に複数の名前を付けている。ちなみに、最終的に付けられた「サッティヤーグラハ」は、運動の真意を表すために、ガンディーが造語したものだ。
　ガンディーの主張に基づけば、「歴史的事実」は誤りだということになる。しかし、これまで、彼の主張が顧みられることはなかった。ガンディーはソローから影響を受けたことは、今やれっきとした「歴史的事実」なのである。
　ところが、この「歴史的事実」を検証すれば、ガンディーの主張の正当性が明らかとなる。ガンディーはソローから「市民的不服従」という表現を借用したにすぎない。そうしなければ、彼は自身の考えや運動の活動指針を明確に表現することができなかったのである。言い換えれば、ガンディーは自身の考えを分節・接合(articulate)するために、ソローの「市民的不服従」という表現を拝借しただけなのだ。
　では、「歴史的事実」はなぜ成立したのか。それが、新たな問題として生じることになる。そこで、本章では植民地支配下の言説空間という観点から考察を進め、サッティヤーグラハが西洋近代的な言説空間に対する抵抗でも

あったことを明らかにする。さらに、その後、ガンディーとソローの「不服従」を比較し、前者にだけ認められる破壊的、建設的性格を浮き彫りにする。そのため本書では、ガンディーのものは「不服従」と、ソローのものは「市民的不服従」と表記して区別する。

4.1　ガンディーはソローを模倣したのか？

「ソローの影響を受けて、ガンディーは非暴力・不服従運動を行った」という「歴史的事実」は研究者にも共有され、再生産されてきた。例えば、長崎暢子は「(ガンディーは)1909年の投獄中においても、インドの古典だけでなく、ソロー、エマーソンを読み、とくにソローの『非暴力的不服従(*On Civil Disobedience*)』に大きな影響を受けたことは、彼の運動が非暴力的不服従と呼ばれたことからも明らか[6]」だとしている。本来、この問題の手掛かりは、ガンディーの運動名に潜んでいる。しかし、「非暴力的不服従と呼ばれたこと」を「明らか」な根拠とする長崎は、そのことを見逃してしまっている。長崎にとって、ガンディーとソローの連続性は検証するまでもない「歴史的事実」なのである。

フランスのガンディー研究者マルコヴィッツも、長崎と同様の見解を呈している。彼もまた、ガンディーとソローの間にある思想的連続性を「歴史的事実」とするのだ。ただし、彼はよりガンディーに厳しい。マルコヴィッツは、非暴力・不服従運動の創生において、ガンディーは大した役割を果たしていないと断言するのである。

マルコヴィッツは、非暴力・不服従の起源はアメリカにあるとする。ガンディーはその開祖などではなく、受け継いだにすぎないというのだ。その主張によれば、非暴力の起源は1830年代に始まった奴隷制への反対運動「無抵抗協会」(Non-Resistance Society)にある。そして、不服従はソローの『市民的不服従』からはじまったのだとされる。マルコヴィッツによれば、ガンディーの抵抗運動は、そうした既存の政治的伝統に符合しただけのものにす

ぎない。さらに、彼に言わせれば、サッティヤーグラハという名称も、自身の運動にインドの独自性と精神性（spiritual）を持たせるための、ガンディーの方便にすぎないとされる[7]。そして、独自性がないにもかかわらず、「非暴力・不服従」の始祖としてガンディーが崇められてきたのは、彼がオリジナリティを誇張したからだと彼は批判するのだ。

　しかし、マルコヴィッツの主張は今ひとつ説得力に欠けている。アメリカの無抵抗主義とガンディーのサッティヤーグラハを関連づけるのに、積極的な根拠が見当たらないのである。確かに、ガンディーに先立ち、アメリカで非暴力・不服従の萌芽が見られたというのは事実だ。しかし、その広がりは時間的にも地理的にも限られている。ガンディーがいつ、どこで、どこにようにそれと出会い、影響を受けたのかを、マルコヴィッツは十分に論証していない。

　その点、政治思想家デニス・ドルトンの論は多少説得力がある。ドルトンはガンディーのテクストを分析すると、「監獄に入ること」に肯定的意味を付与した点で、彼とソローは共通すると結論を出した。その結論については妥当で、重要なものといえる。

　しかし、ドルトンもまたガンディーはソローの『市民的不服従』を読み、ソローが監獄内で真の自由を見出したことを知って、不服従という手段を得たのだと論じている[8]。つまり、ガンディーはそれまで法の範囲内で抵抗運動を進めていたが、ソローに感化され、態度を一変したというのだ。ドルトンの観点に従えば、法的秩序体制から自己排除するというガンディーの発案は、ソローの考え方を引き継いだものということになる。

　マルコヴィッツとは異なり、ドルトンはガンディーから引用し、論拠を示しつつ持論を展開している。しかし、ドルトンの分析に難点がないわけではない。というのも、すでに見てきたように、「監獄に行こう」とガンディーが不服従を開始したのは、南アフリカ時代のことである。にもかかわらず、彼が論拠として引用するのは、インド独立運動期に書かれたものばかりなのだ。そこから判断すれば、ドルトンは「歴史的事実」を前提に、適当な引用

を集め、「歴史的事実」を再生産しているのだといっていいだろう。
　そうしたなか、非暴力主義研究者のウィリアム・ランドールは、ガンディーの反論を支援する見解を呈している。この件に関して、ランドールは以下のように述べている。

　　ガンディーは多分、ソローのエッセイの中に基礎的に新しい理念を見つけはしなかったが、自分の理想に対する大きな支えを発見し、それを表現する新しい語彙を得た[9]。

ソローからの影響を、「不服従」という表現に限定することで、彼はガンディーを擁護しているといえる。しかし、「多分」と断りを入れていることからも明らかだが、この件について、ランドールは検証作業を行っていない。彼の見解は推測の域を出るものではなく、「歴史的事実」を覆すにはいたっていない。
　はたして、ガンディーは『市民的不服従』からアイデアごと借用したのか。それとも、ランドールが推測したように、表現だけを借用したのか。それについて答えを出すためには、南アフリカ時代にさかのぼって検証することが必要となる。
　その際、ドルトンが指摘した「監獄に入ること」は重要なポイントとなるだろう。「監獄に入ろう」とガンディーが「不服従」を表明した時期を明らかにするとともに、『市民的不服従』を読んだ時期を確認すれば、答えは自ずと明らかになるはずだ。
　そこで、ガンディーが『市民的不服従』を読んだ時期から、まずは検証していこう。従来、ガンディーは1909年の入獄の際、『市民的不服従』を読んだのだとされてきた。見解が異なる長崎とランドールも、この年代に関しては、意見を同じくしている。ところが、当のガンディーは「ソローの書いたものを初めて紹介したのは、受動的抵抗を行っていた1907年か、それより後だったと思います」と述べている[10]。

この年代に関しては、ガンディーの記憶が正しく、1907 年の時点で彼は『市民的不服従』に出会っている。というのも、同年 9 月以降、わずか 2 ヶ月の間に、ガンディーは『市民的不服従』に関する記事を 4 編も書いているのだ。「インディアン・オピニオン」の 9 月 7 日号には「市民的不服従の義務[11]」（On the Duty of Civil Disobedience）と『市民的不服従』の抄訳「法に従わない義務［1］[12]」（Duty of Disobeying Laws［1］）が掲載されている。さらに、その次号には、「市民的不服従の義務［2］[13]」が、また翌 10 月 26 日号には『市民的不服従』をまとめた「受動的抵抗のために[14]」（For Passive Resistance）が寄せられているのだ。そうした状況証拠を合わせて考えると、1907 年にガンディーが『市民的不服従』を読んでいたことは間違いないといっていいだろう。

　では、次に、「監獄に入ろう」とガンディーが「不服従」を提唱した時期を確認しよう。南アフリカ時代に書かれたものをさかのぼれば、ガンディーが、遅くとも 1904 年には、その考えを持つにいたっていたことが分かる。1904 年の 1 月発行の「インディアン・オピニオン」には、「罰金を払うことは拒否して、監獄へ行こう。そういった場合、監獄に行くことは不名誉なことではない[15]」という「不服従」の訴えが見て取れる。

　さらに、2 年後の 1906 年 9 月発行の「インディアン・オピニオン」を見れば、彼の「不服従」の主張が、時間の経過とともに、より強烈に、修辞的になっていることがうかがえる。そこで、ガンディーは以下のように述べているのだ。

　　トランスヴァールのインド人が問題解決のために固く結束すれば、すぐに足枷から自由になるだろう。そのとき監獄は宮殿のようになるだろう。監獄に行くことは、不名誉なことではなく、名誉を高めることになるのだ[16]。

　「宮殿」に喩えることで、ガンディーは監獄に肯定的意味合いを持たせて

いる。その上で、「法に反対し監獄に行くことを固く決心することが、我々の義務なのだ[17]」と、それを義務にまで高めているのである。

ガンディーの「不服従」の主張は、ソローの「市民的不服従」と重なっている。しかし、この時点で、ガンディーは『市民的不服従』を読んでいたわけではない。ガンディーの言い分に偽りはなかったのだ。ランドールが推測した通り、ガンディーは自身の主張を分節・接合するために、ソローの『市民的不服従』から表現を借用したのである。

4.2　植民地支配と言説空間と抵抗運動

そこで、疑問が生じる。ガンディーはなぜ、最初から自分の運動名を「サッティヤーグラハ」としなかったのだろうか。歴史に「もし」はあり得ないが、しかし、もし「不服従」という表現を借用せず、当初からサッティヤーグラハと名付けていれば、ガンディーがソローの影響を受けていたという「歴史的事実」は成立しなかっただろう。そこで、ここからは、名付けの背景にある植民地支配下の言語状況について考察を進めていこう。

ガンディーは当時、南アフリカのナタールを舞台に、抵抗運動を進めていた。言うまでもなく、イギリス領のナタールの公用語は英語であった。よって、政府への請願や法廷闘争といった抗議活動は、英語によって行われなければならなかった。

そうした言語的な制約が、インド人に不利に働いたであろうことは、容易に理解できる。しかし、問題は英語が話せるかどうかということではない。本国インド同様、ナタールのインド人コミュニティも多言語社会だった。そのため、そこでは英語が共通語として広く使われていたのだ。

ナタールのインド人コミュニティの言語事情については、ナタール・インド人会議の決議からうかがえる。ちなみに、ナタール・インド人会議とは、抵抗運動のために結成された組織だ。結成に際し、ナタール・インド人会議では、会則が決められており、そこには使用言語に関する条項も含まれてい

る。それを見ると、グジャラート語、タミル語、ヒンドゥスターニー語に加え、英語も会議の使用言語として定められていることが分かる[18]。つまり、コミュニティには英語が使えるインド人が少なからず存在していたのである。

問題は、単に英語を話せるかどうかではなかった。それについて、ガンディーは以下のように述べている。

> 英語を知っているインド人のほとんどは事務員でした。彼らの英語の知識といえば、ただ仕事柄必要なものだけですから、陳述書を書けるわけではありません。それに、彼らは雇い主のために、すべての時間を差し出さねばなりませんでした。英語教育を受けた第2グループのインド人たちは、南アフリカ生まれです。彼らのほとんどは、年季奉公の労働者たちの子孫で、仕事の能力が認められれば、法廷の通訳として公務員になっていました。そのため、彼らは同情を示すだけで、インド人たちを助ける立場にはなかったのです[19]。

ここから判断すれば、以下の2つが闘争の条件だったということができる。1つは、植民地統治者の言説空間に耐える英語力、そして、2つ目が、統治者に対峙できる立場だ。抵抗運動を行うには、これら2つの条件を同時に満たしていなければならなかった。つまり、植民地支配下の抵抗運動とは、統治者に対する実際的な闘争であったと同時に、英語の言説空間における闘争でもあったのだ。

問題はナタールのインド人コミュニティに、その条件を満たす者がいなかったことだ。職場で英語を身に付けた者に、陳述書を書き、法廷に争議を持ち込むことはできない。彼らの英語は、統治者の言説空間に耐え得るものではなかったからだ。他方、英語教育を受けた新しい世代であれば、統治者の言説空間に耐える英語を使うことができた。しかし、公務員として働く彼らは、2つ目の条件を満たしていなかった。立場上、彼らは、インド人コミュ

ニティの代弁者になることはできなかったのだ。そう見ると、南アフリカのインド人コミュニティは、英語によって分断されていたのだといえる。また、ガンディーが抵抗運動に踏み切れたのは、その条件を満たしていたからだともいえる。

　南アフリカにおける抵抗活動については、第2章で考察を終えているが、ここでは視点を変え、運動名を中心に考察を進めよう。それにより、ガンディーの抵抗運動が、英語の言説空間における闘争であったことが明らかになるはずだ。

　第2章でも見た通り、1906年の暗黒法に対する反対集会で、ガンディーは「監獄に行こう」と植民地法に敵対することを公言した。その時、彼はその方針を、ヒンディー語とグジャラーティー語で説明している。しかし、その後、運動名は英語で「受動的抵抗(passive resistance)」と紹介しているのだ。

　「不服従」と同様、「受動的抵抗」という表現も、英語の表現から借用したものだ。ガンディーは、女性の選挙権を要求する「受動的抵抗」がイギリスで行われていたことを知っていた。暴力を使わずに、選挙権を要求するという内容が、自身の抵抗運動と似ていたから、ガンディーはその名を借用したのである。しかし、そのことについて、後にガンディーはこう述べている。

　　私たちのうち誰も、自分たちの運動に何という名前を付ければよいのか分かりませんでした。そこで私が、それを表すのに「受動的抵抗」という語を用いたのです。この時、私は受動的抵抗の内容をきちんと把握していたわけではありません[20]。

　ガンディーの発言は、インドの言語に、非暴力・不服従という方針を分節・接合する語がなかったことを示唆している。そのため、彼は英語の言説空間から「受動的抵抗」という表現を拝借したのだ。しかし、彼は英語の言説空間における「受動的抵抗」の含意を、「きちんと把握していなかった」。

つまり、英語の言説空間において、「受動的抵抗」が「弱者の武器」と理解されていることに、ガンディーは気づいていなかったのだ。

そのことを、ガンディーは、ひとりの西洋人ウイリアム・ホスケンから知らされる。ホスケンはトランスヴァール立法議会の一員でありながら、ガンディーに賛同し、差別法案に反対し続けた人物だ。彼を中心にインド人を擁護する西洋人が増え始めると、ホスケンは集会を開き、ガンディーの抵抗運動を紹介した。その際のホスケンの発言を、ガンディーは以下のように書き残している。

　是正するための他のすべての手段が駄目だと分かったとき、トランスヴァールのインド人たちは、受動的抵抗に打って出たのです。彼らは選挙権を享受していません。数字の上では、彼らは少数派にすぎません。彼らは弱く武器を持ちません。そのため、彼らは弱者の武器である受動的抵抗を行っているのです[21]。（傍点は筆者による）

ガンディーが問題視したのは、「受動的抵抗」が「弱者の武器」とみなされていたことだ。彼は、自分たちインド人を「弱者」だとは思っていなかったのである。ホスケンとガンディーの認識の違いは、当時ガンディーらが作成した街頭ポスターに現れている。

　ボイコット、ボイコット　政府は認めろ！
　刑務所に行っても反抗はしない、
　しかし、公益と自尊心のために苦しみに耐える。
　王への忠誠は、王の中の王への忠誠でなければならない[22]。

文字通り、ガンディーにとって、抵抗運動は闘争であった。彼にとって、監獄に入ってでも自尊心を守ろうとするインド人が、「弱者」であってはならなかったのである。

闘争を「受動的抵抗」とすれば、インド人は自らを「弱者」と認め、弱者救済キャンペーンを展開していることになる。ガンディーが『市民的不服従』と出会い、「市民的不服従」を知ったのは、その頃のことだ。

「受動的抵抗」に替わる表現として、ガンディーは「不服従」を使うことを決めた。そのため、1907年の秋に『市民的不服従』に関する記事を掲載したのである。しかし、その年の年末、ガンディーは「インディアン・オピニオン」に以下のような告知文を掲載している。

> 自分たちの言語に誇りを持つために、それを上手に話し、できるだけ外国語を使わないようにしましょう。これもまた愛国心のひとつです。グジャラーティー語で同じものを見つけることができないために、私たちは英語の用語を使ってきました。下にそのうちのいくつかを並べて、読者のみなさんにお見せします。それらに、適当な同じ意味のグジャラーティー語を付けてくれた人のお名前を、この雑誌に載せることにしました。また、お友達に配れるように、新しい法についての雑誌を10冊贈るつもりでもいます。この本は報酬としてではなく、受賞者に栄誉を授けるため、最悪の法についての情報を広めるためにお渡しします。読者の皆さんには商品のためではなく愛国心のために、労を惜しまず、いい表現を提案してくれるようお願いいたします。問題となっているのは以下の用語です。受動的抵抗、受動的抵抗者、風刺画(Cartoon)、市民的不服従。他にもありますが、それについては次の機会に考えましょう。これらの英語の訳語ではなく、その表すところが同じものを求めているという点に、気をつけてください。もし、その語をサンスクリット語かウルドゥー語から採用したら、異議は出ないでしょう[23]。

この告知文は、ガンディーの抵抗運動が、1つの転機を迎えたことを示している。もともと彼は、英語の使用を問題視していなかった。むしろ、フェニックス・アシュラムを開設した当時は、「英語にすることで、住んでいる

地に敬意を払う」とさえ考えていた。それが、ここにきて、インドの言語を重視しようと主張し始めるのだ。

　こうした英語に対する態度の変化は、その言説空間に取り込むことが1つの支配なのだと、ガンディーが気づいたことを示唆している。運動名の公募は、抵抗運動の舞台を、統治者の言説空間から自分たちの言説空間に移し替える作業なのだ。実際、これ以降ガンディーは、母語を尊重するよう訴え続けている。そして、ガンディー自身、母語であるグジャラーティー語を使って執筆活動を行うようになっている。

　公募結果は、1ヵ月後の1908年1月に同紙上で発表された。そこでガンディーは、応募されたものの中から「サダグラハ(sadagraha)」を選出したこと、それに自ら手を加えて「サッティヤーグラハ」に改めたこと、そして、今後は運動を「サッティヤーグラハ」と呼ぶことを公表した。こうして結果的に、ガンディーの抵抗運動は、最初の命名からわずか1年半の間に、3つの名を持つことになった。しかし、その経緯を見れば、サンスクリット語のサッティヤーグラハに、ガンディーがもっとも重きを置いていたことは明らかだ。その名は、彼の運動の正式名称であり、ガンディーが言説空間の支配とも闘っていたことを示す証左なのである。

　南アフリカでの闘争に勝利した後、帰国したガンディーは、インドでサッティヤーグラハに取り組み始めた。すると、彼のインドでの活躍ぶりが、メディアを通して、世界中に発信されたことで、今度はガンディーの言説が、英語の言説空間に取り込まれることになった。彼の不服従が、ソローの市民的不服従と結び付けられるのは、それからのことだ。

　そこで関与してくるのが、ソローの伝記作家ソルトだ。ソルトについては、第2章でも言及している。ソルトは、ロンドン留学中のガンディーに影響を及ぼした『菜食主義の誓い』の著者であり、彼の本をきっかけに、ガンディーは菜食主義協会を設立した。また、ソルトがそこの会員になったことで、2人は互いに交流を持つにいたっている。

　ガンディーがイギリスを離れた1891年以降、両者の間に交流があったか

162 第Ⅱ部 マハトマ・ガンディーの非暴力

どうかは確認できない。しかし、おそらく交流は断たれていたとのではないかと推測される。その後20年間、ガンディーは南アフリカでサッティヤーグラハ闘争に奔走していたし、インドに帰国後も、彼はサッティヤーグラハに従事し続けていた。その間、ソルトはイギリスでソローの伝記を書き続けており、2人の間に接点はない。

ところが、38年後の1929年、ソルトの手紙によって両者は再会する。不服従について質問するために、ソルトがガンディーに手紙を送ったのだ。ソルトがガンディーに連絡をとるまでには、次のような経緯があった。

当時、ソルトは仕事に行き詰っていた。彼は長年、ソローの伝記を書き続けていたのだが、ここにきて、これまでとは違う新たなソロー伝を書くよう、出版社から注文されていたのだ。出版者の依頼に応えることができず、頭を悩ませた彼は、同じソロー研究者のアダムズに相談を持ちかけた。この頃、すでにガンディーの名声は、イギリスにも届いており、サッティヤーグラハとソローの市民的不服従に、アダムズは類似点を見出したのだろう。ガンディーとソルトが既知の仲だということを知っていたアダムズは、ソルトにガンディーがソローを読んでいたかどうかを尋ねたのだ。そこで、ソルトはガンディーに手紙を送ったのだが、その問いに対し、ガンディーは以下のような返事を書いている。

> あなたから手紙をもらって、本当に驚いています。そうです。私が菜食主義に出会った最初の英語の本は、あなたの本です。あなたの本は、菜食主義への信念を貫くのに、大きな助けとなりました。ソローの書いたものを初めて紹介したのは、受動的抵抗を行っていた1907年か、それより後だったと思います。友人のひとりが、市民的不服従に関するソローのエッセイを私に送ってくれたのです。私は、それに深い感銘を覚えました。南アフリカの「インディアン・オピニオン」の読者のために、エッセイの一部を翻訳し、編集して、また、エッセイから多数引用したりもしました[24]。

ガンディーの返信は、ここまで追ってきた内容と一致している。さらに、最初に見た彼の主張、つまりソローを読んだのは、抵抗運動を開始後だという反論とも合致している。
　ところが、ソルトはこれを曲解した。この返信を読むと、ソルトは「(ガンディーは)市民的不服従の原理を、効果をあげながら実践したのです！　もしソローがこのことを知っていたら、どれほどうれしく思ったことでしょう[25]」とアダムズに知らせたのだ。
　その行間には、市民的不服従の実践者を発見した喜びが溢れている。と同時に、ソルトは市民的不服従の実践者ガンディーに、敬意に満ちた眼差しも向けている。「高い地位について権力を持っている多くの者が馬鹿で、本当の力をもっているガンディーが監獄の中！　本当にめちゃくちゃだ！」とガンディーに真の力を認めつつ、彼の敵には怒りを抱きもするのである。
　このガンディーに対するソルトの敬意こそ、「歴史的事実」の起源なのである。つまり、ソローの後継者を求めるソルトの欲望から、「歴史的事実」は生まれたのだ。
　その欲望は、ソルトがアダムズに送った手紙に、はっきりと見て取れる。1931年に、ガンディーはロンドンで開催された菜食主義協会の集会に出席した。そこで、ガンディーと同席したソルトは、以下のような手紙をアダムズに送っている。

> ソローと『市民的不服従』のエッセイについて、尋ねることはできませんでした。(そうしたかったのですが)ガンディーが、それに大変影響を受けているのは、あなたもご存知の通りです[26]。

　ソルトの矛盾は一目瞭然だ。彼は未確認であることを認めつつ、ガンディーはソローの影響を受けていたのだと断言している。
　その矛盾は、ソルトが尊敬しているのが、ガンディーではないことを示している。彼が崇拝し、賞賛しているのは、ガンディーと彼のサッティヤーグ

ラハの向こう側にある——と彼が思っている——ソローと市民的不服従なのだ。ソローに対する彼の行き過ぎた敬愛が、ガンディーをソローの後継者に仕立て上げたのである。

　ちなみに、この経緯については、『ヘンリー・ソローの暮らし』の「序章」で詳しく紹介されている。しかし、そこでも、ソルトの言動に矛盾があるとは指摘されていない。ガンディー研究者と同じように、ソロー研究者も「歴史的事実」の再生産に手を貸してきたのだ。

　西洋の言説空間を迂回した結果、ガンディーはソローの後継者として、インド首相の口に上った。その事実は、英語の言説空間との闘いに、ガンディーが大敗したことを表している。

4.3　ソローの『市民的不服従』とガンディーの不服従

　ガンディーがソローの市民的不服従を模倣していたわけではないことは、明らかとなった。しかし、確かに、ガンディーの不服従とソローの市民的不服従には共通点も多い。そもそも、そうでなければ、ガンディーが『市民的不服従』に共感し、その表現を借用することもなかっただろう。ならば、ガンディーの不服従の独自性はどこにあるのだろうか。そこで、ここからは両者を比較し、その差異を明らかにしていこう。

　まず、ヘンリー・デイヴィッド・ソローについて少し説明しておこう。ソローは 1817 年に、アメリカのマサチューセッツ州のコンコードに生まれた、ガンディーよりも半世紀程前の人物である。『市民的不服従』もさることながら、『森の生活』(Walden, or Life in the Woods) を初めとする超越主義文学でも名高い。

　ちなみに、ソローとガンディーの共通点は、それら超越主義文学作品からも見出すことができる。例えば、『森の生活』から一部引用してみよう。

　　あらゆる肉体的欲望は、さまざまな形態をとるものの、結局はただひと

つである。あらゆる純潔さもひとつである。食べようと、飲もうと、同棲しようと、眠ろうと、肉体的欲望に囚われているかぎり、人間はおなじことをしているのだ。それらはただひとつの欲望にすぎない。だからある者がどの程度欲望に囚われているかを知りたければ、そのなかのひとつの行為を見るだけで十分である[27]。

　肉体的欲望に焦点を当てる点で、ソローの言説はガンディーのものと重なっている。そして、その重なりは、両者の人格的な共通点に起因するものと考えられる。ガンディーと同様、菜食主義のソローは贅沢を嫌い、簡素な生活好んでいた。さらに、ソローはインド思想にも精通しており、作品では『リグ・ヴェーダ』や『バガーヴァッド・ギータ』といったインドの聖典がしばしば引用されている。
　ソローが『市民的不服従』を書いたのは、1846年のことだ。ソローは実際に監獄に入ったことをきっかけに、この本を著している。人頭税を納めなかったために、彼は逮捕されたのだが、それは彼の市民的不服従の実践であった。彼が人頭税の支払いを拒否したのは、それが奴隷制の維持に用いられていたからだ。ソローにとって、税の不払いは奴隷制を認める国家と法に対する市民的不服従だったのである。
　ソローの市民的不服従の前提には、「すべての人が革命の権利を認めている。政府の暴政がひどく、あまりに無能で耐え難いときは、忠誠の義務を拒否し、政府に抵抗する権利を持つ[28]」という考えがあった。そこから分かるように、彼は政府や法律を絶対視していない。こと法律に関して言えば、「法律家の真実は真理ではなく、つじつま合わせのご都合主義[29]（傍点は筆者による）」だと、とらえている。
　そこで、ソローの「真理」に注目して、彼の市民的不服従について考察を進めよう。彼は、「法律家の真実は真理ではない」と断ずる。ならば、「真理」はどこか別のところにあるということになるのだが、しかし、『市民的不服従』では、ソローはそれを提示していない。だが、彼は「法律を尊重す

ることで、気立ての良い人でさえも、しばしば不正を働くようになってしまう[30]」と問題提起すると、個人がそれぞれ「法」の正義を見極めなければならないと提案する。とすれば、ソローの市民的不服従とは以下のようなものだったと考えることができるだろう。すなわち、個人が法を審議し、不正と判断されれば、従わないことでそれを排斥する。それが、法を「真理」に近づけることなのだ。そのため、法に正義がない場合、市民的不服従を行って監獄に入れられても、それは不名誉なこととはならない。ソローの表現を用いれば、「人を不当に監獄に入れる政府のもとでは、正しい人間にふさわしい場所もまた監獄[31]」だからだ。

　先に見たように、ガンディーはこの『市民的不服従』を抄訳している。ガンディーの抄訳は原著に忠実で、ソローの主張を損なうことなく、まとめあげられている。しかし、彼はそのタイトルを『市民的不服従』から「法に服従しない義務」に改めている。その点から考えても、ガンディーが「法」にこだわっていたということができる。

　ガンディーが「法」に強いこだわりを見せるのは、ソローと違い、彼が悪法の直接の被害者だったからだといえるだろう。あらゆる手段を使い、人種差別法を施行する植民地政府に、ガンディーは何度も苦汁を飲まされていた。そのためか、差別法の直接の被害者として、ガンディーはソロー以上に、激しく法への不信感を表している。不服従に際し、彼は「法は私たちにとってだけではなく、母国にとっても屈辱的なものだ。屈辱とは罪のない人間の権利を剥奪することだ[32]」と法を非難しているのだ。

　悪法に「真理」はないと否定した点で、ガンディーとソローは通底している。両者はともに、法的秩序体系から自己を排除することで、権力の切り札である監獄を無効化した。そうすることで、その境界線を消失させ、悪法を排斥しようと試みたのだ。では、両者にとって、あるべき「真理」とは何だったのか。その点について、より詳しく掘り下げていくと、ガンディーとソローの相違点が見えてくる。

　両者の相違点は、それぞれの実践のスタイルに隠されている。両者を比べ

て、もっとも目に付くのは、両者の投獄期間に開きがあることだ。後にも先にも、ソローが投獄されたのは1回きりで、しかも、彼は監獄で一夜しか過ごしていない。それに対し、ガンディーは生涯に9回の逮捕を経験し、およそ6年半もの月日を監獄内で過ごしている。もちろん、回数や時間的な長さの違いは、悪法の被害を直接被っていたかどうかの違いによるものといえるが、しかし、その立場の違いが、両者の「真理」にも違いを生じさせたのだと考えられる。

　より重要で、核心的な違いは、自己排除の後に、両者が望んだ世界観にある。監獄に入った後、ガンディーはインド人たちとともに、自分たちの秩序体系を構築し始めた。法的秩序体系から自己排除した後、ガンディーはそこで自分たちの「真理」を作り始めたのであり、それがサッティヤーグラハの起点だった。

　他方、ソローは監獄への送致を「目にするとは夢にも思わなかった遠い国への旅[33]」だったと喩えている。しかし、その「遠い国」は新たな秩序体系の創出にはつながらない。監獄内で、ソローが見たのは「中世の光の中にある、私が生まれた村」であり、彼は「まさにその町の内側にいた」というのだ[34]。つまり、ソローにとって、法的秩序の向こう側にあるのは、近代法が登場する以前の中世世界なのである。ソローは市民的不服従を通して、現在から過去へと逃避したのだ。さらに、そこで彼が行ったことといえば、「私の主たる願いが石の壁の反対側に立つことだと勘違いして、脅したり褒めたり」して挑発する刑務官にシニカルに微笑みを返すことだけである[35]。確かに、ソローの微笑みは、法の管理者に対する挑戦的行為といえるだろう。しかし、中世世界で冷笑するだけのソローに、建設性を認めることはできない。

　こうした実践スタイルの違いは、ガンディーとソローの「真理」の適用範囲の違いに関連している。ガンディーは既存の統治システムを崩壊させ、「真理」を最高原理とする新たな秩序体系を構築しようとした。他方、ソローは真理の探究を「私の唯一の正当な義務は、私が正しいと考えることをい

つでもすること[36]」と個人的なものに限定している。個人主義者のソローは、全人間の行動指針となる絶対的な「真理」を提起することはない。

そのため、ソローは法による統治システムも、それを司る政府も完全には否定することはない。彼が最終的に求めているのは、「個人は国家よりも高い自立した力であること、そしてそこから国家の力と権威が生まれることを認め、そのように個人を扱う[37]」よう国家が改善されることである。ソローの市民的不服従は、自己排除によって既存の秩序体系を揺るがしはする。しかし、その崩壊を望むものではない。彼が求めるのは、「より良い政府(a better government)」であり、その意味において、彼の市民的不服従は市民社会の内側に収まり得るものなのだ。

他方、すでに見てきたように、ガンディーの不服従は西洋近代的な秩序体系を射程に入れ、その破壊を目的としていた。さらに、「ひとりの人間に可能なことは、すべての人に可能であると信じる[38]」ガンディーは、自己排除を人々の義務ともすれば、真理を「サッティヤーグラハの科学[39]」として普遍的に体系化することも試みる。ソローの市民的不服従が、政府に対する法の改善要求だったとすれば、ガンディーの不服従は、真理の秩序体系の構築に先立ち、既存の法的秩序体系の解体を目論むものであり、強烈な破壊性を併せ持ったものなのだ。

ここまできて、ようやく、「歴史的事実」の持つ別の意味合いが見えてくる。ガンディーの不服従と違い、ソローの市民的不服従は統治者にダメージを与えはするが、法的統治システムを倒壊させるものではない。しかし、「歴史的事実」によって、ガンディーがソローの後継者になったとき、彼のサッティヤーグラハは「非暴力・不服従」に収斂してしまった。ソローと結び付けられることで、ガンディーの不服従の目的は、政府への改善要求にすり替えられ、本来有していた、西洋近代的な支配体系を崩壊させるという目的が不可視化されてしまったのだ。つまり、ソローと結びつけられたことで、ガンディーは「市民社会の内側」に引き込まれてしまったのである。「市民社会の内側」で、「非暴力・不服従」としてサッティヤーグラハが生き

残っていることは、ガンディーが闘争に敗北した証でもあるのだ。

注

1. "President and Prime Minister Singh Exchange Toasts in India"
2. ハンナ・アーレント　山田正行訳『暴力について』（みすず書房、2000）70。
3. アーレント 47-48。
4. Gandhi, *Hind Swaraj* 311.
5. Gandhi, "Letter to P. Kodanda Rao," 10 Sep. 1935, *CWMG*, vol. 67, 400.
6. 長崎「南アジアのナショナリズムの再評価をめぐって」6-7。
7. Claude Markovits, *The Ungandhian Gandhi: The Life and Afterlife of the Mahatma* (London: Anthem press, 2004) 146-147.
8. Dennis Dalton, *Mahatma Gandhi: Nonviolent Power in Action*, (New York: Columbia University Press, 1993) 17, 99.
9. ウィリアム・T・ランドール　儀部景俊、比嘉長徳、新垣誠正訳『非暴力思想の研究─ガンディーとキング─』（東洋企画、2002）138。
10. Gandhi, "Letter to Henry S. Salt," 12 Oct. 1929, *CWMG*, vol. 47, 243.
11. Gandhi, "On the Duty of Civil Disobedience," *Indian Opinion* 7 Sep.1907, *CWMG*, vol. 7, 181-182.
12. Gandhi, "Duty of Disobeying Laws [1]," *Indian Opinion* 7 Sep 1907, *CWMG*, vol. 7, 187-189.
13. Gandhi, "Duty of Disobeying Laws [2]," *Indian Opinion* 14 Sep.1907, *CWMG*, vol. 7, 199-201.
14. Gandhi, "For Passive Resisters," *Indian Opinion* 26 Oct. 1907, *CWMG*, vol. 7, 279-280.
15. Gandhi, "A New Year's Gift," *Indian Opinion* 14 Jan 1904, *CWMG*, vol. 3, 398.
16. Gandhi, "Russia and India," *Indian Opinion* 8 Sep. 1906, *CWMG*, vol. 5, 328.
17. Gandhi, "Russia and India" 339.
18. Gandhi, "Constitution of the Natal Indian Congress," 22 Aug. 1894, *CWMG*, vol. 1, 180.
19. Gandhi, *Satyagraha in South Africa* 35-36.
20. Gandhi, *Satyagraha in South Africa* 93.
21. Gandhi, *Satyagraha in South Africa* 94.
22. Gandhi, "Poster for Permit Office Boycott," *Indian Opinion* 27 July 1907 *CWMG*, vol. 7,

83.
23　Gandhi, "Some English Terms," *Indian Opinion* 28 Dec. 1907, *CWMG*, vol. 8, 31.
24　Gandhi, "Letter to Henry S. Salt" 243.
25　H. S. ソルト　山口晃訳『ヘンリー・ソローの暮らし』(風行社、2001)212-213。
26　ソルト 213。
27　H. D. ソロー　飯田実訳『森の生活(下)』(岩波書店、1995)92。
28　H. D. ソロー　山口晃訳『一市民の反抗―良心の声に従う自由と権利』(文遊社、2005)に収録されている原文 Henry David Thoreau, *Resistance to Civil Government*, vii からの引用。
29　Thoreau, *Resistance to Civil Government* xxix.
30　Thoreau, *Resistance to Civil Government* v.
31　Thoreau, *Resistance to Civil Government* xvi.
32　Gandhi, *Satyagraha in South Africa* 84-87.
33　Thoreau, *Resistance to Civil Government* xxiv.
34　Thoreau, *Resistance to Civil Government* xxiv.
35　Thoreau, *Resistance to Civil Government* xxi.
36　Thoreau, *Resistance to Civil Government* iii.
37　Thoreau, *Resistance to Civil Government* xxxii.
38　Gandhi, *An Autobiography* 90.
39　Gandhi, *An Autobiography* 92.

第5章　サッティヤーグラハの「ずれ」

　「ソローの市民的不服従に影響を受け、ガンディーは不服従を行った」という「歴史的事実」は、支配的な言説空間との闘いにガンディーが敗れ、そこに都合よく取り込まれてしまったことを示している。ソローの「市民的不服従」と重ね合わされたとき、ガンディーの「不服従」は「市民社会の内側」に納まるべく、サッティヤーグラハの破壊性は不可視化されてしまった。

　とはいえ、それだけがサッティヤーグラハの敗因だったとはいえまい。実際、サッティヤーグラハの法はインド社会にも浸透せず、それが失敗に終わったことはガンディー自身も認めていた。とするなら、独立運動期の時点から、その失敗の兆しは見えていたのではないかとも考えられる。

　そこで本章では、独立運動期のインドを対象に、サッティヤーグラハの敗因を探ることにする。しかしその前に、1つ確認しておきたいことがある。ガンディーが「市民社会の内側ではない」ところから、サッティヤーグラハを語っていたとするならば、その受け手である市井のインドの人々は、どこに立っていたのかということだ。植民地時代の変化の過程に置かれていたことを考えれば、彼らは「市民社会の内側」というよりも、「市民社会へと変化しつつある社会の内側」にいたのだといったほうが的確だろう。だが、いずれにせよ、インドの人々がガンディーと同じ立ち位置にあったとは考えにくい。

　とすれば、たとえガンディーがインドの言語を重視し、彼らと同じ言語で

語っていたとしても、人々はそれを「翻訳」して聞いていたのだということになる。「翻訳」の際に「ずれ」が伴うことは言うまでもない。そして、そこにサッティヤーグラハ受容の根本的な問題があったと考えられる。本章では、英語作家 R. K. ナラヤンの視点を借り、彼の作品『マハトマを待ちながら』を通して、その「ずれ」を炙り出していこう。

5.1　R. K. ナラヤンと『マハトマを待ちながら』

　1906年にマドラスに生まれたナラヤンは、英語で作品を書き、宗主国イギリスでその作品が評価されたことから、作家として大成していった。その後インドは数多くの英語文学作家を輩出しているが、ナラヤンはそのもっとも初期の1人であり、インドにおけるポストコロニアル文学の先駆的な存在といえる。

　彼の小説世界は、そのほとんどが、南インドの架空の町マルグディを舞台に、何の変哲もない一般的なインド人の生活を描き出すものとなっている。その際、ナラヤンはオリエンタリズム的に「インド性」をデフォルメするわけでもなければ、その「野蛮性」を演出するわけでもない。インド人の日常生活を淡々と、それでいてユーモラスに描写する。そして、それが彼の作品の特徴であり、またその作品が高く評価されてきた所以でもある。

　本章で取り上げる『マハトマを待ちながら』も、南インドの架空の町マルグディに生きる人々を中心とするコミカルな物語だ。しかし、政治を直接のテーマにしている点では、例外的な作品であり、そのせいもあってか、これまであまり高く評価されてこなかった。例えば、インド人の文芸批評家 M. K. ナイクは、この作品を失敗作と切り捨てている。「第一に、政治というテーマの扱いが表面的で大雑把で、有意義な視点に基づく情報がない。第二に、平凡なラブストーリーをそこにつなぎ合わせることで、その政治をさらに安っぽくしている[1]」と、彼はその理由を述べている。

　実際、ナイクの言う通り、『マハトマを待ちながら』に見られる政治思想

は表面的で安っぽい。ナラヤンは、主人公スリラムの恋愛と独立運動の物語を同時進行的に進め、さらにスリラムには、サッティヤーグラハからテロ行為まで、ほとんど無節操に参加させている。そうしたこともあって、この物語から、社会の混乱やテロ行為の厳しい現実を感じ取ることはできない。読後にはむしろ、スリラムのお粗末さの印象が強く残される。

　例えば物語中、スリラムはガンディーに憧れ、サッティヤーグラヒーになっている。しかし、サッティヤーグラハを説きに回っても、彼の話をまともに聞く者はいない。彼は誰ひとり説得できないばかりか、逆に丸め込まれたりもする。また、イギリスに対するインド退去要求運動（クイット・インディア）の際には、"Quit India" と書くべきところを、ペンキを節約しようという無駄な配慮から、"Ouit India" と意味のない文字列を残していたりもする。何よりも、彼が純粋に政治的な動機から運動に参加したのかどうかが怪しい。というのも、ナラヤンはスリラムを政治に近づけるのに、恋愛を経由させているからだ。彼がサッティヤーグラヒーになったのは、バーラッティという少女に一目ぼれをしたためであって、彼女がサッティヤーグラヒーだったから、彼もそれに倣ったという風に読めてしまうのだ。

　こうした点をナイクは「表面的」で「安っぽい」と批判したのだろうが、しかし、リアリティという点からいえば、ナラヤンに軍配が上がるだろう。ナイクの批判は政治の理想に根ざしたものであり、その政治観のために、彼はナラヤンの視点と洞察力を軽視してしまっているといえる。

　実際、ガンディーはサッティヤーグラハを国民会議派の専有物とはせず、すべてのインド人が共同で取り組むものとして、それを進めていた。その結果、サッティヤーグラハは全インドを巻き込む大衆運動にまで発展したのだ。このような、より大きな背景に目を向けるなら、すべてのサッティヤーグラヒーが、純粋に政治的な動機から運動に加わっていたとは考えにくい。そこには当然、さまざまな思惑が絡んでいたはずだ。ナラヤンが描き出そうとしたのは、そうしたサッティヤーグラヒーの実体、つまり、民衆レベルに降りてきた政治の実体なのだと考えられる。あえて言うなら、ナイクが批判

した安っぽい政治こそが、『マハトマを待ちながら』のテーマなのだ。

　ナラヤン自身が12歳で独立運動に参加していたことは、その裏付けとなるかもしれない。彼はサッティヤーグラハの目撃者であると同時に、体験者でもあったのだ。そこで得た「有意義な視点に基づく情報」を、彼はこの作品で活かしたのではないだろうか。そこからは実際、当時の町の様子や政治状況、サッティヤーグラヒーたちの言動や様子、そして彼らに対する一般の人々の態度を如実に読み取ることができる。つまり、大衆運動としてのサッティヤーグラハの舞台裏を知るために、『マハトマを待ちながら』は、我々に格好の材料を提供してくれているともいえるのだ。

5.2　物語の背景―クイット・インディア運動

　『マハトマを待ちながら』は、1930年代後半からガンディーが暗殺される1948年までを時代背景とし、特に1942年に開始された「クイット・インディア」で物語は山場を迎える。「クイット・インディア」とは「インドを出ていけ」という意味のメッセージで、この運動はそのメッセージをイギリス人に伝えるためのものだった。そして、この運動を提唱したのもまたガンディーに他ならない。

　その際、ガンディーは、クイット・インディアとサッティヤーグラハの間に思想的分断はないと明言している[2]。しかし、それは方針の転換を取り繕うための言い訳のようでもあり、にわかに納得のいくものではない。というのも、第Ⅰ部で見てきた通り、彼はそれまでずっと、イギリス人は敵ではなく友人だと言い続けていたからだ。イギリス人を排斥する必要はなく、サッティヤーグラハを成し遂げれば、彼らはおのずからインドから出て行くというのが、それまでのガンディーの主張だった。それを、ここにきて突然手のひらを返し、イギリス人を追い出そうというのだから、そこに思想的分断を指摘されても致し方ないところだろう。にもかかわらず、ガンディーは、自分は「イギリス人の最善の友だ」と同じ主張を繰り返している。

ガンディーのこの矛盾した言動の背後には、クイット・インディアの本当の理由が潜んでいる。すなわち彼は、戦争の回避という、さらに重大な課題に対処するために、クイット・インディアという解決策を打ち出したのだ。第二次世界大戦が始まって以来、英領植民地のインドは否応なく戦争に巻き込まれていた。そして当時、インドには、ビルマを陥落させた日本が攻め寄せていた。大東亜共栄圏をスローガンにアジアに進出する日本は、インド人にとって両面的な存在であった。つまり、日本はインドの救世主たり得るのか、それとも新たな支配者の到来なのか。その判断は指導者層の間でも分かれていたのだ。

　ガンディーに関していえば、その日本に関して、「外国の武力の助けはいらない」と断言していることからも、日本を救世主と見ていなかったことは確かだ。そして、彼が日本の行為を否定的にとらえていたことも間違いない。しかし、より正しくいうなら、彼は敵か味方かという視点で日本を見ていたわけではなかった。「私はあなた方（日本人）に敵意を持っていませんが、あなた方の中国への攻撃は激しく嫌悪しています」というように、ガンディーは日本の暴力を否定していたのである[3]。そのため、日本の進軍を阻止して、インドが戦場となることを防ぐことが、ガンディーの目下の課題となった。彼がクイット・インディアを打ち出した理由は、彼の次の言葉に明らかだ。すなわち、「インドにイギリスがいることが、日本のインド侵略の誘い水となっているのだ。彼らが撤退すれば、餌はなくなる[4]」と彼は考えたのである。敵であるイギリスがいなくなれば、日本がインドを進攻する理由はなくなるというわけだ。

　しかし、そうした動きをインド政府が放っておくはずはない。クイット・インディア決議が国民会議派に採択された翌朝には、ガンディーを含む指導者らが一斉に逮捕された。つまり、ガンディーは運動の指揮を執ることなく、収監されてしまったのだ。けれども、高潮に達した民衆の熱が冷めることはなかった。人々は国中の壁という壁に「クイット・インディア」のメッセージを書くと、非暴力的に運動を展開していったのである。

しかし、それは大衆運動の1面でしかない。同じ熱気は逆の方向にも作用し、放火や破壊活動といったテロ行為が盛んに行われるようになったのだ。そして、非暴力を支えていたのがガンディーだったとすれば、そうした暴力を支えていたのが、急進派の代表格スバス・チャンドラ・ボースだった。

　ボースはガンディーと同じく、もとは国民会議派に属して、独立運動を指導していた人物だ。しかし、イギリスの撤退と即時独立を主張し、そのためには暴力的手段も厭わないボースは、しばしばガンディーと対立していた。そのため、ボースは除名という形で会議派を離脱している。しかし、その後も彼は急進的な活動を続け、逮捕されそうになると、その後は国外に逃亡した。そして、亡命先からラジオ放送を通して、反英闘争を扇動し続けていた。さらに、国外のインド人を集結し、インド国民軍を結成すると、「敵の敵は友」という論理から、日本と共同戦線を張る。1944年には、インパール作戦を決行するが、周知の通り、それは惨憺たる結果に終わった。しかし、インドでのボースの評価は、ガンディーに勝るとも劣らないものであることを付け加えておこう。ボースもまた、インドに独立をもたらした偉大なる指導者の1人なのである。

5.3　インド独立運動期の感情構造とスリラム

　インド独立運動の両雄ガンディーとボースは、『マハトマを待ちながら』にも登場する。しかもナラヤンは、主人公スリラムに、そのどちらとも接点を持たせている。しかし、タイトルが示す通り、この作品で著者が重きを置いたのはガンディーだ。

　ナラヤンはボースよりも先に、主人公をガンディーと出会わせると、彼をサッティヤーグラヒーにする。とはいえ、スリラムのサッティヤーグラハはあまりにもお粗末で、彼がガンディーの期待通りに活動を実践しているとはとても思えない。例えば、スリラムの活動は以下のようなものだったと、ナラヤンは語り手に言わせている。

彼は機械的にことをやり続けた。森林や農村に入って行っては、自分がマハトマのメッセージだと思っていることを伝えた[5]。

また、同様のことはスリラムも口にしている。

それは僕が言ってるんじゃない。僕はただメッセージを伝えてるだけだ[6]。

マハトマのメッセージをテープレコーダーのように繰り返すだけのスリラムに、サッティヤーグラハの真意が理解できていたとは考えられない。彼の活動は、マハトマのカリスマ性に依拠し、ガンディーを代弁することにすぎない。だからといって、スリラムがガンディーを軽視しているわけではない。ガンディーに対する彼の信念は強く、「スリラムはマハトマの肉体的存在がなくても、自分の行動が導かれていると感じている[7]」。つまりナラヤンは、主人公スリラムを、サッティヤーグラハの意義を理解しないまま、ガンディーに追従する人間として設定しているのである。

インド独立運動が大衆運動だったこと、そしてガンディーのサッティヤーグラハが複雑な思想だったことを思えば、スリラムのこの人間像は、けっして例外的なものではないだろう。むしろ、スリラムのような人間が大勢いたからこそ、それは大衆運動に発展したのであり、彼は当時の風潮を反映する登場人物なのだといえる。換言すれば、ナラヤンはスリラムを通して、独立運動期のインドの「感情構造」を具現化しているのである。

レイモンド・ウィリアムズが提唱した「感情構造」（structure of feeling）という概念は、社会に「溶解」している流動的でとらえどころのない感情や感覚を言い表すものであり、固定的で静的な「沈殿物」としてのイデオロギーや思想とは対照的なものとして理解される。「構造」といっても、そこに構造主義的な意味はなく、重要なのはむしろ、その変化のプロセスであり、それが社会や文化を変化させていくのだとウィリアムズは定義している[8]。

ナラヤンは、スリラムを通して、社会が変化すれば、その変化に合わせて人間の意識が変化することを表している。物語の冒頭では、スリラムは築200年の家に祖母と2人で暮らし、ニートのような生活を送っている。旧世代の遺物である祖母は「新しいことを理解しようとせず[9]」、「同じしきたりに従っていればいいんだ。そしたら、幸せになれる[10]」と、2人の住む古家の全権を掌握している。スリラムは彼女の支配下にあり、20歳近い年齢にもかかわらず、働いているわけでもなければ、学校に通っているわけでもない。祖母の命に従って、窓辺の指定席に座り、日がな1日通りを眺めて過ごしているのだ。しかし、スリラム自身もそのことを不満に思ってはいない。「僕はここにいれば幸せなんだ[11]」と、彼もまた旧世代の価値観に浸りきっているのである。

物語の時代背景を考えるなら、スリラムと祖母の年齢差には重要な意味がある。インドは、イギリスの植民地支配下に入ってから大きく変化したが、その変化の時代が、スリラムと祖母の間にちょうど横たわっているからだ。そのことは、ふたりの生年を見ればよりはっきりする。物語では、スリラムの母親は彼の出産時に、そして父親はメソポタミアで戦死したとされている。そこから、スリラムは1917年頃の生まれと設定されていることが判断できる。他方、祖母の生年については、スリラムの言葉から推測することができる。20歳のスリラムが、「祖母はとても年寄りで、多分80歳か90歳か、それとも100歳かもしれない[12]」と発言しており、仮に80歳代として計算しても、祖母は1850年前後、つまりインド大反乱以前の生まれということになる。そこから、祖母は植民地支配以前の価値観を持つ人物であることが浮かび上がってくるのだ。

2人の世代の違いは物語の随所に顔をのぞかせているが、それはガンディーに対する態度の違いにも表れている。ガンディーがインドで第1回サッティヤーグラハ闘争を開始したのは1919年で、作品に即して言えば、スリラムが物心ついたころのことになる。すなわち、スリラムの成長過程はインドでのサッティヤーグラハの発展と重なっているのだ。そのこともあって、彼

はガンディーに師事することに何ら抵抗を感じていない。一方、祖母は、ガンディーのせいで社会が悪い方に変わってしまったと嘆いている。「彼女にとって、マハトマは不可触民を寺に入れようとしたり、警察との揉め事に人々を巻き込んだりと、危うい説教をする人物[13]」であり、祖母の人生には「マハトマ」が入り込む隙などまったくないのである。

　祖母とスリラムの世代間格差は、その間に起こった社会の変化と関連づけることができる。現実社会と同様、マルグディの町にも植民地支配に伴う近代化の波が訪れ、2人は変化の過程に生きている。2人が住む古家と同じ並びには、近代建築や投資銀行が建ち並び、その前の通りには、牛車や馬車と一緒に自動車が走っている。祖母とスリラムが住む築200年の古家を置き去りにして、社会は着々と近代化を進めている最中なのだ。

　変化する社会を背景に、スリラムと祖母の世代交代も進められる。その交代劇は、スリラムが旧い価値観を軽視し、唾棄すべきものと思うところから始まるが、ナラヤンはその感情を、スリラムの祖母に対する態度によって表している。

　スリラムが20歳になったことを機に、祖母はそれまで自分が管理していた銀行口座を孫の名義に変更することを決める。2人はその手続きのために家を出ると、銀行に向かうのだが、そのとき「14番地の屋根の下、その世界を支配していた彼女が、戸外で完全に威信を失う」のだ。家の表に出たスリラムは、広い空の下で祖母の体がいかにも小さいことに気づくと、「赤ちゃんみたいだね、おばあちゃん」と祖母に告げるのである。彼女の威信はこのようにして「外の世界」に奪い取られてしまう[14]。

　それ以後、スリラムの態度は変化し、彼は祖母に素直に従うことを止める。到着した銀行で、スリラムが行員を質問攻めにすると、祖母は「なんでそんなに質問するんだい。行員さんが『こうしてください、ああしてください』って言ったら、従ってりゃいいんだよ。それだけさ[15]」と彼を叱責する。しかし、スリラムは彼女の指示を聞かない。「僕はいつだって、自分が何をしているのか知っていたいんだ。何も悪いことはしていない[16]」と彼女の言

い分を退け、自分の行為を正当化するのだ。一方の祖母は、スリラムは「自分たちとは違う」といい、「今どきの世代[17]」という別の枠で彼を括るのである。

こうして、ナラヤンはスリラムを旧世代から分離するが、しかし、その離脱にも変化の過程を経させている。スリラムは「子ども扱いされることに苛立ちを覚え」、祖母に反抗したが、旧世代に代わる新たな価値観を見出したわけではない。だから、「金は持っていても、人は彼をおばあちゃんのエプロンの紐につながれた子どもと思っている」ことには変わりがない[18]。新たな価値を持たないスリラムは、祖母の命に「嫌々したがう[19]」他ないのだ。

スリラムが祖母に対して抱く嫌悪感は、独立運動期の「今どきの世代」の感情構造を示すものであり、それはおそらく、ガンディーが大衆的指導者になるための前提だったといっていいだろう。すなわち、大衆がガンディーを崇めたのは、旧世代に代わる新世代の指標を人々が欲していたからなのであり、そのような感情構造を、ナラヤンはここで示唆していると考えられる。

このような眼から物語を改めて見るなら、ナラヤンがスリラムを、恋愛感情だけでサッティヤーグラハに向かわせているわけではないことが分かる。スリラムは実際、バーラッティを追いかける際に、ガンディーとも出会っている。さらに、スリラムにとって、バーラッティとガンディーが持つ重みは同等ではなく、ナラヤンはその差をはっきりと書き分けている。バーラッティとの出会ったとき、スリラムはそれまで美しいと思っていた「ヨーロッパの女王の絵がいかに薄っぺらいか[20]」ということに気づく。つまり、それは彼にとって、インドの美を発見した場面ということができる。それに比べ、ガンディーとの出会いは、スリラムの人生により深く関わるものとされている。彼はガンディー来訪の知らせを聞かされたとき、「過去から続く長い眠りから目覚めた[21]」という思いを初めて抱くのだ。すなわち、バーラッティとの出会いは前座のようなもので、後に続くガンディーとの出会いこそが、より重要な物語のターニングポイントなのである。

「マハトマ」の来訪を聞いて目覚めたスリラムは、その後、ガンディーの

演説会場に向かい、実際に彼の演説を聞いた上で、ガンディーに従うことを決めている。しかし、ここでもナラヤンは時間を掛けて、スリラムの心境の変化を示している。演説会場では、「マハトマ」に熱狂する群集とスリラムとの間に、最初は一定の距離が設けられている。演説会場には「マハトマ・ガンディー、万歳！」の歓声と手拍子が鳴り響き、そこに登場したガンディーは「まだまだ、もっともっと。もっと腕の力を、リズムを、魂を見たいんだ。母なるインドをつなぐ鎖を断ち切ろうと進む非暴力の戦士の、彼らのためのドラムのビートになるんだ[22]」と、さらに力強い手拍子を求める。それに応えて会場はさらに盛り上がるが、しかし、スリラムはその輪には加わらない。「このやかましいのに、ぼくの分まで必要なのか[23]」と、彼は冷めた目で会場を見渡すのである。

　しかし、ガンディーが語り始めると、スリラムの態度は変化を見せ始める。「端の方に一緒にしていない人がいますね。さぁ。この余興に誇りを持つのです[24]」とガンディーがいうと、スリラムは自分の怠慢を見透かされたと思い、その指示に従い始める。知人と私語に興じていると、今度は「2人の人がおしゃべりをしていますね[25]」と注意される。結婚相手にはどの娘がいいかと壇上の女性を眺めていると、「女性は妹であり母なのです。彼女たちを欲望の目で見てはいけません[26]」と、ガンディーに釘を刺される。そうした過程を経て、スリラムは「彼は多分、僕の考えを読んでいるんだ[27]」と思い込み、ほとんど神的といえる能力をガンディーに認めるにいたるのだ。

　もちろん、ガンディーはスリラム個人に語りかけていたわけではなく、テクストはそれらすべてを偶然の一致としている。すなわちナラヤンは、スリラムの勘違いを通して、ガンディーを神格化しているのは聞き手の方であるということを示唆しているといえるかもしれない。さらに、ガンディーの言説には、そうした反応を誘発する要素があることを、彼は指摘しているのだと読むこともできるだろう。つまり、ガンディーの演説の現場に、以上のようなスリラムの言動を織り込むことによって、ガンディーの言説が、多種多様な立場や思惑を持った多くの人間を射程に入れ得るものだったとことを、

ナラヤンは表現しているのではないだろうか。

　この場面で、ナラヤンがガンディーに行わせている演説は、その実際の特徴を的確に再現したものとなっている[28]。実際のガンディーと同様、物語のガンディーは、全聴衆に向かって「非暴力の戦士」と呼びかけ、「自分の国が自由になることを願う前に、自分自身を訓練 (discipline) する努力をしなければなりません」と、「非暴力」のために自己を抑制することを要求する。そして、そのための課題として、「糸車を廻すこと」と「究極の真理 (Truth) と非暴力」を実践するよう訴えるのだ[29]。さらに、非暴力に関して、2つの重要なポイントを挙げている。1つは、人を傷つけないよう自己に配慮すること、そしてもう1つは、誰かに不当な扱いを受けた場合、人間に対する特別な愛情で相手を変えなければならないという点である。このガンディーはまた、「二千年前、キリストが『もう一方の頬を向けよ』と言ったのは、同じことを意味しているのです[30]」とも語る。こうした演説の内容からは、自己への配慮とパウロ的な愛が、現実のガンディーの非暴力における必須条件だったことを、ナラヤンが理解していたこともうかがえる[31]。

　「マハトマ」の演説の前後で、スリラムの態度は大きく変化するが、それはカディーに対する彼の態度によって表されている。演説会場に向かうときの彼は、カディーは変わり者が着るもので、一時的な流行でしかないと思っている。彼自身は機械製の服を着ていて、多くの人が白いカダール帽[32]をかぶっているのを見ても、「今日は白い帽子で店は繁盛しているだろうな[33]」といった感想しか抱かない。しかし、カディーを着るバーラッティの姿を舞台上に見つけると、スリラムはカディーを見直し、しまいには機械製の服を着てきたことを後悔するにいたる。

　こうしてナラヤンは、スリラムを徐々にサッティヤーグラハに近づけていくが、けっしてそこに到達させることはない。カディーを見直したとはいっても、そもそもなぜ機械製の服を着てはならないか、なぜ糸車を廻さねばならないのか、そのことを彼に理解させているわけではないのである。そして、まさしくこの点に、ナラヤンがこのテクストに仕込んだ、サッティヤー

グラハの「ずれ」の端緒を見出すことができる。スリラムの無理解は、「市民社会の内側ではない」ところに到達することの難解さや困難さを示すものといえるだろう。「市民社会」同様、「市民社会へと変化しつつある」地点にいる人間にとっても、「市民社会の内側ではない」ところから語られるガンディーのサッティヤーグラハを正確に理解することは、きわめて困難であるに違いないのだ。そのことをナラヤンは、スリラムの反応を通し、以下のように表現する。

> 彼(ガンディー)が何をいっているのか、彼(スリラム)は把握できなかった。しかし、彼は夢中になって集中し、理解しようとした。何かに挑戦し、ついて行く必要があると彼が感じたのも、自分が不利に立たされていることを知ったのも、これが始めてだった。今まで、特に銀行口座を自分で管理するようになってからは、人生のすべてを理解していると確信していた。自分の勇気と理解に疑念を持つよう駆り立てられたのも、これが初めてだった[34]。

ガンディーの演説を聞くことによって、スリラムは自分が「不利」な立場にあり、「何かに挑戦し」なければならず、「自分の勇気と理解に疑念を持つ」ことが必要だと感じている。すなわち、「今どきの世代」としての新たな指標を持たない彼の心の隙間に、「ついていく必要がある」ものとして、ガンディーの存在が入り込んだのである。しかし、疑念より先にスリラムは進むことができない。「マハトマ」に従うことを決めはするが、彼はガンディーを「把握できなかった」のであり、感情の赴くまま彼に追従しているにすぎないのだ。

このスリラムの感情は、ガンディーに追随した大勢の「今どきの世代」の感情構造に他ならないだろう。人々はサッティヤーグラハを把握し、大衆運動を進めていたわけではないのである。変化しつつある社会の中で、「今どきの世代」の指標を求める人々の焦燥感が、ガンディーを地上の神に祭り上

げ、サッティヤーグラハを時代の趨勢にまで押し上げたのだ。

5.4 広がっていくサッティヤーグラハの「ずれ」

　「市民社会の内側でない」ところからガンディーが語るサッティヤーグラハを、スリラムは理解することができない。そのため、ガンディーの演説の最中からスリラムのサッティヤーグラハは「ずれ」を覗かせている。彼がそれを受け取った時点で、サッティヤーグラハの大原則である「非暴力」や「愛」、そして大文字の「真理」にも「ずれ」が生じているのだ。

　「ずれ」は、言葉の意味的な幅を端緒に開き始める。演説の際、ナラヤンはガンディーに「愛」の重要性を説かせている。すでに見たように、ナラヤン自身は、それがパウロ的な意味での「愛」であることを理解している。そのため、作品中のガンディーにも「心を清く、そして心に愛だけを住まわせて欲しい。過去の歴史に憎しみを宿さぬようにしよう。その時、われわれはイギリスに対して『この国から出て行ってほしい』ということができる[35]」と語らせている。しかしそのことを、作者はスリラムには理解させていない。「憎しみなんてあるわけない。僕は彼女（バーラッティ）を愛してる[36]」と、それを個人的な恋愛感情へと「ずら」した上で、スリラムに受け取らせているのだ。バーラッティへの恋愛感情は、スリラムの政治活動を安っぽいものにする最大の要因となっているが、それもサッティヤーグラハの「ずれ」を書き込むための伏線なのである。

　「ずれ」は、サッティヤーグラハの大原則である「真理」にも仕掛けられ、さらにナラヤンは、その「ずれ」が伝聞によって広げられることを示唆している。物語中、「真理」の「ずれ」を最初に生じさせるのは、バーラッティである。ガンディーに会いたいというスリラムに、彼女は「マハトマのキャンプに入れるのは究極の正直者(truth-speaker)だけ。マハトマのところに行く前に、絶対に正直(truth)を誓わなければならない[37]」という条件を出すのだ。ガンディーの「真理」は、ここで「嘘でないこと」あるいは「正直」の

意に「ずれ」てしまっている。ナラヤンがその「ずれ」を意識していたことは、バーラッティの「正直」には小文字の"truth"を、ガンディーの「真理」には大文字の"Truth"を用いていることからも推測できる。ちなみに、バーラッティはガンディーに育てられた少女として、サッティヤーグラヒーの中でも特に彼に近い存在とされているが、その彼女にも、ナラヤンはサッティヤーグラハを理解させていないのだ。ここには、サッティヤーグラハを現実化する可能性に対する、ナラヤンの深い懐疑が表されているといえるかもしれない。

　ナラヤンは、バーラッティを介して、スリラムに小文字の「真理(truth)」の条件を承服させた後、彼に「正直(truth)だと思えることだけ話すようにするよ[38]」と誓わせ、大原則の「真理」は理解させないまま、彼に活動を開始させる。

　大原則の「真理」を「把持」していないスリラムに、サッティヤーグラハを実践することはできない。そのため、彼の活動は、常にお粗末なものとならざるを得ない。例えば、クイット・インディアの一環として、スリラムは果敢にイギリス人の家に乗り込むが、しかし、イギリス人が出してくれたオレンジジュース飲むと、「ジュースの喉越しがあまりに良く、どんな状況であれ、止められないと思った。恍惚として目を閉じた。しばらくの間、政治やバーラッティ、不和、そしてマハトマさえも忘れて[39]」しまうのだ。そうした浅はかな行動は、彼のサッティヤーグラハの不完全さを示す一方、物語をコミカルなものにする。しかし、ナラヤンが非暴力の「ずれ」をさらに広げ、そこからスリラムの暴力性が滲み出すとき、彼の言動はただ笑いを誘うものではなくなっていく。

　学校の壁にスリラムが"Ouit India"と書いていると、ひとりの教師がやって来る。そして、ドイツ軍侵攻の可能性を考えるなら、イギリスへの撤退要求は妥当ではないと、スリラムの行為を批判する。当時の戦況を踏まえれば、教師の言い分にも一理あるといえる。しかし、スリラムにはそれが理解できない。教師に反論できないスリラムは、そこで、「イギリスがインドか

ら出て行ったら、お前の首がはねられるぞ。僕たちは首切りのリストを持ってるんだ[40]」と彼を威嚇し、議論を終わらせようとする。このように暴力をちらつかせるスリラムのサッティヤーグラハが、ガンディーの主張したものとまったく異なることは明白だ。しかし、先に述べたように、彼は生半可な気持ちでガンディーに師事しているわけではない。暴力性を見せてはいても、彼はあくまでもサッティヤーグラヒーであり、そのアイデンティティに彼の言動は支えられているのだ。

　物語では、ガンディーが刑務所に収監され、その後を追ってバーラッティも刑務所に行ってしまった後、スリラムに転機が訪れる。彼の新たな指導者として、急進派のジャガディッシュが登場するのだ。強面の彼の前に出ると、スリラムは恐ろしくて強い態度に出ることができない。それでも、「絶対に非暴力だけは…[41]」と、非暴力という点だけは譲らない。しかしナラヤンは、そのスリラムを暴力へと誘う役割をジャガディッシュに与えている。ジャガディッシュは「われわれは戦争してるんだ。覚えとけ[42]」とスリラムに諭し、彼の日常を戦場に変えてしまうのだ。彼に命じられ、ラングーンやドイツから届くラジオの戦況放送を書き取るスリラムは、インドにいながら世界大戦の只中に身を置くことになる。さらに、その任務を通して、彼はボースとも出会うことになる。

　先に見た通り、ガンディーとボースは、前者が非暴力の指導者なら、後者は暴力の指導者といえ、両者の政治思想はまったく相容れるところがない。だが、ナラヤンはこの2人をスリラムの中で融合させてしまう。東京から届くボースの声に感激したスリラムは、「故郷、平安、安全を捨て、母国を自由にするための手段を求めて国から国へと渡り歩くこの男に敬意を感じ[43]」、ラジオの前で姿勢を正すのである。そして、ボースとの出会いの後、サッティヤーグラハの「ずれ」は加速度的に広げられ、その隙間から、スリラムの暴力性が噴出することになる。

　スリラムがボースの放送を書き取ったことに、ジャガディッシュは喜び、それをもとにビラを作ると、軍事キャンプに配りに行くようスリラムに命令

する。その際、ナラヤンはサッティヤーグラハの大原則「真理」に手を加え、その「ずれ」をさらに広げる。彼は、命令を下したジャガディッシュに、こう付け加えさせるのだ。

> 軍では「本当のこと(truth)」を聞くことが許されていない。皆が「本当のこと(truth)」を知る必要がある。「本当のこと(truth)」を広報することが我々の義務だ。マハトマもそう言っただろ？[44]

ナラヤンは、「真理(Truth)」を「本当のこと(truth)」に「ずら」すことで、スリラムを動かす。そして、スリラムにその違いを気づかせないばかりか、サッティヤーグラヒーがボースの言葉を流布するという、彼の行動の不整合性にも疑問を抱かせない。むしろ、スリラムにとっては、そこに何の問題も存在しないということを暗に強調するのである。

暴力と非暴力は、同時に発動させることができる。そのことをナラヤンは、スリラムの身体を使って示唆する。スリラムは、サッティヤーグラヒーの正装であるカディーのベストを着用し、その下にボースのビラを忍ばせて、軍事キャンプに向かうのだ。

暴力と非暴力の両方を取り込んだスリラムは、放火や鉄道の脱線工作といった過激なテロ行為にも加担するようになる。ガンディーの視点に立てば、もはやスリラムをサッティヤーグラヒーと呼ぶことはできない。そのことはナラヤンも当然理解しているはずだ。しかし、彼はスリラムに暴力と非暴力を折衷させる。スリラムは、破壊活動の現場に、ボースの合言葉"Victory"の"V"の文字とともに、「クイット・インディア」と書き残すのだ。

もちろんナラヤンは、その地点まで一気にスリラムを連れて行ったわけではない。そこにいたるまでの間、なぜジャガディッシュの申し出を断らなかったのかと、スリラムも悩んでいる。だが、そんな彼の心情に充分な重みが与えられることはない。むしろナラヤンは、「ジャガディッシュから逃れることはできないし、その指示に従う以外にない[45]」と語り手に語らせること

で、スリラムの暴力と非暴力の融合は不可避の展開だったことを示唆する。別の言い方をすれば、闘いの場に登った以上、そこを降りることは許されず、力をもって闘う以外に道はないということを、ナラヤンは認めているのである。

最終的にナラヤンは、スリラムを暴力の土俵から降ろしはするが、それは彼の逃亡とか死亡によってではない。ナラヤンは、スリラムを警察に逮捕させることで、彼を闘いの場から引き離すのだ。監獄は「市民社会の内側」にはない。そこは、ガンディーも何度も入った場所だ。しかし、スリラムの逮捕は、ガンディーのそれとは、まったく異質である。そのことを、ナラヤンは刑務所の看守にこう言わせることで表現している。

> お前はガンディー主義者でもなければ、普通の犯罪者でもない。そのどちらよりもお前は危険だ[46]。

スリラムが行き着いた監獄は、「市民社会の内側ではない」地点ではなく、ただ単に「市民社会の外側」にすぎないのだ。

力の交錯する闘いの場において、サッティヤーグラハの「ずれ」は幅を広げつつ、スリラムの暴力性を解き放った。しかしそれは、「ずれ」ながらも破綻しない、サッティヤーグラハの延性がもたらした結果であるといえる。そして、そのような無限の延性が、暴力と非暴力の二分法的理解をアポリアに追い込むと考えられる。暴力と非暴力が社会的な問題であると同時に、個人の問題でもある以上、両者の間に明確な境界線を引くことは不可能であり、ガンディーの非暴力はそのための試金石とは成り得ないのである。そもそも、すでに見てきたように、ガンディー自身が「許される暴力」と「許されない暴力」の間に線引きすることはできないことを認めていた。

『マハトマを待ちながら』は、そうしたサッティヤーグラハの根本的な限界を巧みに描き出した作品といえる。しかし、だからといって、ナラヤンが

ガンディーの非暴力を、皮肉交じりの諦めの境地から眺めていたということにはならない。むしろ彼は、そこに絶対的な理想を見ていたと思われる。

　小説には、夏の日差しが照りつける演説会場で、スリラムがガンディーの到来を待つ場面がある。そこで、スリラムは「マハトマを待つと喉が渇く（Waiting for the Mahatma makes one very thirsty）[47]」と独り思うのだが、それは他でもない、ナラヤン自身の呟きでもあるだろう。暴力がなくならない以上、人々は非暴力を待つしかない。暴力が台頭すればするほど、非暴力は理想としての輝きを増し、人々はマハトマを渇望するのだ。『マハトマを待ちながら』というタイトルの向こう側には、その限界を知りつつも、非暴力を待ち続けるナラヤンの姿があるのだ。

　物語はガンディーの暗殺とともに幕を下ろすが、ガンディーの非暴力がそこで終わったわけではない。ガンディーの死後、サッティヤーグラハの法は解体され、そのほとんどが忘れ去られることになるが、しかし、非暴力だけは時間と空間を越えて生き残っている。ナラヤンはこの物語で、サッティヤーグラハの「ずれ」を顕在化させ、スリラムに非暴力と暴力の間を彷徨わせた。しかしその後、この「ずれ」は隠蔽され、「非暴力」だけが絶対化されていく。その結果、人間はつねに非暴力と暴力の間を彷徨い続けなければならないのだということも見えなくなってしまったのだ。

注

1　M. K. Naik, *The Ironic Vision: A Study of The Fiction of R. K. Narayan* (New Delhi: Sterling Publishers, 1983) 38.
2　Gandhi, "Speech at A. I. C. C. Meeting" 8 Aug. 1942, *CWMG*, vol. 83, 189.
3　Gandhi, "To Every Japanese" *Harijan* 26 July 1942, *CWMG*, vol. 83, 114-115.
4　Gandhi, "One Thing Needful" *Harijan* 10 May 1942, *CWMG*, vol. 82, 258.
5　R. K. Narayan, *Mr Sampath-The Printer of Malgudi, The Financial Expert, Waiting for the Mahatma* (New York: Everyman's Library, 2006) 466.

6　Narayan 467.
7　Narayan 454.
8　Raymond Williams, *Marxism and Literature* (New York: Oxford University Press, 1977) 128–135.
9　Narayan 448.
10　Narayan 393.
11　Narayan 389.
12　Narayan 448.
13　Narayan 430.
14　Narayan 391.
15　Narayan 394.
16　Narayan 394.
17　Narayan 394.
18　Narayan 398.
19　Narayan 400.
20　Narayan 400.
21　Narayan 402.
22　Narayan 403.
23　Narayan 403.
24　Narayan 404.
25　Narayan 404.
26　Narayan 405.
27　Narayan 405.
28　よく似ているものとして、次の記事やスピーチが挙げられる。"Where is Swaraj?," *Navajivan* 22 Jan. 1922, *CWMG*, vol. 25, 481–484. "Speech at Umber" *The Hindu*, 16 Apr. 1930, *CWMG*, vol. 49, 108–109.
29　Narayan 404.
30　Narayan 406.
31　Narayan 406.
32　糸車で作った綿布カディーでできた帽子。
33　Narayan 403.
34　Narayan 406.
35　Narayan 407.

36　Narayan 407-408.
37　Narayan 425.
38　Narayan 425.
39　Narayan 469.
40　Narayan 462.
41　Narayan 494.
42　Narayan 494.
43　Narayan 495.
44　Narayan 499.
45　Narayan 509.
46　Narayan 528.
47　Narayan 402.

第 6 章　サッティヤーグラハの余波

　インド独立運動期の時点からサッティヤーグラハは「ずれ」を孕み、非暴力の不可能性を露呈していたとするなら、そこから現代の「非暴力」にいたるまでに、サッティヤーグラハの「ずれ」はさらに押し広げられてきたと考えられる。そこで、本章では現代側へと1歩話を進め、ノーベル賞作家のV. S. ナイポールの作品を通して、インドを出たサッティヤーグラハについて考察する。

　ノーベル賞作家ということもあり、ナイポールの英語文学は英語圏を超えて世界中で読まれている。その意味で、ナイポールは世界的な影響力を持っているといえるだろうが、その彼が、ガンディーに対して厳しい態度をとっていることは興味深い。1975 年の時点で、ナイポールは文明論『インド―傷ついた文明』(*India: A Wounded Civilization*)で、インドが貧困から抜け出せない原因は「ガンディー主義」にあり、さらにその原因は、ガンディー自身の性格にあると断じている〔以下『インド』と略す〕。また、同じような態度は、2001 年の小説『ある放浪者の半生』(*Half a Life*)にも見出せる。この小説では、主要な登場人物がサッティヤーグラハを実践することで、転落の人生を歩んでいるのだ〔以下『半生』と略す〕。

　もちろん、ナイポールがガンディーを批判した唯一の人物というわけではない。現代においても、またガンディー同時代においても、彼に批判的な人物は少なからずいる[1]。しかし、ナイポールのガンディー批判は、それらのものとは一線を画している。というのも、ガンディー批判の多くが、彼の特

定の言動を対象になされているのに対し、ナイポールは「ガンディー主義」ないしサッティヤーグラハの否定的影響を全面的に批判しているからだ。

では、ナイポールはサッティヤーグラハやガンディーの何を批判しているのだろうか。その点について、まずは彼の『インド』から確認していこう。

6.1 ナイポールのガンディー主義批判

『インド』において、ナイポールは独立インドが相変わらず貧困状態にあることを問題視する。彼はそれを「インドの悲惨」と呼ぶと、その原因は「ヒンドゥー的平衡」と「ガンディー主義」にあると診断するのだ。

それらの因果関係について、ナイポールは次のように説明する。「ヒンドゥー的平衡」とは、貧困をも世界の一部として抱え込むインド古来の社会的平衡感覚のことで、平たく言えば、すべてをあるがままに受け容れる感覚のことである。ナイポールによれば、かつてインドにはそうした感覚が蔓延していたため、人々は貧困を問題と受けとめず、解決の必要性を認めてこなかった。しかし、独立運動を境に「ヒンドゥー的平衡」は衰退したと彼はいう。つまり、独立運動に巻き込まれたことで、大衆の意識に変化が生じ、社会問題を認識するようになったというのだ。そして、それに入れ替わって登場したのが「ガンディー主義」である。しかし、その「ガンディー主義」も「インドの悲惨」を解決するものではなく、むしろそれを持続させるものだったと彼は批判する。

こうしたナイポールの観点は、ナラヤンの観点とも重なるものといえる。前章で見た通り、『マハトマを待ちながら』でナラヤンは、独立運動期の感情構造の変化を表そうとした。ナイポールの表現を借りれば、祖母は「ヒンドゥー的平衡」を、そして主人公スリラムは「ガンディー主義」を表象しているのだと言い換えることもできる。すなわち、ナイポールとナラヤンはともにガンディーやサッティヤーグラハの影響を中心に据え、独立運動期の変化の過程を見ているのだ。

さらに、サッティヤーグラハの短所を示唆した点でも、両者の観点は類似するものといえる。しかし、2人の批判的態度をより深く掘り下げてみるなら、両者の姿勢は正反対とはいわないまでも、少なからず異なっていることに気づかされる。

一言でいうと、ガンディーに対するナラヤンの態度は曖昧で、彼が非暴力を全面的に否定していたとは言い切れない。ナラヤンはサッティヤーグラハに延性があることや、暴力／非暴力という二分法には限界があることを示唆していた。しかし、それと同時に、彼はガンディーや非暴力を理想として認める姿勢も呈していた。

他方、『インド』における、ナイポールのサッティヤーグラハ批判に曖昧さは見られない。彼が力点を置くのは、それが人間にいかに否定的影響を及ぼしてきたかという実際的な問題だ。そのため彼は、暴力／非暴力の二分法といったメタレベルの議論を展開することもなければ、非暴力の理想と現実という問題にとらわれることもない。その全頁は、サッティヤーグラハが個人にとって害悪であることを告発するために割かれている。

ナイポールによれば、サッティヤーグラハに依存する人々の「ガンディー的衝動は、自己愛(self-cherishing)、一時的な熱中、社会的無関心」へと堕してしまう。そのため、人々は「自分の世界の安定を維持すること」しかできなくなる。つまり、そのような人間は「抵抗できない。彼には差し出すものがひとつもない。逃げることしかできない」のだ[2]。そうして落ちぶれた人間に、積極的に生きていくことはできない。残されるのは、「非暴力の理想によって支えをあてがわれた自己愛[3]」と「ガンディー的奉仕の概念にもとづくむなしい自尊心[4]」だけであり、彼らはそれを支えに消極的に生きていくことしかできないというのだ。

ナイポールとナラヤンの見方は、随分異なっている。ナラヤンはスリラムを暴力と非暴力の間で彷徨わせていた。しかし、彼がスリラムを「逃げるしかできない」、「自己愛」と「むなしい自尊心」だけに支えられた消極的な人物と描いていたとはいえない。さらに、ガンディー個人にも矛先を向けてい

るという点で、ナイポールの批判はナラヤンの批判と大きく異なっている。

　ナイポールは、サッティヤーグラハの否定的側面はガンディーの個人的資質に起因するものと断じている。彼は、ガンディーの特徴は「内面への集中」と「自己没入」にあるとした後、それを誇大化し、「ガンディーには外界への視点が欠如していた」と批判する。そして、ガンディーが自己の内面に集中することを強調したために、サッティヤーグラハ依存者も内面にばかりに目を向けるようになったのだと、その因果関係を説くのだ。

　煮え切らないナラヤンとは違い、ナイポールのガンディー批判は辛辣で、その分明快でもある。さらに、それはナイポールの深い洞察力によって導き出された結論だといえる。ナイポールがいうように、ガンディーが「内面への集中」と「自己没入」を強調していたことは間違いない。同様のことは、本書の第3章でも指摘した。ガンディーは人々に、他者ではなく、自己に審判の眼差しを向けるよう訴えていた。彼の非暴力や自己犠牲は他者の「たんなる生」を尊重するものではなく、自己の善なる「すべての生命」を追求したものだ。そして、そのために彼の非暴力には、感情の抑制という陥穽があったことも指摘した。その点において、本書とナイポールは見解を共有しているといえる。しかし、サッティヤーグラハに依存した人間が、いかにして「自己愛」と「むなしい自尊心」だけを抱え、「逃げるしかできない」腑抜けに変わってしまうのか。それについては、『インド』の議論は十分であるとは言い難い。ナイポールが言わんとすることを明らかにするためには、彼の別の作品にあたる必要がある。

　しかし、その議論に進む前に、ナイポールの視座を突き止めておきたい。というのも、インド系移民3世という彼の出自を考えれば、彼がインドの「内側」にあるのか、それとも「外側」にあるのかは判断しにくいところだからだ。したがって、彼のガンディー批判の意義を明確なものとするためには、その視座を確定することが重要となる。

　作家の視座の確定が重要であることは、ナラヤンとナイポールのガンディー批判を比較してみれば明白となる。同じサッティヤーグラハを見ながら、

こうも2人の結論が違うのは、両者の立ち位置が異なっているからだと考えられるからだ。ガンディーと同時代の作家ナラヤンは、インドに生まれ、インドに育った生粋のインド人である。それに対し、インド系移民を先祖に持つナイポールは、トリニダートに生まれ、英語教育を受けた現代の作家だ。両者は、インド人としての民族的歴史という1点でのみ共通するだけで、空間的にも時間的にもまったく別のところに位置している。ナラヤンが同時代のインド人として、サッティヤーグラハを見ているのに対し、ナイポールは現代のインド系3世として、サッティヤーグラハを見ているのだ。

6.2 サイードによるナイポール批判

　では、インド系3世という彼の立脚点は、どう理解されるべきなのだろうか。そこで、まずはナイポール自身が自分とインドの関係をどう書いているのか、その点を『インド』から確認しておこう。そしてその後、彼の経歴を振り返ってから、サイードのナイポール批判を参考に議論を進めることにする。

　インド系移民3世という出自は、ナイポールのガンディー批判と大いに関係している。その出自のために、彼はインドや、インドが輩出した聖人「マハトマ・ガンディー」に関心を寄せずにはいられない。しかし、ナイポールとインドの関係は、インド生まれのインド人のものとは明らかに異なっている。当然、彼自身そのことを自覚しており、自分とインドの関係を以下のように表現している。

　　私にとって、インドは扱いにくい国だ。インドは私の故国ではないし、
　　故国とはなりえない。しかしながら、それを拒否することもできなけれ
　　ば、無関心でもいられない。私には、観光のためだけに旅行することは
　　できない。私は近づきすぎていると同時に、離れすぎている。私の先祖

はガンジス川流域の平野から、100 年前に移住した。彼らや他の人々が、地球の裏側にあるトリニダードに築き、私が育ったインド人社会は、1893 年にガンディーが南アフリカで知ったインド人社会よりも、ずっと均質的で、よりインドから孤立していた[5]。

言うまでもなく、「近づきすぎ」たり「離れすぎ」たりしているのは空間的な距離ではなく、ナイポールが感じている心的距離のことだ。では、何をもって、ナイポールはこの心的距離を測っているのか。それは、この後に続く文章から判断することができる。

引用箇所の後、ナイポールは「100 年という歳月が、インド人特有の数々の宗教的態度を私から取り去って」しまったため、自分には「インド人特有の宗教的態度」がないと告白する。そのため、「新大陸の遠く、小さな社会の一員」である自分の「インド人的態度」が、インドの人々の態度からいかに「ずれ」ているのかを理解するのに時間がかかったとも述べているのだ[6]。そうしたことから、「近付きすぎている」という言葉は、トリニダードの「均質的」なインド人社会に育ったことで、ナイポールが「インド性」を会得していることをいっているのだと判断できる。にもかかわらず、「離れすぎている」というのは、彼に「インド人特有の宗教的態度」がないことを示しているのだと考えられる。

そうした距離感を明確なものとするのに、ナイポールは長い時間をかけている。1962 年に初めてインドを訪問した際、彼にとってインドは「本当に奇妙な国[7]」でしかなかった。そのため、その経験をもとにナイポールは紀行文『インド・闇の領域』(*An Area of Darkness*) を書き上げたものの、インドを批判するにはいたっていない。インド批判の書『インド』が書き上げるためには、それから 13 年、3 度目の訪印を済ませた 1975 年まで待たねばならなかった。

ナイポールの出身地トリニダードは旧英領植民地で、今でもインド系が人口の約 4 割を占めている。彼らは植民地時代に労働者として移住したインド

人の子孫であり、ナイポールもそのうちの 1 人だ。ナイポールの場合、祖父が農場労働者としてインドからトリニダードに移住した移民 1 世である。そして、2 世である父親は祖父の後を継がず、新聞記者の職に就くと、無名ながら小説を書いていた。3 世であるナイポールは、この父親の影響を強く受けているといえる。彼自身「作家になるという野心は父親ゆずりのもの[8]」であることを明かしている。

インド系移民 3 世として、1932 年に生まれたナイポールは 18 歳で島を離れると、イギリスのオックスフォード大学ユニバーシティ・カレッジに留学した。そして、大学卒業後は、父親の跡を辿るように、BBC に就職し、記者として働きながら執筆活動に取り組み始める。そして、1955 年には『ミゲル・ストリート』(*Miguel Street*)を書き上げるが、この作品は当時出版されるにはいたらなかった。そのため、1957 年に書き上げた 2 作目『神秘な指圧師』(*The Mystic Masseur*)が、彼のデビュー作となる。この小説はジョン・ルウェリン・リース記念賞を受賞するなど、高く評価され、その後彼の作家活動は順風満帆に進む〔以下『神秘』と略す〕。1971 年には『自由の国』(*In a Free State*)でブッカー賞を受賞し、1990 年には、文学的貢献を認められてナイトの称号を授与される。そして、2001 年には、ノーベル文学賞という作家として最高の栄誉を手にするにいたるのだ。

このように有名になり、批評や研究に取り上げられるようになると、ナイポールも作家として分類され、レッテルが貼られることになる。その際、英語圏以外の出身で、英語で執筆する作家であることを示すのに「英語作家」という表現が用いられることもある。また、その出自を重視して、「ディアスポラ作家」と称される場合もある。

「ディアスポラ」とは本来「散らされた者」を表すギリシア語で、故郷パレスチナから離散したユダヤ人のことを意味する。しかし、近年のポストコロニアル研究では、植民地政策に巻き込まれ、「ルーツ」となる民族から離散した人々を表すのにも使われている。ディアスポラが注目され、そう定義されるにいたったのは、ポストコロニアル研究が彼らに 1 つの可能性を見て

いるからだ。グローバル化によって世界の均質化が進む現在、民族からの離散を経験し、国境を越えて移動しながらも、民族の連帯性を保持し続けている彼らは、その流れに逆らう存在といえる。すなわち、グローバル化に伴う世界の均質化に対峙する存在として、ディアスポラに抵抗の可能性を見出しているといえるだろう。

　そうした観点に基づくなら、ディアスポラ作家とはグローバル化への抵抗の先頭に立つ人物であり、その先鋒として、ナイポールは期待されていたのだといえる。例えば、E. W. サイードは当初、ナイポールについて以下のように述べている。

　　エッセイストで旅行記作家の V. S. ナイポールも、ある程度まで、その初期においては、イングランドの内と外を往復し、つねに移動しつづけ、カリブとインドにまたがる自分のルーツを再訪し、コロニアリズムとポストコロニアリズムの瓦礫のあいだをくぐりぬけ、独立国家とそれを熱烈に支持する者たちの幻想と残虐さを容赦なく弾劾した点において、現代のエグザイル知識人の典型であった[9]。

「ディアスポラ」という表現を避け、「追放者」、「亡命者」を意味する「エグザイル」の語を用いているのは、サイードがパレスチナ人だからだと思われるが、いずれにせよ、意味するところは同じだといっていい。サイードは、ナイポールが植民地主義的な暴力に抗う力を持っていることを認め、彼を「エグザイル知識人」と評している。しかし、同じ年の別の論考で、サイードはナイポールを以下のように批判している。

　　ナイポールはおもしろい人物です。なによりもまず、才能のある作家。その点については疑問の余地はありません。彼はまた、有色人作家として、まさにうってつけのケースです。(中略)ナイポールはインド系ですが、家族はトリニダードに住み、本人もそこで育ちました。彼はフアー

ド・アジャミーのような人々と並んで、第三世界の証人としてよく引き合いに出されます。この人たちの話は実際の経験に基づいているという理由によります。そこで、この証人たちは、そこは汚らしいゴミの山だ、と証言するのです。ナイポールは、そうした傾向に拍車をかけています[10]。

　先の引用と同じく、サイードはナイポールの作家としての才能を評価しているが、ここではその才能の使い方を批判している。ナイポールは「第三世界の証人」として「第一世界」を喜ばせるためにその出自を使い、才能を浪費しているというのである。
　サイードの批判を読んだ後に『インド』を見直すなら、確かにナイポールは「第三世界の証人」として、インドは「ゴミの山」だと証言しているようにも見える。また、その説得力は彼の出自だけでなく、彼の洞察力にも支えられているといえる。
　そのことは、彼のインド批判の前提が示している。ナイポールは「ガンディーはインドを席巻したが、イデオロギーを残すことなく去ってしまった」という。また「多面的なガンディーは現代インドに充満している。彼は隠れており、知られてはいない[11]」と指摘し、サッティヤーグラハの影響を学術的観点から端的に把握するのは困難だということを示唆する。そして、そのために、「インド探究は、たちまちのうちに政治の領域を超えざるを得ない。それはインド人の態度の研究とならざるを得ない。あるがままの文明それ自体の研究とならざるを得ない[12]」のだとする。すなわち、それは狭い政治的な枠組みとは別の枠組みで、把握されなければならないと診断するのだ。
　ナイポールが提起したこの探究の枠組は、本書の姿勢とも重なる部分があり、納得のいくものといえる。しかし、穿った見方をするなら、その提案には裏があるとも考えられる。というのも、インド研究は「あるがままの文明それ自体の研究」でなければならないという条件は、ナイポール自身に有利に働くものだからだ。ナイポールはインド系移民3世として、自分はインド

に「近づきすぎ」てもいるが「離れすぎ」てもいるとした。その立場は、彼が客観性を保ちながらインドの内側に入り込めること、ひいては「あるがままの文明それ自体の研究」に成功することを約束するものといえる。つまり、インドが「ゴミの山」であることを証言するために、ナイポールは自身の有利な立場を先に保障しているようにも見えてくる。

　そのような眼で改めて見るなら、ナイポールは「インドの悲惨」の原因を、「ヒンドゥー的平衡」や「ガンディー主義」といったインド固有の現象に帰するが、植民地支配というインドの歴史的背景や、そこで働いた力関係は視野に入れていない。さらに、「インド固有のもの」に対するナイポールの見方も偏っているように思われる。例えば、彼は「インドにはイデオロギーが欠如していた」と指摘した後、その空隙を埋めるのにヒンドゥーのダルマという観念があてがわれたのだと述べる[13]。第１章で言及した通り、ダルマとは人間を対象にする西洋近代法とは別の枠組みに基づく、より広い意味の「法」を意味する観念で、ガンディーはそれをサッティヤーグラハの法に援用した。彼はそれを「科学」であるサッティヤーグラハと結びつけることで、西洋、東洋という枠組みを越えた新しい普遍的な法を組み立てたのだといえる。しかし、ナイポールにそうした観点はない。彼はダルマをインド固有の観念と紹介すると、「この自分自身に対する誠実さの理想、自分自身の真理を生きる理想としてのダルマは、人間を隷属と妥協させ、最高の精神的利益を無気力な従属の中に見出させるのに利用される[14]」と述べると、それを全面的に否定するのだ。

　サイードはこうしたナイポールの態度に苛立ちを隠せなくなったと見える。1998 年に「知の破滅」（An Intellectual Catastrophe）で、『イスラム再訪』（*Beyond Belief: Islamic Excursions among the Converted Peoples*）を取り上げると、彼は以下のようにナイポールを非難した。

　　この最後の文章の半分を忘れないでいてほしい。というのも、それがナイポールのテーゼであり、それを基本にして彼は世界に向けて語りかけ

るからだ——西洋は知識、批判、技術的ノウハウ、機能的制度を持つ世界であり、イスラムはその新しく制御不可能な力に気付き、激怒する知能遅れの依存者なのだ——。西洋は外側からイスラムに良いものをもたらす。なぜなら「イスラムを活気付けたものは、内部から生じたのではない」からだ[15]。

そして、このエッセイの最後で、サイードはナイポールに次のように引導を渡す。

残念ながら、ナイポールには何を言っても効き目はない。彼の書くものは、繰り返しばかりの、つまらないものになってしまった。彼の才能は浪費されてしまったのだ。彼はもう、意味のあることを書けない。彼は偉大な名声の上で生きているだけである。その名声によって、批評家たちは自分たちが扱っているのは偉大な作家なのだと欺かれているが、しかし、その彼は亡霊になってしまったのである[16]。

かつて彼はナイポールを「第三世界の証言者」と揶揄しながらも、その才能は認めていた。しかし、それから4年後、ナイポールの「知」は「破滅」し「亡霊」に化したのだと、サイードは作家ナイポールに死亡宣告を突きつけるのである。

サイードの評価の揺れが示す通り、ナイポールの作品は随分と変化している。デビュー作の『神秘』では、トリニダード特有のクレオール英語を用いながら、インド人コミュニティに生きる人々の様子がコミカルに描かれていた。他方、ノーベル賞受賞年に刊行された『半生』は、頼りない父親に反発しながらも、父親への愛着を捨てきれない息子を主人公にした、陰鬱な物語となっている。

本論に沿っていえば、それら2作品における、ガンディーの扱われ方についても違いが指摘できる。『神秘』では、ガンディーは祖国インドの象徴で

あり、インド系移民の誇りとされている。一方、『半生』のガンディーは、間接的ではあるが、登場人物の人生を転落させる原因とされているのだ。

サイードの批判を参照するなら、ナイポールはディアスポラ知識人としての視座を「第一世界の内側」に移してしまったのだともいえそうだ。しかし、そう非難したところで、『神秘』と『半生』の間でガンディーの取り上げ方が変化していることに説明はつけられない。第一、ガンディーは現代の「第一世界の内側」でも聖人なのだ。

6.3 聖性への懐疑

しかし、『神秘』に関していえば、それはディアスポラ文学の装いの下に、聖性への懐疑を潜ませた物語であり、その物語からは、ナイポールが当初から同じ視点で世界を見ていたのではないかということが読み取れる。それを明らかにするために、まずは『神秘』のディアスポラ的側面として、トリニダードのインド人たちが、ガンディーをインド性の象徴としている場面を拾い上げてみよう。

物語の中で、ナイポールは主人公ガネーシュに、しばしばガンディーの名を口にさせている。ガネーシュは初めての著作『ヒンドゥー教に関する101の問答』で、「現代のヒンドゥー教徒で1番偉いのは誰か」、「2番目に偉いのは誰か」という問いに対して、「ガンディー」、「ネルー」という答えを用意している[17]。そして、その本が出版されると、彼はそれをガンディーに贈ってもいる[18]。また、自分で発行した新聞『ザ・ダルマ』の創刊号では、第1面でガンディーを取り上げたとされており[19]、トリニダートのヒンドゥー協会の総裁に選ばれたときは、そのことを伝える電報をガンディーに送っている[20]。さらに、ガネーシュの周辺では、ガンディー以外のところにもインド性が求められている。ガネーシュの甥はジャワハラール[21]と、姪はサロジニ[22]と名付けられていて、さらに「3番目がおなかにいるんだけど、男の子ならモーティラール[23]、女の子ならカマラ[24]にするつもり[25]」という。つま

り、これらの子どもたちはみな、インドの偉人にあやかった名前が付けられているのだ。

　このようにナイポールは、インドの偉人を通じて、トリニダードのインド系移民がインド性を維持してきたことを示しており、ディアスポラ文学の１つの特徴をそこに見出すことはできるだろう。しかし、ガンディーやサッティヤーグラハに焦点を当てる際には、別の視点からこの作品を見直すことが必要だ。というのも、『神秘』はトリニダードのインド系移民たちは、インド性を求めてはいるが、サッティヤーグラハには関与していないからだ。トリニダードのインド人のインド性は心的なものであり、現実的にインドとの連帯性が維持されているわけではない。ガネーシュが書籍や電報を送ろうとも、ガンディーから返事が届くわけではない。逆に、インド系移民は祖国の偉人ガンディーの名も独立運動のことも知ってはいるが、サッティヤーグラハが言及されることはない。彼らの連帯感はトリニダードのコミュニティの内側に限定されるものであり、彼らはインド性を保持してはいるが、サッティヤーグラヒーではけっしてないのである。そのことは、『神秘』のインド系移民たちが、一貫してガンディーを「マハトマ」と呼んでいることからもうかがえる。『マハトマを待ちながら』のスリラムが聖性を発見し、ガンディーを「マハトマ」と呼んだのに対し、『神秘』のガンディーは最初から完成された聖人「マハトマ」として言及されているのだ。

　インド系ということから、ナイポールはインドに「近づきすぎ」ていたかもしれない。しかし、サッティヤーグラハについていえば、ナイポールと非インド系の人間との間に違いはない。彼はサッティヤーグラハの渦中にいたわけではなく、その外側からサッティヤーグラハの余波を観察しているのである。

　『神秘』に描き出されたインド人コミュニティの微笑ましい様子を見れば、作者がこの作品を書いたのはトリニダードへの愛郷心と、インド性に支えられたコミュニティの連帯感を描き出すためだったと判断されるだろう。しかし、ガンディーを軸にしてこの物語を読み直せば、そこからは別の側面が見

えてくる。その際重要なことは、それは主人公ガネーシュの聖性が虚構であることを暴露する物語なのだということだ。

この小説は、語り手である「私」が主人公ガネーシュ・ラムシュマイアの伝記を著すというスタイルをとっている。そして、この語り手の「私」は、「ガネーシュの歴史はある意味、私たちの時代の歴史でもあると信じている[26]」と述べている。しかし、ガネーシュの歴史とは、実際は虚構の歴史でしかない。彼の聖なる経歴は、虚構で塗り固められたものなのだ。そこから、この物語におけるナイポールの真の目的が見えてくるように思われる。つまりナイポールは、「私たちの時代の歴史」ひいては「第三世界」の歴史を、神秘家ガネーシュの虚構の歴史として示そうとしたのだと考えられるのだ。

この小説を通して、ナイポールはガネーシュの聖性が「第一世界」の要素から成り立っていることを明らかにしている。さらに、目立たない形で、それでいて確信的に、ガネーシュとガンディーを重ね合わせている。そうすることによって、間接的にガンディーの聖性の内実を暴こうとしているのだ。だとすれば、インド人コミュニティの連帯感はそれを隠蔽するための予防線の１つと見ることも可能になり、そこからはディアスポラ文学とは別の側面が見えてくるに違いない。

ガネーシュがガンディーを風刺するための登場人物であることは、彼に付けられた「神秘家(mystic)」という称号にも表されている。「マハトマ」と「神秘家」が類義語であることは、*Oxford Dictionary of English* の定義からも明らかであり、それによると「マハトマ」とは「インド亜大陸で、愛と尊敬をもってあがめられる人物、聖人もしくは賢人[27]」であり、他方「神秘家」は「瞑想と自己放棄によって、神や絶対者との統一を求めるもの、もしくは理性を超える真理の魂での理解を信じる者(傍点は筆者による)[28]」である。この定義に従えば、ガンディーとガネーシュは同じ真理の探究者であり、聖性によって支えられているという共通項を持つ。

さらに、ナイポールはより具体的な点で、ガネーシュをガンディー的な人

物と設定している。ガネーシュは一定の教育を受け、学生時代には引っ込み思案で運動が苦手だったが、宗教的権威者になると聖人として政治に関与し、最終的には宗主国に認められる一角の人物になったとされている。これはガンディーの経歴をほぼなぞるものだ。さらにナイポールは、ガネーシュの言動にもガンディーのそれを投影させている。ガネーシュは「素朴な地方の人々には方言で話しかけ、着飾った連中、疑い深い連中には（中略）できるだけ正確な言葉を遣い[29]」ながら、「正しい生活について、幸福について、幸福になる方法」を人々に説いたとされる。その際、彼は「仏教そのほか諸宗教の教えをしきりに借用し、そのことをあえて隠そうとはしない[30]」だけではない。「ヒンドゥー教だけではなく、キリスト教やイスラム教にも関心を示し」、「どの神様も同じ」と公言していたので、「キリスト教徒も彼には好意的だったし、イスラム教徒も好意的だった」ともされる[31]。こうした人物像は、そのままガンディーの紹介文としても使えそうなくらい、ガンディーの特徴を踏襲している。

　だが、もちろんこれは１つの目印にすぎず、それだけで、ナイポールはガネーシュを使ってガンディーを風刺したのだと断定することはできない。物語からは、ガネーシュがガンディーを崇拝していることはうかがえるが、両者が直接的に重ね合わされることはない。したがって、ガネーシュはガンディーのアバターなのだというためには、物語全体に散りばめられた両者の共通点をつなぎ、１本の線にすることが必要となる。

　その際ヒントになるのが、象神ガネーシュである。主人公ガネーシュがヒンドゥー神のガネーシャに重ねられていることは、彼の名前からも容易に推察されるが、この類比は物語の中にも意図的に描き込まれている。大成したガネーシュは、インド様式の寺院を建てさせると、その屋根の上に２頭のガネーシャ像を設置するのだ[32]。

　ガネーシャとは、頭が象で身体が人間の半人半獣の神で、ヒンドゥー教では学問と財産の神として崇められている。学問の神というのは、ガネーシャが賢人ヴィサーヤの語りを口述筆記し、世界一の長編大叙事詩『マハーバー

ラタ』を書き上げたとされているからである。また、財産の神であるガネーシュには、商売繁盛、大願成就、厄除といった世俗的な御利益があるともみなされている。

この学問と商売繁盛という象神ガネーシャの特徴は、ナイポールの物語を読み解くための手掛かりにもなる。インド性に由来するガネーシャの聖性は「第三世界」において成り立つものだ。しかし、その世俗的な御利益は「第一世界」での成功の鍵である。そうして見ると、主人公ガネーシュは「第三世界」的な聖性を獲得したことで、「第一世界」で成功を収めた人物とされていることに気づく。さらに言えば、ガネーシュの聖性とは「第一世界」の知からなり、「第三世界」の無知な人々によって支えられたものとされているのだ。

例えば物語中、ガネーシュが神秘家として有名になるのは、悪魔祓いに成功したからだ。しかし「語り手」は、そこで彼が施したのは心理カウンセリングのようなものであり、彼が学問的な知識を利用したことを明らかにしている。さらに同じ場面で、ナイポールはガネーシュに、「ときに教育は役に立つ[33]」とも語らせている。つまりこの場面で、聖性は西洋近代的な知によって作り出されるものだということ、そして聖人もそれを自覚的に利用しているのだということをナイポールは示唆しているのだ。

ナイポールが知を聖性の必須条件とみなしていたことは、その他の場面からもうかがえる。トリニダードにはガネーシュ以外の神秘家もいたが、ガネーシュが特別視されていたのは、「彼の権威が学識によって守られた」からであり、「それがなければ、彼だってトリニダート中にいる魔術師とひとまとめにされたかもしれない」と語り手は語る[34]。

そうした知の表れ方について、ナイポールはさらに揶揄的な風刺を盛り込んでいる。象神ガネーシャが「書くこと」特徴としていたように、ガンディーも、そして主人公ガネーシュも「書くこと」を重視しているのだ。すでに述べた通り、ガンディーは膨大な量のテクストを残している。皮肉な言い方をすれば、あらゆる欲望を禁じた彼も、「書くことへの欲望」はその対象と

しなかったのである。
　ガンディーが何を求め書き続けていたのかは、『自叙伝』の序文が参考になる。そこで彼は、自叙伝を書くのは西洋的習慣だから止めたほうがいいと指摘されたことを明らかにしている。にもかかわらずそれを書くのは、「サッティヤーグラハの科学の実験について[35]」、「私の行った多大な真理の実験についての話を伝えたかった[36]」からだと、ガンディーは述べている。一方彼は、次のような言葉も残している。

　　書くことは、話し手や書き手が考えていることが制限されるため、完璧ではありません。スピーチや書かれたものを通して、完全に思考を伝えるのは不可能なのです[37]。

　そのまま受け取れば、ガンディーは「書くこと」の限界を知りつつも、サッティヤーグラハを伝えるために、それに固執したのだといえる。しかし、ナイポールは、ガネーシュの「書くことへの欲望」を通して、その動機を根底から覆す。すなわち、ガンディーはサッティヤーグラハのために書いたのではなく、先にあるのはむしろ自身の「書くことへの欲望」であり、サッティヤーグラハはその後に付随するものだと示唆するのだ。
　ナイポールは、ガネーシュにも「書くことへの欲望」を与え、その欲望を動力として、彼の人生を成功へと導いている。そして、ガネーシュの「書くことへの欲望」はガンディーの影響であることも小説中に明示している。ガネーシュのライバルとして、宗教指導者ナラヤンが登場すると、ガネーシュは以下のように彼と闘うことを表明するのである。

　　こんな場合、マハトマ・ガンディーならどうするだろう？
　　書くのさ。彼ならそうするだろう。書くんだ[38]。

　ガネーシュは神秘家として、宗教指導者ナラヤンと対立することになる

が、そもそも彼は神秘家になろうとしてなったのではない。ガネーシュは物書きになりたかったのだが、それでは収入が得られないため、神秘の指圧師になったとされている。後にガネーシュの著作が認められるようになったのも、神秘家として認められたからであり、聖性を得たことで、彼は「書くことへの欲望」を充たせたのである。

　さかのぼれば、ガネーシュの「書くことへの欲望」の起源も、ガンディーと同じところに置かれている。ガンディーの場合、「書くこと」への目覚めは、ロンドン留学時代にあったといえる。公刊を前提に、彼がものを書き始めたのは、菜食主義協会を発足した頃のことだ。すでに見た通り、菜食主義を通してインドの文化を見直したガンディーは、インドに関する記事を雑誌に寄稿し始めるのである。

　他方ガネーシュは、スチュワートというイギリス人の勧めで、「書くことへの欲望」に目覚めたとされている。自称カシミール生まれのヒンドゥー教徒であるスチュワートは、言い換えればオリエンタリストのイギリス人であり、その点で菜食主義協会の人々に通じるものがある。そればかりか、その出会いの場面で、ナイポールは、ガネーシュにガンディーと同じような経験をさせている。つまり、ガンディーと同じく、ガネーシュもイギリス人を経由して、インド性に目覚めているのだ。

　イギリス人のスチュワートは、『神秘』に登場するどのインド人よりもインド性を持つ人物とされている。彼はヒンドゥー教徒を「今日無限のものを真剣に追求する唯一の人々[39]」とみなし、その理想に合わせて生きている。そのため、「人にこれ以上は必要ない」と、彼はアシュラムさながらの小屋で生活している。その「外側は草葺の屋根に泥壁でできていて他の小屋と同じようだが、その中は整然した簡素なものだ。小さなベッドと、小さなテーブルと小さな椅子がひとつずつある」だけの小屋で、彼はヒンドゥーの神々の土像や水彩画を製作しながら暮らすのだ[40]。

　ロンドンの菜食主義者がガンディーにインド文化を問うたように、スチュワートはヒンドゥー教の理想を、ガネーシュに見出そうとする。しかし、そ

うした視線が、逆にヒンドゥー性を極端な形で誘発するのだということを、ナイポールは示唆する。例えば、スチュワートはガネーシュにサンドイッチを勧めるのだが、そのときのガネーシュの反応は、「ヒンドゥー教徒の本能が湧き立ち、卵とからし菜の冷たいサンドイッチを口にすると吐き気をもよおした[41]」とある。ちなみに、ガンディーが卵を食べるのをやめたのも、ロンドン留学時代のことだったことを付け加えておこう。

　しかし、そうしたヒンドゥー回帰も実際は滑稽なものにすぎないとナイポールは揶揄する。スチュワートに「あなたは悩んでいるようですね」と問いかけさせた後、ガネーシュとのやり取りを通して、彼はその実情を晒すのだ。

「はい。悩んでいます」
「人生について？」
「そうですね」ガネーシュは言った。「そう、私は人生のことで悩んでいるのです」
「懐疑？」とスチュワート氏は確かめた。
スチュワート氏の言っている意味がわからなかったため、ガネーシュはただ微笑んだ。彼に並んでベッドに腰を下ろすと、スチュワート氏は言った。「何をしているんですか？」
ガネーシュは笑った。「何も。考えてばかりで」「瞑想ですか？」
「はい。瞑想です」
スチュワート氏は跳び上がって、水彩画の前で両手を鳴らした。「典型的だ！」と言うと、彼は恍惚として目を閉じた。「典型的だ！」[42]

　物語中、この頃のガネーシュは、実際考え事ばかりしていたとされている。だが、それは「瞑想」からは程遠いものだ。彼は失業中で他にすることがないから考え事に耽っていたのであり、「ガネーシュとしてはなるべく深遠なことを考えていたいと思うのに、頭にうかぶのは単純きわまることばか

り、いやになるほど現実的な瑣末な俗事にとらわれていた[43]」のである。本当のところ、ガネーシュは「懐疑」も「瞑想」も理解してはいない。ガネーシュが「懐疑」と「瞑想」を実践しているとするのは、イギリス人のスチュワートなのである。ここからはさらに、ガンディーのヒンドゥー回帰に対する疑問も浮かび上がることになる。彼の回帰も実際はこの程度のものだったのではないかと、ナイポールは暗に示唆しているように思われるからだ。

その後、物語では、ガネーシュが目的をはっきりさせないまま、「書くことへの欲望」を強めることになる。しかし、書くとは言いつつも、彼の執筆は一向に進まない。周囲の協力のもと、彼はようやく『ヒンドゥー教に関する101の問答』を書き上げて出版するが、当初それはまったく売れない。しかし、彼が神秘家になったことで状況は一変する。先の処女作が飛ぶように売れると、ガネーシュは2作目として自叙伝『罪の歳月』を書き上げるのである。そして、さらに『幸福への道』、『霊魂再来』、『霊魂についての私見』、『信仰の必然性』、『神が私に語ったこと』、『平和への妨げ』、そして『赤を逃れて』と、全部で9つの作品を書きあげることになる。

これらの作品のタイトルを見るだけでも、読者にはガンディーの著作が連想されることだろうが、ナイポールはさらに、その内容にもガンディー的な要素を持たせている。特に、『平和への妨げ』が便秘をテーマとしているのは、ガンディーを揶揄するものとしか思えない。また、唯一高い評価を得たとされる『神が私に語ったこと』も、ガンディーを想起させるものとなっている。ナイポールの語り手によれば、その作品は「語りが美しく、特に対話の章では、彼の謙虚さと精神の当惑と、形而上学的な難問の解明とが対置されている[44]」が、しかし、「ガネーシュが口にした頃はきわめて斬新だったが、その後多くの人がまねしため、それはひとつの型になってしまった[45]」というのだ。

何より注目に値するのは、神秘家になった後、ガネーシュがそれだけの多作家になったとされている点である。言い換えると、書く対象として「聖」なるものを見出したから、ガネーシュはものが書けたとされているのであ

る。この経緯は、ガンディーの言語活動とも通底している。両者を重ねて見れば、ガンディーが書き続けたのも、サッティヤーグラハの使命のためではなく、「書くこと」自体が目的だったからだといえなくもない。逆接的に言えば、サッティヤーグラハが人間社会のあらゆる領域を覆うものとなったのは、ガンディーの「書くことへの欲望」があまりにも強く、人間や社会に関するすべてのことに口出しせずにはいられなかったからだともいえるのだ。とすれば、サッティヤーグラハもそこから生じたガンディーの聖性も、「書くことへの欲望」によって生み出されたものということになる。

　これ以外にも、ナイポールはガネーシュの聖性が何によって作り上げられているのかを示し、その虚構性を明らかにしている。例えば、ガネーシュは神秘家になるために、インドの伝統的衣装を身につけているが、それは客寄せのための戦略的行為であり、その衣服に深遠な意味を持たせることはない。彼がドーティやクルター、ターバンを身につけるのは、「ポート・オブ・スペインのクリスチャン・カレッジに行ってたなんて誰も信じない、一流のバラモン[46]」に姿を変えるためなのである。衣服は神秘家の座に着くための戦略的行為であり、そのため必要とあれば、ガネーシュはスーツに着替えもする。これもガンディーの衣服を風刺したものと見ることができる。ナイポールは、衣服そのものには聖性などなく、それを見た人々が信じ込むことで聖性が生じるのだと示唆しているのだ。さらにナイポールは、そのことを強調するために、「もっともインド的」なスチュワートに「着ているものは問題ではありません。精神的に重要ではないのです。私はそう悟った[47]」と語らせている。

　神秘家としての地位を確立したガネーシュを、ナイポールは政治家にするが、そこでも彼はガネーシュを通して、ガンディーを風刺し続ける。選挙に立候補したガネーシュは、「神と良心」という、ガンディー譲りの公約を掲げる。「わたしは何の約束もできません。すべては神と良心にしたがって行うので、皆さんに不快な思いをさせることもあるかもしれません[48]」。そして当選後は、「金持ちだろうと貧乏人だろうと、大衆のために動いた。その

ために高い謝礼を要求することもない[49]」と、その無私の精神を強調している。さらに注目すべきは、ガネーシュが議会で抗議活動を行うために、「退場」という手段を「最初から作り上げ[50]」ていることだ。ガネーシュは議会の大テーブルに寝転んだ後、「退場」して記者会見を開くと、その後は広場で乞食や浮浪者たちへの演説を行ったとされる。そして、この「退場」によって、ガネーシュは「大衆の想像力を高揚し、たちまち南カリブ中でガネーシュは有名になった[51]」。一方、「植民地政府の報告書では、ガネーシュは無責任な扇動家で追随者もないと片付けられる[52]」ことになる。もちろん、ガンディーが大テーブルの上で寝転ぶようなことはなかったが、しかし貧しい者と自身を同一視する姿勢といい、植民地政府に抗議する姿勢といい、同胞からの評価とは裏腹に、当初宗主国からは低く見られていたことといい、ナイポールは政治家ガネーシュに、ガンディーを後追いさせていることは間違いないだろう。

そして、これまでと同様、こうして両者を重ねた後、ナイポールはその評価を逆転させ、聖なる政治家の実体を見せつける。それは大規模で暴力的なストライキの場面で行われる。ガネーシュは、ストライキを調停するために現地入りするが、著者はそれを彼の自発的な行為とはしない。それは、彼ならきっとそうするだろうという噂に乗じた行動にすぎないのだ。ナイポールは、ガネーシュには「友好的な解決のために、できるだけのことをするつもりだ[53]」と語らせている。と同時に、「彼のストライキへの接近方法は向こう見ずなもの[54]」だったと、語り手にその実情を語らせるのだ。

ガネーシュの聖性の虚構性は、その現場で明らかになる。彼は「善意と信仰の人」と紹介されて舞台に登場する。しかし、「ストライキ中のいらいらしている連中を相手に善意と信仰の人として語らねばならないことを完全に忘れていた」ガネーシュに、適切なことは言えない。自分に対する罵声が飛び交うなか、彼は「友よ、わたしは…」と同じ文句を繰り返しながら、呆然と立ち尽くすことしかできないのだ[55]。

そうして聖なる仮面を引き剥がした後、著者はガネーシュに「これから

は、トリニダートとその他の自由世界における、共産主義との闘いに人生を捧げることを誓う[56]」と宣言させ、彼を「自由世界」の指導者の一員とする。そして、最終的には彼を大英帝国にも認められる人物とし、ガネーシュ自身にも、「G・ラムジー・ミュア」という英国名を名乗らせて物語は幕を閉じる[57]。

ナイポールはガンディーを直接批判せずに、ガネーシュを通して、その聖性に懐疑の目を向けたのだといえるだろう。彼の見るところ、インド的な聖性とは西洋近代に基づくものであり、美徳の強調も、宗教的寛容さも、衣服によるアイデンティティの表象も、「第三世界」の無知な人々を信じ込ませるための戦略にすぎないのだ。

聖性に対する彼の懐疑的な姿勢を見れば、ナイポールの視座が「第三世界」の側にあったとはいえない。かといって、そのディアスポラ的な語りを見れば、彼が「第一世界」に浸りきっているとも断言しにくい。少なくともいえることは、ナイポールは「第一世界」と「第三世界」というサイードの枠組みとは別の枠組みで世界を見ているということだ。

6.4　ナイポールの視座とサッティヤーグラハの否定的影響

ナイポールがガンディーにこだわり、彼を執拗に批判するのには何かしら理由があるはずだ。とはいえ『神秘』だけでは、ナイポールの視座を明確することはできない。そこでもう１つ、ナイポールの私記「自伝へのプロローグ」を手掛かりに、彼の視座を掘り下げてみよう。「自伝へのプロローグ」は「文学的出発点と、さまざまな面を持つ私の背景から生まれる着想のきっかけ[58]」をテーマにした私記で、そのなかでナイポールは父親へのある種の思いを明らかにしている。

すでに述べた通り、ナイポールは父親の影響から作家を志した。しかし、彼の父子関係が理想的なものだったというわけではない。ナイポールは次のように述懐している。「1950年に、後ろを振り返りもせずに父の元を去った

のは、不意の頑なさ、不意の激しい感情の爆発に駆られてのことだった。振り返っていればよかったと思う。そうすれば、私はその日の父の姿を心の中にたずさえて出発し、今も憶えていることだろう」。そして、「私は作家になるためには、その高貴な仕事のためには、訣別が必要だと思っていた。だが実際に書くためには、帰っていくことが必要だったのだ」と、その今生の別れを後悔するとともに、亡き父の影を追うことが彼の作家活動の原点となっていることを仄めかしている[59]。

さらに、この私記でナイポールは、『神秘』のガネーシュが自分の父親をモデルにしたものであることを明らかにしている[60]。そうしたことから、ナイポールのガンディー批判は、彼の父親とも関係しているのではないかと推測される。端的に言えば、ガンディーはこの父親の世代に多大な影響を与え、その生き方を決定した人物なのだ。

そうした観点に立てば、『半生』の考察に進む前に、次のことを明らかにしておかなければならない。すなわち、『半生』の主人公ウィリー・チャンドランとその父親の年代は、ナイポール父子に合わせて設定されているのである。ナイポールの父親は 1906 年の生まれで、ナイポールは 1932 年の生まれだ。一方、『半生』の父親はガンディーが独立運動を展開していたときに大学生だったとされ、ウィリーは 1936 年生まれとされている[61]。

ちなみに、ナイポールは『半生』の父親に名を与えていない。その理由についても、同じ観点から考えることができる。すなわち、ナイポールは敢えて名付けないことで父親を脱個人化し、主人公の「父」という関係性においてのみ、作中に配置することで、ガンディーに感化された世代を彼に代弁・表象させていると考えられるのである。とすると、ナイポールのガンディー批判は、彼の親の世代にガンディーが及ぼした否定的影響を、次世代の立場から糾弾したものと見ることができる。

ここでようやく、『インド』において残されていた課題、すなわちガンディー主義依存者が「自己愛」や「むなしい自尊心」だけを抱え、「逃げることだけしかできない」人間となるのはなぜか、という問題の追究に進むこと

ができる。『半生』は、主人公のインド人青年ウィリーがアイデンティティを求め、世界を流浪する物語である。その点、『神秘』と同様、『半生』でもガンディーやサッティヤーグラハは中心的なテーマとはされていない。しかし『神秘』に比べれば、ナイポールはサッティヤーグラハに対する批判的態度をより明らかに示している。何より、物語のキーパーソンである主人公の父親が、サッティヤーグラハを実践した後、頽廃した人生を歩む人物とされているのだ。しかもナイポールは、小説の3分の1を割き、その父親の「半生」を描いている。このようにして、主人公の物語の前に父親の堕落の物語を置くことにより、ナイポールはサッティヤーグラハの否定的影響が世代間で受け継がれていることを示そうとしたのだと考えられる。

『半生』におけるサッティヤーグラハ批判は、第3章で論じたサッティヤーグラハの陥穽と関連づけることができる。父親は「是」の認知を求めたために、彷徨い続けた人物とみなせるのだ。そのため、彼の彷徨は『マハトマを待ちながら』のスリラムのそれとは異なっている。さらに言えば、彼のサッティヤーグラハに生じた「ずれ」も、スリラムの場合とは違っている。

ナイポールは、独立運動期のインドを背景に、父親を大学生として登場させる。彼は『インド』において、「ヒンドゥー的平衡」の崩壊後、人間は「ガンディー主義」に依存するようになったと述べていたが、まさにその過程を父親に辿らせている。大学生の父親は「マハラジャの宮殿も、その周りにある大きな街での私たちの生活も長続きするなんてありえない。この安定もいんちきだ[62]」と社会に対して不信感を持ち、「皆がいんちきな安定の中で生きているのだと思うと困って[63]」しまう。そして、「ヒンドゥー的平衡」がこのようにバランスを崩したとき、彼はサッティヤーグラハに身を投じることになるのだ。

そこで、彼は「独立運動の志士たちを崇拝」するようになり、「自分のために敷かれた線路の上を進んでいるだけではいけない」と自己のあり方を見直す。そして、彼はガンディーに追従することを決めるのだが、その際ナイポールは彼に、その意志を以下のように語らせている。

インドの他の場所にいる偉人たち。彼らについて行くことができたら、せめてその姿を一目見ることができたら、それは私にとって至福の喜びとなったであろう。その偉大さに触れられるなら、私は何でも差し出しただろう[64]。

　こうして父親は、「ヒンドゥー的平衡」に代わる新たな指標をガンディーに求める。とはいえ、彼はガンディーの書いたものを読むわけでもなければ、演説を聞くわけでもない。ガンディーやサッティヤーグラハを自分勝手に解釈すると、自己流のサッティヤーグラハを展開し始めるのだ。
　父親の態度は、ある意味で現代の「非暴力」に通底するものといえる。父親も現代の「非暴力」も、ガンディーのサッティヤーグラハないし非暴力は正しいものと、最初から決めてかかっている点で同じなのである。両者がサッティヤーグラハの法や理念を顧みることはない。自分が持っている知識を適当に繋ぎ合わせ、ガンディーのオリジナルからは「ずれ」た、別のサッティヤーグラハや「非暴力」を作り出してしまうのだ。
　ナイポールは父親のサッティヤーグラハを通して、そのことを表している。父親はガンディーに付き従うことを決心すると、ガンディーが認めるかどうかを基準に行動し始めるのだが、父親が基準とするガンディーは、当然ガンディー自身ではない。彼は自分でガンディー像を作り出すと、彼から「是」の認知を得るべく、我流のサッティヤーグラハを開始する。
　例えば、物語には次のような場面がある。父親は「ガンディー」の命に従って、大学の授業をボイコットする。実際に、ガンディーも授業をボイコットするよう訴えたことがあったが、その目的は西洋の知的枠組みを拒絶することにあった。しかしナイポールは、『半生』の父親にはその意義を理解させていない。そればかりか、ボイコットだけでは飽き足らない父親は、そこに独自の改良を加え、教科書とノートを焼いてしまうのだ。しかし、その行為は誰の目にも留まらず、父親の独りよがりに終わってしまう。
　こうして、初めてのサッティヤーグラハを不完全燃焼のままに終わらせる

と、次にナイポールは、父親に「自己犠牲」に取り組ませる。この場面からは、「否」の認知が「是」の認知へと転化するさまと、その際に生じた「ずれ」を読み取ることができる。

当初、父親は「外国人支配下で飢えていた馬鹿な先祖」や「私を王国の高官に就けようとする親父の愚かな願い」、そして「自分の娘と私を結婚させようとする学長の愚かな願い」に「否」を突きつけるために「自己犠牲」をしようと考えている[65]。しかし、結局のところ、彼は他者に対する「否」の訴えかけは行わない。そのような認知の欲求を、「私の能力でできる唯一の高貴な行い[66]」によって「是」の認知を得ることへと方向転換させてしまうのだ。その際、ガンディーが常々カースト制度を批判していたことを、ナイポールは父親に思い出させている。父親はそれを「自己犠牲」に結びつけると、「・マ・ハ・ト・マ・に・認・め・て・も・ら・え・る・よ・う・な自己犠牲（傍点は筆者）[67]」として、アウト・カーストの娘と結婚するのだ。

父親の決断が本来のサッティヤーグラハから大きく「ずれ」ていることは言うまでもない。父親の「ずれ」た「自己犠牲」は、彼の「自己愛」を充たすためのものにすぎないからだ。問題は、すでに婚約者がいながら、父親がアウト・カーストの娘との交際を始めているということだけではない。彼は、「見つけられる中で最も卑しい人間[68]」だからという理由で彼女を選んでいるのである。このような父親の行動を通して、ナイポールが暗示するのは、人間はその「ずれ」たサッティヤーグラハにより、欺瞞的な「自己愛」に無自覚になれるのだということだ。

父親の「自己犠牲」とガンディーの「自己犠牲」が違うことは、直感的にも理解できるが、その差異を説明すれば、次のようになるだろう。ガンディーの自己犠牲は、他者の介入を必要とするものではない。なぜなら、サッティヤーグラハは自分の良心を判断基準にするものだからだ。そのため、ガンディーの自己犠牲は、「是」の認知を求める行為として、自己の中で完結する。しかし、父親はその判断基準を自己の良心には置いていない。彼は「ガンディー」という絶対的存在を行為の基準にしている。そのため、実際の行

動においては、彼は自己による自己の「是」の認知で満足することができない。彼の「自己犠牲」は他者から「是」の認知を必要とするばかりか、むしろ、それに全面的に依存しているのである。

　その点も、小説の物語から充分に読み取ることができる。父親は自己犠牲を行ったために、周囲から奇異の視線を浴びることになる。平たく言えば、アウト・カーストの醜い娘といたために、白眼視されたということだ。ところがナイポールは、その視線の含意を、父親の中で変換してしまう。父親はその視線を審判の眼差しととらえると、そこから「自己犠牲の生の最初の甘い果実[69]」を読み取るのだ。おそらく、ナイポールはこうした感覚を、父親の「自己愛」と「むなしい自尊心」の萌芽として表現したのだと思われる。それは言い換えれば、空疎な「是」の認知を受け取ったものに芽生える感情のことなのだ。

　父親の「サッティヤーグラハ」はガンディーのサッティヤーグラハではない。しかしナイポールは、自己犠牲を決行した後の父親にも、理想と現実の境界に立つことの苦労を体験させている。「自己犠牲」として、アウト・カーストとの娘と交際を続けるためには、父親は親族からの追放を受け容れなければならない。逆に、親族関係を保つためには、アウト・カーストの娘との関係を絶たねばならない状況に彼を置くのである。言い換えると、現実的関係か理想的関係のいずれかに、「否」の認知を突きつけねばならない状況へと父親を追い込むのだ。

　そこでナイポールは、「自分の世界を安定させることしかできない」というガンディー主義依存者の特徴を、父親に再演させる。父親は家族に彼女のことを問われると、「愚かにも、自己犠牲という自分の理念とはまったく正反対のことを伝える[70]」のである。つまり、彼女の出自をごまかすことで、自分の世界を守り通すのだ。ここでもまた、彼は「否」の認知への欲求を封じ込めたといえるだろう。父親が自己の内側に「ガンディー」の虚像を置いた時点から、その内容はともかく、彼には「是」の認知を求める以外の行為は不可能になってしまうのだ。

ナイポールはさらに父親を追い込み、うやむやにしてきた婚約者との結婚話を具体的に進め、アウト・カーストの娘との交際を白状せざるを得ない状況を作り出す。その上、同時期に彼の汚職も発覚する。そこでアウト・カーストの娘は、彼を救うためのデモを起こすよう、扇動者の叔父に呼びかけると言い出す。こうしてナイポールは、父親に最後通牒を突きつけると、自分の世界を安定させることができなくなった父親に、逃避することを選ばせている。それは同時に、「否」の認知を求めない人間に、建設的な改善は不可能であることを示唆している。

　父親は逃避先に寺院を選ぶと、その片隅で静座する修行僧になる。そして、ガンディーが月曜日を「沈黙の日」と定めていたことを真似て「沈黙の誓い」をたてると、一切口を利くのをやめてしまう。そうして、父親は現実の世界から心身ともに逃避してしまうのだ。しかし、ナイポールは聖域を世俗から分離した世界であるとは認めない。沈黙の修行僧として父親を有名人にし、彼を世俗へと送り返してしまうのだ。すなわち、彼の「聖性」を通して、父親に他者からの「是」の認知を獲得させるのである。

　俗世間に戻った父親がアウト・カーストの娘と結婚すると、主人公ウィリーが誕生する。そこから後、ナイポールは、成長してミッション・スクールに通う少年ウィリーと父親のやり取りを通して、父親の「サッティヤーグラハ」の結果を見せ付ける。

　息子であるウィリーは、自分を取り囲むすべてを嫌い、カナダへの逃避を願っている。彼はその思いを作文にして、父親に見せようとするのだが、現実の生活からかけ離れたウィリーの創作の「嘘」を、父親は不愉快に思う。けれども彼は、実の息子に対しても「否」の認知を求めようとはしない。彼はその作文を見なかったことにして、その場を片付けようとするのだ。そうした父親の態度をウィリーは軽蔑するが、しかし父親からの「是」の認知を求める彼は、1週間後に再挑戦する。そこで、同じ作文をテーブルの上に見つけた父親の動揺を、ナイポールは以下のように表現する。

彼は、「マハトマならどうするだろうか」と自問した。マハトマがこの手の狡猾な攻撃にあったなら、市民的不服従を使うに違いないと彼は思った。す・な・わ・ち・、彼は何もしないだろう、と。だから、彼は何もしなかった。彼は練習帳に触れもしなかった[71]。(傍点は筆者による)

サッティヤーグラハを「何もしないこと」とする、この断定こそ、ガンディーに対するナイポールの決定的な告発文といえる。

さらに『半生』には、次のような父子の会話もある。自らの半生を語る父親に、ウィリーが「お父さんが話してくれたことって、どう僕のためになるの？[72]」と訊ねると、父親はこう答えるのだ。

自己犠牲の生なんだよ。お前に与えられる財産はないんだ。私が持っているのは友愛だけなんだよ。それが私の宝物なんだ[73]

ナイポールが『半生』で描く父親は、「自己愛」と「むなしい自尊心」を支えに、自己犠牲の生を生きた前世代の人間を表象したものといえる。そしてそれは、「是」の認知だけをかき集めるように生きてきた人間の末路を示すものなのだといっていいだろう。

小説はこの後、ウィリーの半生を描き出していく。ナイポールはそこで、「サッティヤーグラハ」の否定的影響が世代間で受け継がれていくことを示唆している。ウィリーは自分が何を思い、考え、望んでいるのかが分からない、アイデンティティの欠如した人間とされている。「何もしない」人間である父親は、自分の息子に「是」の認知も「否」の認知も求めることを伝えられなかったのだ。

しかし、この父子の間では、「感情の抑制」というサッティヤーグラハの陥穽は受け継がれている。物語の前半で、ナイポールは父親に「怒り」の感情を露にさせていない。それと同じように、ウィリーにも「いやなことを言われたときには、じっと前を見て、そのいやなことを回避する術を身に付

け[74]」させている。そうして自己の感情と向き合うことを止め、感情を失った人間の「心の準備」を、ナイポールは以下のように表現している。

　彼の胸中にあるのは、いつか何かが起こって啓示が訪れたら、一連の出来事によって行くべきところに導かれるだろうと——魔法を信じる気持ちに似た——考えだけだった。彼がしなければならないのは、その瞬間を見極めるための心の準備だけなのだ[75]。

　ただ待つだけの受身の生を生きる彼は、本来の人間の生の半分しか生きていないといえる。「ずれ」ながら世代を超えて人間の内側に浸透した「サッティヤーグラハ」は、その陥穽をさらに広げ、感情を失い、何もしない「半分の人間」を作り出すのだ。現代に残るこうしたガンディーの否定的影響を見つめているからこそ、ナイポールはガンディーに批判的なのだ。
　最後に、ようやくナイポールの視座について述べることができる。彼は「第一世界」対「第三世界」という観点から世界を見ているわけではない。敢えて2分するならば、操作する人間と操作される人間、世界を動かす人間と動かされる側の、世界の片隅で生きる人間、すなわち中心と周縁という観点から、彼は世界を見渡し、周辺の周辺たる所以を追究しているのだ。そして彼はその一因として、ガンディーを糾弾しているのである。その観点をナイポール自身に重ね合わせるならば、彼は身を「第一世界」に置きながらも、周縁から声を上げているのだといっていいだろう。

注
1　例えば、ガンディーと同時代に見られた彼への批判については、Harold Coward, ed. *Indian Critiques of Gandhi*（State University of New York Press, 2003）が詳しい。また比較的最近のものとしては、脚注17にも挙げたロベール・ドリエージュの

『ガンディーの実像』を挙げることができる。
2　V. S. Naipaul, India: *A Wounded Civilization* (Harmondsworth: Penguin Books, 1979) 43.
3　Naipaul, *India* 27.
4　Naipaul, *India* 151.
5　Naipaul, *India* 9.
6　Naipaul, *India* 9.
7　Naipaul, *India* 9.
8　V.S. ナイポール　栩正行、山本伸訳『中心の発見』(草思社、2003) 32。
9　E. W. サイード　大橋洋一訳『知識人とは何か』(平凡社、1995) 88。
10　E. W. サイード　中野真紀子訳『ペンと剣』(れんが書房新社、1998) 123。
11　Naipaul, *India* 172.
12　Naipaul, *India* 9.
13　Naipaul, *India* 159.
14　Naipaul, *India* 160.
15　E. W. Said, "An intellectual catastrophe," *Al-Ahram Weekly On-line* 6-12 Aug. 1998 Al-Ahram, 2 Mar. 2008 〈http://weekly.ahram.org.eg/1998/389/cu1.htm〉.
16　Said, "An intellectual catastrophe"
17　Naipaul, *The Mystic Masseur* 76.
18　Naipaul, *The Mystic Masseur* 84.
19　Naipaul, *The Mystic Masseur* 134.
20　Naipaul, *The Mystic Masseur* 152.
21　ジャワハラール・ネルー(Pandit Jawaharlal Nehru 1889-1964)インド初代大統領。
22　サロジニ・ナイドゥ(Sarojini Naidu 1879-1949)インドの女流詩人。インド国民会議派の一員でもあり、議長も務めたこともある。独立後には初の女性州知事になり、女性解放運動を展開した。
23　モーティラル・ネルー(Motilal Nehru 1861-1931)ネルーの父親。
24　カマラ・ネルー(Kamala Nehru 1899-1936)ネルーの妻。
25　V. S. Naipaul, *Three Novels: The Mystic Masseur, The Suffrage of Elvira, Miguel Street*. (New York: Alfred a Knopf, 1982) 63.
26　Naipaul, *The Mystic Masseur* 11.
27　"Mahatma," *Oxford Dictionary of English*, 2003.
28　"Mystic," *Oxford Dictionary of English*.

29　Naipaul, *The Mystic Masseur* 107.
30　Naipaul, *The Mystic Masseur* 107.
31　Naipaul, *The Mystic Masseur* 107.
32　Naipaul, *The Mystic Masseur* 118-120.
33　Naipaul, *The Mystic Masseur* 104.
34　Naipaul, *The Mystic Masseur* 106.
35　Gandhi, *An Autobiography* 92.
36　Gandhi, *An Autobiography* 90.
37　Gandhi, "Uncertified but Genuine," *Harijanbandhu* Oct. 13 1946, *CWMG*, vol. 92, 288.
38　Naipaul, *The Mystic Masseur* 121.
39　Naipaul, *The Mystic Masseur* 28.
40　Naipaul, *The Mystic Masseur* 27.
41　Naipaul, *The Mystic Masseur* 28.
42　Naipaul, *The Mystic Masseur* 28.
43　Naipaul, *The Mystic Masseur* 22.
44　Naipaul, *The Mystic Masseur* 127.
45　Naipaul, *The Mystic Masseur* 91.
46　Naipaul, *The Mystic Masseur* 95.
47　Naipaul, *The Mystic Masseur* 27.
48　Naipaul, *The Mystic Masseur* 154.
49　Naipaul, *The Mystic Masseur* 166.
50　Naipaul, *The Mystic Masseur* 165.
51　Naipaul, *The Mystic Masseur* 165.
52　Naipaul, *The Mystic Masseur* 166.
53　Naipaul, *The Mystic Masseur* 166.
54　Naipaul, *The Mystic Masseur* 167.
55　Naipaul, *The Mystic Masseur* 168-169.
56　Naipaul, *The Mystic Masseur* 169.
57　Naipaul, *The Mystic Masseur* 171.
58　ナイポール、『中心の発見』5。
59　ナイポール、『中心の発見』46。
60　ナイポール、『中心の発見』75-76。
61　V. S. Naipaul, *Half a Life*（London: Picador, 2001）217.

62　Naipaul, *Half a Life* 8.
63　Naipaul, *Half a Life* 9.
64　Naipaul, *Half a Life* 9.
65　Naipaul, *Half a Life* 10.
66　Naipaul, *Half a Life* 10-11.
67　Naipaul, *Half a Life* 10.
68　Naipaul, *Half a Life* 11.
69　Naipaul, *Half a Life* 14.
70　Naipaul, *Half a Life* 24.
71　Naipaul, *Half a Life* 41.
72　Naipaul, *Half a Life* 35.
73　Naipaul, *Half a Life* 36.
74　Naipaul, *Half a Life* 82.
75　Naipaul, *Half a Life* 121-122.

第 7 章　被暴力を謳う世界のマハトマ

　最終章として、第 7 章ではアッテンボロー監督の映画『ガンジー』(Gandhi)を取り上げ、この映画がいかにガンディーや彼の非暴力を描き出し、現代に適応した世界の「マハトマ」の「非暴力」へと「ずれ」させたのかを考察する。

　ガンディーの動向については、インド独立運動の時点から、トーキーや新聞を通して世界中に伝えられていた。ジャーナリストの中には、*Life* のカメラマンのマーガレット・バーク＝ホワイトのように、実際にガンディーと交流を持っていた者もいる。また、先に取り上げたロマン・ロランのガンディー伝も、その当時のものだ。

　しかし当然ながら、今と比べれば、当時のガンディーの知名度やイメージは異なっていたと考えられる。そして、それについては、すでにマルコヴィッツが詳細に分析しており、彼はガンディーのとらえられ方が段階を経て変化していったことを明らかにしている。そこで、映画の分析に入る前に、まずは彼の論考を参考に、西洋社会におけるガンディー受容の変化を確認しておくことにしよう。さらに、それとは別に、日本における受容についても合わせて概観しておこう。

7.1 「マハトマ」前夜

　マルコヴィッツによると、西洋で初めてガンディー関連の書籍を書いたの

は、イギリスのバプテストの牧師ジョセフ・ドークで、その本は 1909 年に出版されたという。ドークの本は、南アフリカでのサッティヤーグラハについて「シンプルで理解しやすい言葉で」書いたものであり、そこでは「ガンディーとの出会いは真の精神的な経験で、彼をキリストやマリアと比べても不足はないと表現されている」とのことである[1]。

ドーク以降も、西洋ではキリスト教聖職者がガンディーに関心を持ち、キリスト教の教義と結びつけながら、ガンディーを受容していったようである。マルコヴィッツによれば、ガンディーはアッシジの聖フランチェスコと重ねられたり、新たなメシアとみなされたりもしていたそうだ。つまり、西洋では最初から、ガンディーをキリスト教的な意味での「聖人」と見ていたということだが、しかし、その受容は限られたものだったともマルコヴィッツは述べている。

西洋におけるガンディー受容に変化が生じるのは、1932 年にロマン・ロランの『マハトマ・ガンヂー』が出版されてからのことだという。ロランの伝記は版を重ね、多くの言語に翻訳された。しかし、「その救世主(メシア)の判決記念日のために[2]」という献辞からも明らかなように、ロランのガンディー伝も、キリスト教的観点から書かれたものであることには変わりがなく、その点において、マルコヴィッツはロランを批判している。

マルコヴィッツによれば、ロランはガンディーのヒンドゥー教の信仰を認めながらも、「ガンディーの根本的な神概念はキリスト教的だ」と示唆することで、「ガンディーのヒンドゥー教をキリスト教の一種へと変えた」のだ。また、ロランには「『東洋』を見つめる西洋の典型的な眼差し」があったとも彼は指摘し、多くの西洋人がガンディーに魅せられたのは、西洋と東洋という対照的な 2 面性を彼に認め、「外見的他者性の裏側に、人間としての同一性を感じた」からだとも述べている[3]。そうして、ロランのガンディー伝は現代の「ガンディー」像の原型となったとマルコヴィッツは断ずる。彼の『マハトマ・ガンヂー』が「平和に対する西洋的な知的関心と、ガンディーの教えを連結」し、「ガンディーを、人間が進むべき道を示した近代の英雄

に作り上げた」のだというのだ[4]。

　実際、「ガンヂーのこの真の思想を(中略)どうしてインドの神権政体(テオクラシイ)の狭い境界の中に閉じ込めさせておくのか？[5]」といい、「彼(ガンディー)に欠けているのは十字架だけ[6]」だとするロランの主張を見れば、マルコヴィッツの分析は妥当なものといえる。ロマン・ロランがガンディーをキリストに重ねた上で、その教えを世界的なものと評価しているのは明らかだ。現代の「非暴力」言説が宗教的に中立的なのに対し、ロランの伝記はあまりにもキリスト教色が濃い。さらに、その読者層がエリート知識人やキリスト教関係者だったことを思えば、ロランの『マハトマ・ガンヂー』が及ぼした影響も限定的だったといえるだろう。

　では、何がガンディーを世界の「マハトマ」に昇格させる決定打となったのだろうか。それについて、マルコヴィッツは「ガンディーが西洋の国々でもイコンとなったのは、この20年ほどのこと[7]」であり、「リチャード・アッテンボローの『ガンジー』が西洋におけるガンディー聖伝の最たる宣伝だった[8]」と述べている。1982年に公開されたこの映画は、実際多くの賞を受賞しており、特にアカデミー賞では最優秀作品賞を含む9部門を受賞している[9]。それはもちろん、監督や俳優に対する評価ではあるが、映画の主人公「ガンディー」にも、ある種の権威を授けるものだったといえるだろう。マルコヴィッツに言わせれば、「1982年のアッテンボローの映画『ガンジー』が、彼(ガンディー)を国際的なイコンにした[10]」のである。

　ここで目先を変え、日本でのガンディー受容についても概観しておこう。というのも、マルコヴィッツはフランスを中心とした西洋におけるガンディー受容について考察しており、彼の分析がそのまま日本にも当てはまるとは考えにくいからだ。

　日本のガンディー受容は、最初は知識者層から始まった。その際、ガンディーの精神性に焦点が当てられていたことは、理解に難くないと思われる。ただし日本の場合は、ガンディー受容にキリスト教の影響が見られることはほとんどない。それも文化的背景の違いを考えれば当然のことだろう。

例えば、1927年に出版された高田種雄の『ガンジー全集II 無抵抗篇』では、ガンディーは「聖雄」と表現されている。しかし、高田はキリスト教を念頭に置いていたわけではなく、より広い人道主義的観点から、その表現を用いているととらえられる。高田は「無抵抗に就て、彼はトルストイに負ふところ少くない。けれどもトルストイは純乎たる理想家であるが、彼は自ら言へる如く、『理想的実行家』である。そこにより実行味の豊かさがある」と、ガンディーがトルストイから影響を受けていたことを示すと同時に、ガンディーはトルストイを凌駕した人物だと評価している。もちろん、トルストイ主義をキリスト教的とすれば、この1節はガンディーにもキリスト教的側面を認めるものとなる。しかし、高田はそれよりも、「彼(ガンディー)は又亜細亜人である」ことを強調し、彼をアジアという地域に結びつけた上で賞賛しているのである[11]。

それから約四半世紀後、1950年には、翻訳書『ガーンディー聖書』が出版されている。同書は1937年にフランスで公刊されたエルベールの『ガンディーのアシュラムへの手紙』(*Gandhi Lettres á l'Ashram*)を翻訳したもので、獄中のガンディーがアシュラムに宛てた書簡を中心に編纂されている。ちなみに、編纂者のエルベールは宗教家ではなく、インド哲学の研究者であり、彼と翻訳者の蒲穆は師弟関係にある。

『ガーンディー聖書』はインド哲学の専門家が書いたものであるため、そこではガンディーのインド性が全面的に押し出されている。著者がガンディーを評価するのは、彼の政治、社会、経済的活動が「精神的認識の上に立った」ものだからだが、エルベールは、その「精神」をキリスト的であるとはしていない。「翁が理想とする神は、印度教神中最もよく知られある、ラーマ(Rāma)」であり、「欧州の公認宗教からは、邪曲の点ありとせられる印度教の教義から、翁の道徳実践の観点がうまれた[12]」のだとする。しかし、ガンディーの思想はインド古来の観念にのみ由来するものではなく、ラスキンやソローやトルストイ、そしてキリスト教からも多分に影響を受けたものである。その意味において、ガンディーから西洋近代的な要素を排除し、イン

ド性を強調するエルベールのこの書は、オリエンタリズム的な観点に基づくものといえる。

　ところで翻訳者の蒲の見解は、著者のエルベールとは少し違っている。蒲は、1946年に発布された日本国憲法の第九条戦争放棄に言及すると、それにまつわる「平和への知的関心」とガンディーの非暴力を関連づけるのだ。そして、「即ち国際間の暴力否定である。いかにしてこれを実現すべきや」と疑問を投げかけると、「個人生活においても、社会生活においても、政治上にも、経済上にも、我々が未だ嘗て経験せざる試練に堪え勝たねばならないことを予見する[13]」と述べている。そして、その不安を解消するためには同書が有用であり、「暴力否定と博愛」と「国民の修養勧奨」を柱とするガンディーの教えが、平和の必須条件だと結論づけるのである。

　こうして見ると、ガンディーが受け容れ側の立ち位置や、文化的背景に合わせた形で受け容れられた様子が浮かび上がってくる。逆に言えば、ガンディーやサッティヤーグラハは、それだけ多角的な「ずれ」を許容するだけの幅を持つものなのだということができるだろう。「ずれ」を生じたところで、ガンディーの非暴力は分裂するわけではない。様々な角度から解釈を加えられても、最終的にそれは「マハトマ」の「非暴力」に収束するのだ。

　ちなみに、エルベールの『ガーンディー聖書』によれば、「今は大偉人である大先達である、平和主義団体、宗教団体、社会主団体、唯心論者団体、神秘主義団体、菜食主義団体等の鼓舞者であるとして尊敬されている[14]」ガンディーも、「四十年の長きに亙り、欧州では愚者である狂人であるといわれ[15]」ていたそうだ。「愚者である狂人」という表現は極端なようにも見えるが、チャーチルが「半裸の行者」とガンディーを揶揄していたことを思い出せば、それもけっして言い過ぎではないと思われる。

7.2　映画『ガンジー』

　日本のガンディー受容については、より詳細な分析が必要とされるが、そ

れは別の機会に譲り、ここでは、洋の東西を問わず、ガンディーの非暴力に「ずれ」を生じさせ、「マハトマ」の「非暴力」に仕立て上げた代表的な事例として、映画『ガンジー』を取り上げることにする。

そこでまずは、この映画のストーリー展開を紹介しておこう。映画はガンディーの暗殺から始まり、その後国葬の場面へと続く。そこから1893年の時点にさかのぼり、南アフリカ時代を経た後、舞台をインドに移す。そして独立運動を経て、再び冒頭の暗殺場面に戻るものとなっている。

そのため、映画の大半は、年代通りにガンディーの活動を追うものとなっている。南アフリカ時代のガンディーは、エリート弁護士として登場し、自ら差別の被害を受けた後、抵抗運動を開始する。また、アシュラムを建設すると、そこで簡素な生活を営んでいたことも示される。インド独立運動期には、糸車を使ってカディーを生産していたことや、塩のサッティヤーグラハといったガンディーの活動とともに、インドとパキスタンの分離独立にも焦点が当てられている。

映画『ガンジー』については、マルコヴィッツも、それがどのように「ガンディーを国際的なイコンにした」のかを分析している。彼は以下の2点を中心に、この映画はガンディーを西洋人にとって受け容れやすい形で表象したものだと指摘する。

その1つは、この映画はガンディーを、近代的な個人主義者として描き出しているという点である。もちろん、映画がガンディーを聖人として描き出していることはいうまでもない。ガンディーは最初から聖人として登場しており、物語の進展に合わせてマハトマに昇格していくと、マルコヴィッツも述べている。しかし彼は、その「聖性」が従来のメシア的なものではないという。主人公ガンディーの宗教的側面は補足的なものであり、その聖性は、個人の意識を具体的に表現する彼の能力として描かれているというのだ。

そのために、主人公ガンディーが「脱ヒンドゥー化 (dehinduized)」されているということが、2つめのポイントである。ガンディーがヒンドゥー教徒であることをぼかし、特定の宗教色に染めないことで、彼を近代化している

というのだ。しかし同時に、主人公ガンディーの生涯がキリストの生涯と並行関係に置かれているとも彼は強調する。暗殺と葬儀から始まり、終焉に向かって進むガンディーの物語は、勝利と受難に向かうキリストの生涯を示唆するものだというのだ[16]。

こうしたマルコヴィッツの議論は、十分に納得がいくものといえる。実際この映画がガンディーを脱地域化したからこそ、彼は世界の「マハトマ」になれたのだ。また、スクリーンの中で、ガンディーの生涯とキリストの生涯が二重映しにされていることは、サルマン・ラシュディも認めるところだ。「暗殺はキリストの受難像」で、「彼が他人の生のために死んだ」ことを示唆するものであり[17]、それは「西洋の市場で、ガンディーが受け容れられるようにするためには犠牲となって、キリストにならねばならなかった[18]」からだと、彼はその背景を分析している。

ラシュディの分析はそれだけではない。マルコヴィッツ以上に、彼はこの映画に批判的だ。映画『ガンジー』によって「世紀の一大革命の歴史は捻じ曲げられた。これは何も目新しいことではない。イギリスは何世紀にも渡ってインドの歴史を台無しにしてきた」とラシュディはこの映画を痛烈に批判している。そこで、ラシュディは映画が何を削除し、改変しているかという視点から、映画『ガンジー』がもたらす悪影響を明らかにする。主人公ガンディーを神格化するために、映画はネルーを「ガンディーの弟子にすることで、その力を去勢した[19]」。それ以上に、「ゲリラ」であるボースが登場人物から外されていることは、重大な問題だと彼は指摘する。「ガンディーに拮抗する力」である「暴力」を排除することで、映画は非暴力を「あらゆる革命において有効」なものとし、「すべての反論を徹底的に排除」しているというのだ[20]。そのため、この映画は以下のような欠点を抱えることになるとラシュディは述べる。

> 『ガンジー』のメッセージとは、自由を手に入れる最善の方法は一列に並び、武装せず、敵に向かって進み、そして彼らが自分を棒で殴るのを

許すということだ。これを十分に行えば、彼らを恥じ入らせ、立ち去らせるというのである。これは単なるナンセンスよりひどい、危険なナンセンスだ[21]。

ラシュディによれば、本来非暴力とは「特定の敵に対し、特定の人々が選択する戦略」であり、「インドでも、独立運動の指導者たちは継承しなかった」ものだ。インドがイギリスから独立を勝ち取ったのも、「彼ら（独立運動の指導者ら）が敵よりも賢く、巧みで、戦闘的な政治家だったから」である。「これが1983年の最高の映画というのなら、神よ、映画産業を救いたまえ」と、ラシュディが映画『ガンジー』を全面的に否定するのは、それが「帝国を打ち負かした聖人」という「フィクション」を映し出し、「危険な」非暴力を一般化するものだからなのだ[22]。

『ガンジー』が見せる「非暴力」は危険だ、というラシュディの洞察は確かに鋭い。しかし、その危険性について、「非暴力がどう有効だったというのか、例えばナチスに？[23]」と皮肉を言うだけで、その危険性が映画の中でどう醸造されているのか、またそれがどう危険なのかは明らかにされていない。また、ラシュディは映画の「非暴力」とガンディーの非暴力を比較して、両者の差異を明らかにしているわけでもない。したがって、ここからは、ラシュディの見解を敷衍し、映画『ガンジー』がいかにサッティヤーグラハを解体し、ガンディーの非暴力を危険な「非暴力」に組み替えたのかという観点から考察を進める。

7.3 ガンディーの模倣—ベン・ガンディー

分析にあたり、ここではベン・キングズレー演ずる主人公ガンディーに注目する。映画をこき下ろしたラシュディも、「少なくとも、彼はオスカーに値する[24]」と賞賛するほど、ベンの役作りの完成度は高い。その痩せた体と褐色の肌を見て、主人公ガンディーを演じているのはイギリス人だと見破れ

る人はほとんどいないと思われる。

　役作りにまつわる逸話は、ベン自身がインタビューで明らかにしている[25]。ガンディーと同じ体重になるよう、ベンは菜食を実践したそうだ。また、ガンディーの声の入ったテープを繰り返し聞くことで、その声色を習得すると、音声担当者が2人の声を間違えるくらいに上達したともいっている。

　ベンが惑わせたのは音声担当者だけでない。撮影地のインドでは、ガンディーの衣装を身に着けたベンに、人々が微笑んで会釈し、衣服や足に触れようと近づいてきたという。厳密に言えば、インド人たちはベンに触れたかったわけではない。インド人たちは、ベンの向こう側にいるガンディーに触れるために、彼に接近していったのだ。

　周囲の人間を撹乱させるまでにいたった自身の役作りについて、ベン自身は「ものまね(mimicry)だよ。子供がするように、とにかく模倣した(強調は筆者による)」と語っているが、この「模倣」が『ガンジー』の「非暴力」を読み解く鍵となる。ホミ・バーバを敷衍すれば、ベンは「『本物』として現れたいという欲望」から「模倣」し、それが彼を「部分的表象がもたらす究極のアイロニー」にしたのだといえるのだ[26]。

　バーバは、「模倣」は「ほとんど同一だが、完全には同一ではない差異の主体[27]」を生み出すことで植民地主義を撹乱する、被支配者の抵抗の戦略とみなした。そして、「模倣の可視性は常に禁止の場面で生み出され」、「間-言葉(inter dicta)で発せられる」模倣の言説は、「知られ認められるものと、知られていても隠蔽せねばならないものが交差するところにある」と定義している。

　映画『ガンジー』はこのような「模倣」の戦略によって、ベン・ガンディーをジョン・ブライリーの脚本通りに動かし、ガンディーの非暴力を撹乱したものといえる。ベンの模倣のアンビヴァレンスは、ガンディーの部分的な像を作り出すことで、サッティヤーグラハ言説に裂け目を入れたのである。

　「ベン・ガンディー」が「ほとんど同一だが、完全には同一ではない差異

の主体」であることは、彼の話し言葉からも垣間見ることができる。確かに、彼の声色はガンディーによく似ている。しかし、インド人俳優が演じる他の独立運動の指導者に比べれば、彼らがインド訛りの英語で話す中、ベン・ガンディーはインド人が話すであろう英語で語っていることに気づく。語りの差異は口調だけでなく、その内容にも及んでいる。ベン・ガンディーが自身の運動をサッティヤーグラハとして語ることはない。そのため、ベン・ガンディーが「非暴力」を掲げ、宗主国イギリスと闘いはしても、その目的は植民地支配からの独立であり、新たな真理の法に基づく非暴力的社会を確立し、独立(スワラージ)を勝ち取ることではない。ベン・「マハトマ」・ガンディーはサッティヤーグラハを解体し、そこからガンディーの非暴力だけを抜き出すと、それを現代社会に適応した「非暴力」に作り変えてしまうのだ。

7.4 サッティヤーグラハの解体

　映画というメディアの制約上、限られた時間内に収まるよう取捨選択されてはいる。しかし、『ガンジー』では、ガンディーが行った主要な活動が年代順に紹介されている。ただし、その「ほとんど同一」の流れには、「完全には同一ではない差異」が織り込まれており、その差異に、ベン・ガンディーの模倣の目的が潜んでいるのだといえる。映画『ガンジー』は、ベン・ガンディーに「ずれ」た形でガンディーを踏襲させる。それによって、ガンディーのサッティヤーグラハを解体し、彼の非暴力を現代の「市民社会」に適合した「非暴力」に挿げ替えていくのである。

　ベン・ガンディーの抵抗運動の「ずれ」は、その発端である南アフリカ時代にすでに仕込まれている。ガンディーと同様、彼は差別法に対する抵抗運動を開始すると、その法に従わないことを人々に提案する。そして、「我々は帝国の市民だ」と書かれた横断幕を掲げてデモ行進を行うのだ。その結果、彼は監獄に送られるが、スマッツ将軍との交渉を経て、最終的には差別

法の撤廃に成功する。

　南アフリカにおけるガンディーのサッティヤーグラハについては、第Ⅰ部で見た通りだ。当初ガンディーはインド人を英国臣民として認めるよう訴える形で、人種差別法案に反対していた。しかし、その運動を通して、人種差別法は表面的な問題にすぎないと気づくにいたる。そして問題の根源は、西洋近代文明による良心の退廃にあると判断し、「市民社会の内側ではない」ところに視座を移して、サッティヤーグラハの法を打ち出すのだ。

　両者の抵抗運動の最大の「ずれ」は、ベン・ガンディーの視座が一定のところから変位しないことにある。ベン・ガンディーが問題視するのは、インド人を不当に扱う差別法であって、彼は西洋近代法と全面的に闘うわけではない。そのことは、彼の友人である宣教師のアンドリュースが明らかにしている。ベン・ガンディーは「戦う（fight）のではなく、従わない」ことで、「不正な法に抵抗する人」なのだ。そのため、彼の闘争は法的統治システムに対峙するものではない。ベン・ガンディー自身が監獄で言うように、彼の敵は政府であり、その闘争は「政府が分裂」し、「自分たちが団結」すれば勝てるものなのだ。

　不正な法の改正のみを要求する彼の運動を、ガンディーの「不服従」と同一視することはできない。ベン・ガンディーが実践しているのは、ソローの「市民的不服従」であり、彼は「市民社会の内側」から法の修正を求めているにすぎない。何より、ガンディーとは異なり、ベン・ガンディーは、常に法に正義が認められるわけではないことを最初から知っている。弁護士として、法の遵守と法からの自己排除との間で悩むこともないまま、彼は差別法に従わないことをすぐに決断しているのだ。

　「市民的不服従」から始まったベン・ガンディーの抵抗運動が、サッティヤーグラハに昇華することはない。ガンディーと同じように糸車を使い、塩税法に対する反対キャンペーンを行ってはいるが、ベン・ガンディーがサッティヤーグラハを語ることはない。したがって、本来、個々の活動に認められていた連関性は消失し、個別のイベントに拡散されることになる。

例えば、ベン・ガンディーも「塩の行進」を成功裡に終わらせている。しかし、それは塩税法を撤廃させるための、単発的なイベントでしかない。しかも、それはベン・ガンディーが海を見て思いついた、彼のひらめきの賜物とされているのだ。

実際のところ、「塩のサッティヤーグラハ」の20年以上前から、ガンディーは塩税法を問題視していた。管見の限り、ガンディーが初めて言及したのは1905年のことで、その際、彼は以下のように述べている。

　インドで塩に課されている税は、常に批判の的でした。今回、それは有名なハッチンソン博士によって批判されています。同じような税を日本が廃止したのに、インドの英政府が継続するのは、恥だと言っています。税はすぐにでも廃止されるべきです。塩は、食事に欠かすことの出来ないものです。ハンセン病の発生がインドで増えていることは、塩税法のためと、ある程度はいうことができるでしょう。ハッチンソン博士は、塩税は残酷なものであり、英政府にふさわしくないと考えています[28]。

この時点から、行進として「塩のサッティヤーグラハ」を実践しようと、ガンディーが考えていたわけではないだろう。しかし、「塩のサッティヤーグラハ」を行う25年も前から、ガンディーが塩税法を問題視していたことは間違いない。少なくとも、海を見て突然思いついたものではないことは確かだ。

さらに、その名称が示すように、ガンディーの「塩のサッティヤーグラハ」は塩税法の撤廃だけを目的にしたものではない。それがサッティヤーグラハの一部であることを、ガンディーは以下のように語っている。

　塩のサッティヤーグラハの一部として、糸紡ぎは必要に思えないかもしれませんが、それはスワラージの一部として不可欠なものなのです。実

際、塩税は撤廃されませんでしたが、しかし我々の闘いはただ廃止のためだけのものではなく、自由を勝ち取るためのものなのです[29]。

　糸車と「塩のサッティヤーグラハ」が関連づけられるのは、運動の中心にサッティヤーグラハの理念があるからだ。だが、ベン・ガンディーの「塩の行進」に、そうした脈略はない。彼がそれを行うのは、眼前の問題を解決するためであり、政府に塩税法を撤回させるためでしかない。新たな非暴力社会を打ち立てるという目的は、そこにはないのである。
　糸車をめぐっては、それを「マハトマ」の象徴にするべく、「ずれ」がさらに広げられる。映画はベン・ガンディーが自ら糸車を廻すことで、それを重要視していることを示唆するが、しかし、それがなぜ重要なのかを彼が語ることはない。唯一 *Life* のカメラマンであるマーガレットが「これで20世紀の問題を解決するのは、とても難しいように思う」と糸車の意義を問う場面があり、ベン・ガンディーがその意義を明確にする機会がもたらされるが、その問いに対し、彼は次のように答えている。

　　幸福が20世紀の品物から来るとは思いません。それは仕事と、あなたがしたことへのプライドから生じるのです。インドは農村で生きていて、そのひどい貧しさは、地方の技術が復活することで解消できます。貧困は暴力のもっとも悪い形です。建設的計画は、インドの苦悩を解消する唯一の方法なのです。

　ベン・ガンディーの返答は誤りではない。しかし、ガンディーが糸車に託した意図を収縮してしまっている。資本主義的な経済システムから脱却という、ガンディーのより大きな目的に言及しないことで、ベン・ガンディーはそれを不可視化してしまうのだ。
　また、ここでベン・ガンディーは『建設的計画』に言及しているが、それもこの1回だけで、他の場面で口にすることはない。そうして彼は、『建設

的計画』をも縮小してしまうのである。つまり、糸車を廻しながら上記のセリフを語ることによって、ベン・ガンディーは『建設的計画』を、糸車という「地方の技術の復活」に限定してしまうのだ。

　サッティヤーグラハという全体像を持たない糸車は、復古主義に容易に転落する。それを補足するのが、ベン・ガンディーの妻カストゥルバーイーの証言だ。演説会場の場面で、彼女は集まった大衆を前に「ガンディーや私が育ったころは、女性が自分の服を織っていました」と虚偽の証言をさせられている。この彼女の発言によって、当時のインドにおける糸車の位置づけも変えられてしまうことになる。

　糸車に関しても、実情は第1章で見てきた通りだ。サッティヤーグラハを開始する以前、ガンディーは糸車を見たことすらなく、その復活のために、多くの時間と労力を割いている。自分たちの幼少期にはカディーが自給自足されていた、というカストゥルバーイーのセリフは、植民地時代に近代化したインド、そしてベン・ガンディーを、前近代に位置づける。そのため、糸車の復活は、彼らの幼少期の復活であり、ノスタルジックな思いに基づく伝統回帰として現れることになる。

　さらにその後、演説会場にベン・ガンディーが登場すると、彼は以下のように語ることで、カディーをナショナリズムにつなげてしまう。

　　イギリスに目にものを見せてやりたいと思っている人は皆、今日来ているようなマンチェスターとリーズで作られた服を私のところへ持ってきてください。そして、デリーからも、ロンドンからも見えるよう、それに火をつけるのです。私のように、誇りをもって1枚だけ手織り布をまとえば、そことは手を切ることができるのです。

　糸車の普及を促進する一方で、ガンディーがイギリス製の衣服を燃やすよう訴えていたことは事実である。しかし、ガンディーは「イギリスに目にものを見せてやりたい」がために、それを行っていたわけではない。ガンディ

ーが糸車を推奨し、イギリス製の衣服を焼き払ったのは、イギリスからの綿布の輸入を完全にストップさせ、その経済システムからインドを早々に脱却させるためだった。

そのため、実際のガンディーはイギリス製の衣服の焼き払いに際し、次のように人々に注意を促している。

> これ(外国製衣服の焼き払い)は外国人への嫌悪につながりませんかと尋ねる人もいます。この活動において、私たちは悪意を責めるのと同時に、悪意の持ち主を愛することを覚えるべきなのです。人間というものは、その行動ほど邪悪なものではありません。私たちは皆欠点だらけです。ならば、互いにさげすみ、見下すことなど、どうしてできるでしょうか[30]。

イギリス人に敵意を持たないようガンディーが訴えていたことは、これまでにも見てきた通りだが、ここでも彼は同じ姿勢を貫いているのである。

ガンディーは糸車を普及させるとともに、イギリス製衣服を焼き払うことで、非暴力的な経済システムを立ち上げようとした。しかし、ベン・ガンディーは糸車と焼き払いの関係性を解体してしまう。そのため、同じように衣服に火をつけて焼き払っていても、その意味合いは大きく異なっている。ガンディーの場合、それは創造のための破壊だ。しかし、ベン・ガンディーの場合、その目的は人々の反英感情をさらに高揚させることにある。反日感情が高まった国で、日本製のラジカセが叩き壊されるのと同じ理由で、彼は衣服を燃やすよう指示しているのである。

こうして実質的な役割を奪われた後、糸車には別の象徴的役割があてがわれる。それはベン・ガンディーを演出する小道具にされることで、「マハトマ」の象徴として定着させられるのだ。海岸に向かって「塩の行進」を行う途中、ベン・ガンディーが1つの集落に差し掛かる場面では、特に糸車が有効に利用されている。その場面では、沿道に多くの女性が座り込み、色鮮や

かなサリーをたなびかせながら、数え切れないほどの糸車をいっせいに廻している。そしてその中を、ガンディーの一行が通り抜けるのだ。色彩豊かなその場面は、糸車が「マハトマ」の象徴であることを印象付けるのに、十二分な効果を発揮している。

ところで、『ガンジー』が映画作品であることを思えば、ベン・ガンディーとガンディーの間に「ずれ」があることは、当然のこととも考えられるだろう。ベン・ガンディーが、役者がガンディーを模倣した「ほとんど同一だが、完全には同一ではない差異の主体」であることはすでに指摘したが、しかし、この作品は、その差異に観客の目が向かないような手はずも整えられている。その冒頭では、以下のように、鑑賞するにあたっての但し書きが提示されているのだ。

> 人の一生は一口には語りつくせない。毎年の出来事、生涯に出会った人々、そのすべてを克明に記述できない。ただ、その精神において、記録を忠実に描き、その人の心へと通ずる道を見出すことができるだけだ。

出来事は取捨選択されているものの、この映画はガンディーの記録を「忠実」に再現したものであると、それは真っ先に宣言する。そのため、このベン・ガンディーの聖人伝から、ガンディーの「心へと通ずる道を見出す」ことだけが、見る者に許されることになる。この映画が本当に「忠実」にガンディーを描き出したものなのかどうか、それは最初から不問に付されているのだ。

そこで問題となるのは、誰がガンディーの「記録を忠実に描き」、人々を彼の「心へと通ずる道」へと案内するのかということだ。『ガンジー』を１つの映画作品として見れば、それを行うのは当然、西洋人の監督と脚本家だということになる。その視点を作品内に向ければ、ベン・ガンディーを理解し、代弁するのは「市民社会の内側」にいる西洋人であって、インド人のサ

ッティヤーグラヒーではないとされていることに気づく。

　このことが、ベン・ガンディーの「模倣」と合わせて、サッティヤーグラハを不可視化し、ガンディーを「市民社会の内側」に引き入れるための二重の戦略なのだ。そもそもガンディーは、サッティヤーグラハによって、西洋近代社会を破壊しようとした人物であり、言ってみれば「市民社会」の敵となった人物だ。そのガンディーを「マハトマ」として賛美するためには、サッティヤーグラハを解体し、その破壊性を不可視化しておかなければならない。

　そのために、映画『ガンジー』は、ベン・ガンディーに「ずれ」た形でガンディーを踏襲させ、さらにそれを西洋人に語らせる。そのもう1つの戦略は、本編が始まってすぐに行われる、ベン・ガンディーの国葬の場面で現れている。

　この場面には、数え切れないほどのインド人が登場する。ベン・ガンディーの棺の横にはネルーとパテール[31]が立ち、彼らを乗せた車の周りを、インド人の軍人たちが行進する。さらにその周りには、数え切れないほどのインド人が国葬を見守っている。しかし、これらのインド人は物言わぬ群衆でしかない。ベン・ガンディーの功績を伝えるのは、外国メディアの白人ジャーナリストの役割なのだ。

　ジャーナリストはベン・ガンディーについて、「富も地位も持たない」、「官職にも就かない」、「軍の司令官でもなければ、巨大な土地の支配者でもない」、「科学的な功績もなければ、芸術的才能に恵まれていたわけでもなかった」が、「すべての人間の意識の代弁者」だったと語る。「市民社会の内側」にいるジャーナリストがこう語ることで、「市民社会」の「すべての人間」の聖人としてのガンディーの位置が保障されるのである。そして、シナリオ通りに「市民社会の内側」にガンディーを収めるべく、ベン・ガンディーはサッティヤーグラハを解体すると、そこから非暴力を抜き出し、そこに「ずれ」を加えて、それを「危険なナンセンス」である「非暴力」に変換するのだ。

7.5　非暴力と被暴力

　ラシュディはベン・ガンディーの「非暴力」が「危険なナンセンス」であると指摘した。他方、この問題をマルコヴィッツが見逃したのは、この映画が「ガンディー伝を西洋で理解されているままに、忠実に要約していること」を重視し、「この映画が感情に訴えていないわけではない」ことを軽視したからだと考えられる[32]。というのも、ベン・ガンディーの「非暴力」が「危険なナンセンス」であることは、この映画の「感情的」な部分に注目しなければ見えてこないことなのだ。

　ベン・ガンディーの「非暴力」を読み解くにあたり、ラシュディの見解をもう1つ参照しておこう。彼は『ガンジー』を、以下の3つの「西洋の魂のある種の憧れ」を満たした映画と診断している。

> 1つはエキゾチックな衝動、神秘的な知-魂の源泉としてインドを見たいという願い。(中略)2つ目はキリスト教の願いとも言えるもので、この世においてはあまりに善人すぎ、そのため歴史の祭壇に生贄として捧げられた、貧しさと簡素の理想に身を捧げた指導者への希求。そして3つ目は、革命とは従順と自己犠牲と非暴力によってのみ、真に成し遂げられるし、成し遂げられるべきなのだと、そう言われているのを聞きたがる自由-保守的な政治的欲望[33]。

　これを手短に言い換えるなら、映画『ガンジー』には、道徳的・宗教的指導者「マハトマ」の神秘の力に導かれた「他者」が、「革命」のために「自己犠牲」を引き受け、「被害者」になるさまを見たがる、政治的欲望が潜んでいるということになるだろう。

　鑑賞者の視点に立っていえば、「非暴力」の被害者を目撃することで、彼らはソンタグのいう「他者への同情」を抱くことができるのだ。被害者を見た観客は「同情を感じるかぎりにおいて、われわれは苦しみを引き起こしたものの共犯者ではないと感じる。われわれの同情は、われわれの無力と同時

に、われわれの無罪を主張する」のである。

　そのためには、ベン・ガンディーの「非暴力」は被害者を生み出すものでなければならず、暴力を振るう加害者が必須となる。物語全体を通して、ベン・ガンディーに敵対者があてがわれているのも、そのためなのだ。つまり、ベン・ガンディーの「非暴力」は、暴力／非暴力の二項対立的枠組みの中で実践されるものとして、最初から設定されているのである。

　確かに、ガンディーの非暴力も、自ら被害者になる自己犠牲の精神を求めていた。その点を強調すれば、もともと非暴力には、ベン・ガンディーの「非暴力」へと「ずれ」ていく要因が含まれていたともいえる。しかし、ガンディーは非暴力を、より大きな枠組みであるサッティヤーグラハの下で理解し、それを実践することを求めていた。非暴力という手段は、非暴力という結果を得るためのものであり、他者の「同情」を求めて行われるものではない。そのことは、ガンディー自身が以下のように強調している。

　　サッティヤーグラヒーへの間違った同情から闘争の解決に取り組むのであれば、国家に害を及ぼすことになり、サッティヤーグラヒーを理解していないことが明らかとなります。サッティヤーグラヒーは同情を必要とはしていませんし、それを欲してもいません。彼らが切望するのは、正義なのです。ですから、サッティヤーグラヒーを弱者とみなし、同情から活動に加わったとしても、それは無駄に終わるでしょう。もしサッティヤーグラヒーの要求が正義ならば、正義が果たされるよう、ダルマという調停者が尽力してくれます[34]。

　ガンディーは非暴力を、他者の同情を喚起するための手段として提起したわけではない。サッティヤーグラハの文脈の中で理解すれば、そもそもガンディーは他者に敵意を持つことを許していない。その意味において、彼の非暴力には、敵である加害者は存在しない。ところが映画では、被害者を生み出すための条件として、常に加害者が準備されている。言い換えれば、暴力

／非暴力という二項対立的な枠組みがその「非暴力」の前提とされているのだ。

　その枠組みのために、ベン・ガンディーは運動の目的である独立を、ガンディーの独立とは「ずれ」た形で宣言することになる。ガンディーが非暴力社会の確立を「スワラージ」とし、目指すべき真の独立として提示していたことは、すでに見た通りだ。それに対し、ベン・ガンディーは演説の場面で、独立の価値は「ヒンドゥーとムスリムの統一」、「不可触民制度の解消」、「イギリスへの抵抗」を達成し、平等を勝ち取ることにあると宣言するのである。政治的独立だけでなく、宗派間の融合と階級差別の解消が盛り込まれていることは、ベン・ガンディーをガンディーと「ほとんど同一」の主体に近づけていく。しかし、「完全には同一ではない差異の主体」として、彼はそれらをサッティヤーグラハの下に統合することはしない。そのため、平等を勝ち取るためにベン・ガンディーも闘いはするが、その闘争は二項対立的な枠組みに容易に収束する表層的なものとなる。その「非暴力」の物語は、暴力／非暴力の枠組みの中、登場する人々をベン・ガンディーの敵と味方に割り振り、彼らを配置換えすることで進められるのだ。

　映画の前半は、「イギリスへの抵抗」が物語の主題となっている。当然、そこではイギリスが暴力の側に配置されている。そこで重要なのは、イギリスの暴力が、身体的暴力として表現されていることだ。ベン・ガンディーの敵は、「非暴力」のインド人を殴りつける警官と、警官を背後から操るイギリス人政府役人である。そうしてこの映画は、植民地支配の悪を身体的暴力に限定するとともに、その他の植民地暴力を不問に付すのである。

　ベン・ガンディー率いるインド人たちは、植民地政府の被害者の表象として、殴られ、銃で撃たれ、殺されるために登場する。その意味において、彼らの「非暴力」は被暴力と呼ぶ方が的確だろう。闘争の場面では、鑑賞者の「他者への同情」を満たすために、決まって苦痛に歪む彼らの顔が大写しにされる。痛々しい表情を見せつけた後、彼らが立ち上がり、被暴力を続ける様子は、見るものの感情に強く訴えかける。また、しばしばクローズアップ

される女性や子どもの被害者も、同じ効果を狙ったものといえよう。負傷して倒れこむ母親や、その横で泣き続ける幼子、頭から血を流した赤ん坊を抱く母親の姿が、映画の要所要所に配置されているのも、被暴力を強調し、同情を喚起するためだととらえられる。

　身体的暴力と被暴力の闘いは、「塩の行進」の後に山場を迎える。だが、逮捕され拘禁中のベン・ガンディーは、スクリーン上に登場しない。しかし、「マハトマ」の力に動かされることで、人々は被暴力を完全に成し遂げる。ここにも１つ、物語の狙いが潜んでいる。つまり、ベン・ガンディーを登場させずに人々を動かすことで、物語はベン・ガンディーの聖なる力の偉大さを強調するのである。さらに、その力を身体的暴力の加害者にも認めさせることで、彼らが潜在的に「非暴力」の側にあることを示唆するのだ。

　「塩の行進」の後、インド人たちは自分の手で塩を作り、それを町で売り始める。そのことが政府に報告されると、それまでベン・ガンディーを「ミスター・ガンディー」と呼んでいたインド総督が、初めて彼を「マハトマ」と呼ぶ。それは、ベン・ガンディーの聖性を、敵であるイギリスが認めた瞬間といえるだろう。

　「マハトマ」への対抗策として、政府はインド人を挑発し、暴力を引き出すことを提案する。そうして身体的暴力を増強することで、暴力／非暴力の対立構造をさらに強化するのだ。それも、被暴力への同情を喚起する力を強めるための設定といえる。と同時に、それは観客にベン・ガンディーの聖性をさらに見せ付けるための設定ともなっている。

　身体的暴力と「非暴力」の衝突は、インド人の警官とインド人の「非暴力」隊によって実演される。隊列を組んだ警官隊は加害者に、そしてカディーを着たインド人は被害者になるべく、互いに向き合って並べられる。そして最終的に、そこにはいないベン・ガンディーの聖なる力が、「非暴力」の隊列を被害者にする。「われわれは、彼の名において、彼らを受け止めるのです。彼のために、手を上げないのです。マハトマ・ガンディー万歳！」と、「非暴力」隊は喚起の声を上げると、警官隊に向かって前進するのだ。

殴る一方の警官隊と殴られる一方の「非暴力」隊は、ある種の儀式を執り行っているようにも見える。ガンディーの非暴力は、身体的暴力の場における被暴力に姿を変えることで、1つの形式美に成り下がってしまっている。

ちなみに、ここでも、西洋人のジャーナリストに、その「非暴力」を総括する役割が割り振られている。彼の報告は、ベン・ガンディーの「非暴力」が同情を求めるための被暴力に他ならないことを明確に伝えている。「殴られても前進し続けたこと」を強調する彼は、判官贔屓から「非暴力」隊に肩入れしているにすぎない。一方、身体的暴力の場に被害者を配置したベン・ガンディーの責任が問われることはない。ベン・ガンディーの役割は、聖なる力をもって被暴力を提唱することにある。この「マハトマ」に導かれ、被害者が自発的に革命の「被害者」になることが、「非暴力」の美徳なのだ。

またこのシーンでは、被害者とともに、加害者であるインド人警官の表情もクローズアップされている。観客はその表情から、被暴力が功を奏し、加害者も良心の呵責に苦しんでいることを感じ取ることだろう。しかしこの場面から、別のことを読み取ることもできるはずだ。すなわち、同じインド人同士が傷つけあっているのは、植民地政府がインド人警官に暴力を使わせているからであり、この身体的暴力の背後には、植民地支配という加害者がいるのだということだ。このように見るなら、身体的暴力に対する批判の矛先は、現実の加害者から、その場を作り出した植民地支配へと方向転換されることになる。

ところが、物語が後半に進むにつれ、「イギリスへの抵抗」というベン・ガンディーの目的は、次第に前面から退いていく。史実通りに進む物語において、植民地支配はいずれは終わり、ベン・ガンディーの目的は放っておいても果たされるものだからだ。植民地支配の悪は身体的暴力の問題に限定され、その問題も、独立の日が来れば解消されるというわけである。

そのため物語の中盤では、イギリスを加害者から外すための作業が着々と進められる一方、パキスタンの初代首相ムハンマド・アリ・ジンナーが、ベン・ガンディーの敵として位置づけられていく。こうして、物語の後半で

は、ベン・ガンディーの目的が「イギリスへの抵抗」から、「ヒンドゥーとムスリムの統一」へと移されていくが、それはベン・ガンディーの「非暴力」を現代的な「市民社会の内側」に収めるための設定変更ともいえる。すなわち、中盤以降、暴力／非暴力という対立枠には、「市民社会」／「市民社会の外側」として、「普遍的な非暴力」／「宗教原理主義者」の対立が重ねられるのだ。

　実際のところジンナーは、ベン・ガンディーに賛同しない人物として、映画の前半から登場している。彼はけっして糸車を廻さない。他の指導者たちがカディーを着るようになっても、彼だけはスーツを着用し続けている。また、暴力的な面を持つことも示唆されており、ローラット法に反対した彼は、「答えはひとつしかない。奴らがあしらえないほどの大規模な直接行動だ」と、テロリズムを支持するかのような発言も行っている。

　また映画は、「非暴力」の賛同者を一枚岩的に表象することで、ジンナーを孤立させ、異端的な人物として描き出している。例えば、ラシュディも指摘するように、この映画はネルーをガンディーの従者としている。実際のネルーはガンディーに心酔していたわけではなく、サッティヤーグラハの限界も意識していた。社会主義を目指す現実的なネルーは、ガンディーと異なる視点からインドの独立を考えていたのだ。しかし、映画のネルーは、ベン・ガンディーの強力な支持者として、彼に完全に同調している。

　さらに、ジンナーとベン・ガンディーとの関係が悪化し、彼の悪役振りが強調される一方で、ベン・ガンディーに賛同する西洋人の数が次第に増やされている。映画の最初では、宣教師のアンドリュースだけが、彼の理解者とされているが、その後は、イギリス人提督の娘スレード嬢がミラベンと名前を変えて、アシュラムの共同生活者に加わっている。ちなみに彼女は、ベン・ガンディーの側近となっていく重要な登場人物である。また、*Life* のカメラマンのマーガレットや、塩の行進をレポートしたジャーナリストたちも、ガンディーに理解を示した人物として描かれている。これら西洋人たちが、暴力の側ではなく、彼の「非暴力」の側に置かれていることは明白だ。

そうした意味において、ベン・ガンディーの裁判は重要な場面である。そもそもベン・ガンディーは、差別法に異を唱えていたのであって、西洋近代法全体を敵にまわしていたわけではない。そのため、彼を西洋の近代法のシステムに馴染ませることは、そう難しいことではない。その場面で、ベン・ガンディーが入廷すると、裁判長は起立して彼に敬意を表す。そして、法に従い、禁固６年という判決を下す一方、「もし本国政府が見て、後に期間が短縮されたら、私ほど喜ぶ人はいないだろう」と彼は口にする。このようにして、この映画は、ベン・ガンディーと西洋の法曹界が対立する関係ではないことを示唆するのだ。

すなわち、ベン・ガンディーの味方になることで、西洋人全体が「非暴力」の適役から免除されるのである。あるいは、ベン・ガンディーの周りを、彼に好意的な西洋人で取り囲むことによって、ガンディーを西洋の現代的な「市民社会の内側」に取り込んでいくのだともいえる。

前述のように、映画は同じ流れのなかで、ベン・ガンディーの対立項を西洋からジンナーに移していくが、その移行が、カメラマンのマーガレットに対する彼の告白、という形で明らかにされていることも興味深い。すなわち物語は、ジンナーをベン・ガンディーだけでなく、「市民社会」全体の敵として位置づけようとしているのだ。ベン・ガンディーはヒンドゥーとムスリムの宗派対立を「監獄にいてさえ、耐え難い」とマーガレットに告白し、ジンナーを「ムスリムたちに恐怖を与える」存在と断定する。こうして彼を「非暴力」の敵と認定し、「市民社会の外側」に位置づけるのである。

この場面の背景となっている宗派対立についても、映画の状況は現実を踏まえている。また、ベン・ガンディーとジンナーの指導者としての立ち位置の違いにも誤りはない。ヒンドゥー教徒とムスリムの対立がさほど激しいものではなかった独立運動の初期においては、ジンナーとガンディーはともにインド国民会議派に所属する同志だった。しかし、第一次世界大戦が終わり、コミュナルな対立が激化すると、ジンナーは国民会議派を脱退した。そして、ムスリム国家の建設構想を掲げ、ムスリム連盟の指導者として活躍し

始めるのだ。

問題は、ジンナーを「ムスリムたちに恐怖を与える」人物とするベン・ガンディーの発言にある。それはガンディーの見解とは明らかに矛盾する。実際、ガンディーは以下のようにジンナーについて語っている。

　イギリス人みたいな帽子をかぶっている男性が、ジンナーは逮捕されるべきだと叫んでいます。彼は本当にジンナーを逮捕したいのですか？あなたはそうする力があるのかもしれません。私もそうした力を持っています。ですが、私のやり方は違います。南アフリカから帰国してから、私は自分の方法であなた方を指導してきました。私はそれほど良い教師ではありませんでした。ですが、狂った人物でも自分の精神を語ることはできるのです。この54年間、敵意を抑えねばならないと言い続けてきました。あなたにとって、ジンナーは敵なのですが、私は誰も敵だとは思っていません。私は彼の代理人だと言ってきましたし、それは絶対に本当のことです。ならば、どうして私が彼を敵だと思えるでしょうか？[35]

ジンナーを敵とするベン・ガンディーの認識は、「市民社会の内側」でジンナー像をとらえ直したものといえる。それは、ジンナーが宗派対立を扇動したのだという前提の上に成り立っているが、しかし、宗派対立が現実に存在したからこそ、彼はムスリム国家パキスタンの建国を打ち出したのだともいえるのだ。実際、パキスタンでは彼は「偉大な指導者(Qa'id-i A'zam)」と呼ばれており、その立ち位置は、インドの「建国の父」と呼ばれるガンディーと同じところにある。

だが、映画のジンナーは、ベン・ガンディーの敵となるべく行動させられている。ヒンドゥーとムスリムの融和を説くベン・ガンディーに対し、彼は、「私はインドの独立になど関心はない。私はムスリムの隷属に関心があるのだ」と、偏執的なムスリムとして反論する。さらに、「マハトマ・ガン

ディーが世界を作るのではない。私は現実世界のことを話しているのだ」と語らされることで、ジンナーは世界の「マハトマ」を理解しない敵対者と位置づけられている。ちなみに、宗派対立の原因は、さかのぼればイギリスの分離政策にあるのだが、映画がそれについて語ることは一切ない。映画は、ジンナーひとりにその問題を押し付けるのだ。

　映画では、「市民社会」の敵であるジンナーが扇動したために、ヒンドゥーとムスリムの宗派対立が、大規模な身体的暴力の問題に発展する。そして、それを収めるためにベン・ガンディーは断食を行い、自ら自己犠牲を実践する。しかし、それもまた被暴力であることは、断食でさらに痩せ細ったベン・ガンディーの身体が示している。ベン・ガンディーの自己犠牲は「市民社会」にいる観客の同情と涙を誘うための被暴力である。その自己犠牲に、「すべての生命」を善良なものにするという、ガンディー本来の目的はない。

　分離独立に伴う騒乱は、ベン・ガンディーの聖なる被暴力によって収められ、ジンナーという敵もいなくなり、平和が取り戻される。しかし、それもほんの束の間の平和で、その直後、ベン・ガンディーは暗殺されてしまう。しかし、それは究極の身体的暴力に対する彼の被暴力であり、それを実践することによって、彼は人生を終えるのだ。最後の敵役として、彼に暴力を振るうのは狂信的なヒンドゥー原理主義である。ジンナーと同様、この暗殺者も、自らが信仰する教義に固執する存在として表象されている。つまり、ベン・ガンディーを理解しない偏執的な宗教原理主義者こそが、「非暴力」と「市民社会」の敵であることを、それは示唆しているのだ。

　その最後の場面で、ミラベンがベン・ガンディーの1番の理解者となっていることも、ベン・ガンディーを「市民社会」の聖人に位置づけることに貢献している。例えば、ベン・ガンディーは独立の日、その祝賀会に出席することもなく、建物も草木もない砂地で独り糸車を廻しているが、彼の心中を表すその殺伐とした風景に、ミラベンだけが入り込むことを許されているのだ。

ベン・ガンディーの人生最後の日、演説に向かうベン・ガンディーを見送った後、ミラベンはマーガレットと次のような会話を交わす。ベン・ガンディーのことを「寂しそうね」というマーガレットに、ミラベンは、「失敗したと思ってるのよ」と彼を代弁して答える。マーガレットは「なぜ？　ここ数ヶ月の1件で、彼が正しいって分かったじゃない」と問うが、それに対するミラベンの答えは以下のようなものだ。

　　私は多分、彼への愛で盲目になっているけど、でも、私は信じている。私たちが狂乱から抜け出る道を本当と必要するとき、それを提示してくれるのは彼だって。だけど、彼はそれが分からないし、世界も分かってはいない。

　ミラベンは、ベン・ガンディーを神格化しているだけではない。彼の行動には確信性も理論性もなく、神がかり的な直感に基づくものであると、彼女は同時に断定している。こうして、最後の最後に、ガンディーのサッティヤーグラハの確信性が、ベン・ガンディーの側近によって不可視化されるのである。
　世界が彼のサッティヤーグラハを理解しなかったというのは、おそらくミラベンのいう通りだろう。しかし、ガンディーについての彼女の発言は、ガンディーを現実を超越した聖人にするためのものでしかない。ガンディーは、自身のサッティヤーグラハを理解していた。むしろ、理解しすぎていたために、それを周囲が理解できないことを理解できなかったのだとさえいえる。実際、分離独立の後ですら、「自分ひとりでできるなら、サッティヤーグラハの素晴らしさを世界に見せてあげられるのに」とガンディーは嘆いていた。
　映画『ガンジー』は、ベン・ガンディーの模倣の戦略によってサッティヤーグラハを解体し、その断片としての「非暴力」を「ずれ」た形で現代に残すのに成功した。サッティヤーグラハの法から引き剥がされたことで、ガン

ディーの非暴力は、単に同情を誘うための被暴力に成り下がってしまったのだ。

　ラシュディはそれを「危険なナンセンス」と批判したが、それについては、次のように理解することができるだろう。この映画は、「マハトマ・ガンディー」と「非暴力」を「市民社会の内側」に取り込む一方、身体的暴力や宗教原理主義を「暴力」として「市民社会の外側」に対置させた。そして、「非暴力」に、「市民社会の外側」の問題を解決する役割を担わせたのだ。しかし、ベン・ガンディーの「非暴力」は被暴力であり、同情を喚起するためのものでしかない。つまり被暴力のためには、映画と観客の関係と同様、実践する「他者」とそれを見る「自己」の関係がなければならない。「市民社会の内側」に取り込まれたとはいえ、被暴力を行う「他者」は、「自己」と同じところにはいない。再度ソンタグの表現を借用すれば、「市民社会の内側」にいる「自己」が、「同情を感じるかぎりにおいて、われわれは苦しみを引き起こしたものの共犯者ではないと感じる」ために、被暴力を実践する「他者」が必要なのだ。ベン・ガンディーの「非暴力」が「危険」なのは、被暴力の「被害者」である「他者」を作り出すために、「市民社会の内側」に取り込まれたものだからだ。さらに、それが「ナンセンス」なのは、「他者」が行う被暴力が、「自己」の同情を喚起することで、「権力とわれわれとの真の関係を今一度ぼやかし」てもくれるからだ。彼らの運動は、「自己」を問題と対峙させるのではなく、そこから遠ざけるものでしかない。被暴力を実践する「他者」がいれば、「自己」は彼らに同情を寄せていればよい。そうすれば「非暴力」を待ちながら、「市民社会の内側」で安穏と暮らすことができるのだ。

注
1　Markovits 15.

2　ロラン 209。
3　Markovits 19.
4　Markovits 19.
5　ロラン 266。
6　ロラン 287。
7　Markovits 15.
8　Markovits 27.
9　第 55 回アカデミー賞：作品賞／監督賞／主演男優賞／脚本賞／撮影賞／美術監督・装置賞／衣装デザイン賞／編集賞(作曲賞／メイクアップ賞／音響賞はノミネートのみ)。
第 40 回ゴールデン・グローブ賞：外国映画賞／監督賞／ドラマ部門男優賞／脚本賞／新人賞。
第 36 回英国アカデミー賞：作品賞／監督賞／主演男優賞／助演女優賞／新人賞(助演男優賞／脚本賞／撮影賞／作曲賞はノミネートのみ)。
第 48 回　ニューヨーク批評家協会賞：作品賞／男優賞。
第 8 回　ロザンゼルス批評家協会賞：主演男優賞。
10　Markovits 27.
11　高田種雄『ガンジー全集 II　無抵抗篇』(春秋社、1927)2。なお、同書では旧漢字が用いられているが、常用漢字に換えて引用する。
12　エルベール 8。
13　エルベール 5。
14　エルベール 7。
15　エルベール編、蒲穆訳『ガーンディー聖書』(岩波書店、1950)7。なお、同書では旧漢字が用いられているが、常用漢字に換えて引用する。
16　Markovits 25–26.
17　Salman Rushdie, *Imaginary Homeland* (London: Granta Books, 1992 ed.)104.
18　Rushdie 102
19　Rushdie 105.
20　Rushdie 105.
21　Rushdie 105.
22　Rushdie 105.
23　Rushdie 105.
24　Rushdie 106.

25 リチャード・アッテンボロー監督『ガンジー』(ソニー・ピクチャーズエンタテインメント、2008)なお、主演ベン・キングズレイのインタビューもこのDVDに採録されている。
26 Homi Bhabha, *The Location of Culture* (New York: Routledge, 1994) 88.
27 Bhabha 86.
28 Gandhi, "The Salt Tax in Indhia," *Indian Opinion*, 8 July. 1905, *CWMG*, vol. 4, 345-346.
29 Gandhi, "To the People of Kheda," *Navajivan* 4 May 1930, *CWMG*, vol. 49, 251.
30 Gandhi, "Why a Bonfire?," *Navajivan* 17 July 1921, *CWMG*, vol. 23, 439.
31 パテール(Sardar Vallabhbhai Jhaverbhai Patel 1875-1950)国民会議派に所属した独立運動の指導者。独立インドでは副首相を務めた。
32 Markovits 27.
33 Rushdie 102.
34 Gandhi, "Settlement or War?," *Navajivan* 5 Aug. 1928, *CWMG*, vol. 42, 329.
35 Gandhi, "Speech at Prayer Meeting," 31 May 1947, *CWMG*, vol. 95.176.

おわりに

　アントニオ・ネグリとマイケル・ハートの「非暴力」批判を改めて見直せば、彼らは被暴力としての「非暴力」を批判していたのだということに気づくだろう。両者は、「非暴力」が同情から力を得ていることを見抜いていた。だからこそ、「非暴力活動は、非道な暴力に対する道徳的反応、弱者への同情を引き出すことによって、その力を得ている。そのため、メディアを通して、自分たちの犠牲者化を代弁・表象することに焦点をあてるのだ」と指摘したのだ。しかし、「非暴力の抗議者たちは、常に自身が犠牲者というわけではなく、非力な者の不公正な苦境を代弁・表象するために、自分自身を犠牲者化される立場に置くのだ」という批判は、ガンディーよりも、むしろ彼の模倣者ベン・ガンディーに当てはまる[1]。

　また、ネグリとハートは「ガンディーが道徳や倫理を強調しながら非暴力を訴えた」ために、暴力／非暴力の二項対立が強化されたのだとも批判していた。しかし、後にネグリはその見解を改めている。彼は「ガンジー主義的平和主義は非暴力とは何の関係もなかった。あるいはより正確に言えば、平和主義とは何の関係もないきわめて特殊な非暴力だった」とガンディーの非暴力を現代「非暴力」から切り離している。そして、「インドの反植民地主義闘争において重要だったのは平和主義か反平和主義かではなく、どのように定義されるにせよ植民地主義と資本主義の搾取に対する抵抗が、有効か無効かという点」だとすると、「ガンジーの戦略は、あらゆる意味において暴力的なもの」だったと再評価した[2]。

ネグリの姿勢の変化は、サッティヤーグラハの両面性と関係している。サッティヤーグラハにおいて、ガンディーは2つのことを試みていた。1つは西洋近代的な法的統治システムを破壊させること。そして、もう1つは、それに代わる新たな秩序体系の構築することだ。前者に焦点を当てれば、サッティヤーグラハは暴力的な破壊行為だったといえる。他方、後者に焦点を当てれば、それは道徳的な建設的行為だったということになる。「ガンディーの戦略は暴力的だった」という再評価は、前者を重視し、ガンディーの道徳的暴力を認めることで、暴力/非暴力の境界線を撹乱するネグリの戦略ととらえられるだろう。

　しかし、ガンディーの非暴力に現実的な可能性があるのかと問われれば、不可能と言わざるを得ない。ガンディーの非暴力はサッティヤーグラハの上に成り立っている。すべての人間の善意は呼び覚ませるはずだという大いなる仮説に基づくその試みは、理想郷を実現しようとする夢物語だったとしかいいようがない。そして、それが実現不可能であることは、ガンディーと同時代から垣間見えていた。彼の手を離れたときから、サッティヤーグラハは「ずれ」ながら、不完全な形で拡散していた。最終的に解体されるにいたったサッティヤーグラハに、将来的な可能性を見出すことはできない。

　それでも「非暴力」だけは、「暴力はいけない」という道義的命題と、それを支持する人々の「善意」に支えられることで、今なお存続している。だが、その存続には、もう1つの側面があるともいえる。「非暴力」は、人間の怒りや憎しみの感情を抑制し、支配に従順な人間にするために語り継がれているのだとも考えられるのだ。だとすれば、それがもたらすのは、理想的な平和社会ではなく、生政治的な管理社会だということになる。

　とはいえ、それを理由に、「非暴力」を不要、あるいは無効と断言することもできない。人間の世界から、暴力がなくならないとするならば、その対極にある「非暴力」をなくすことはできない。暴力をめぐる問題を、暴力と「非暴力」の力関係とするなら、より「非暴力」に近い均衡点を探ることがその解決となる。

しかし、現代の「非暴力」にその力はなく、むしろそこには暴力の問題が潜んでいるのだといえる。問題は、暴力／非暴力の二項対立に、道徳／非道徳が重ねられていること、そして、それにより非道徳が不可視化されていることだ。「暴力」は、目に見える暴力の有無で判別されるものではない。「植民地主義」であれ、「資本主義」であれ、身体的暴力であれ、そして被暴力であれ、そこに「他者」を軽視する不道徳が横たわっているのが「暴力」なのだ。ガンディーの非暴力が道徳の力だったとすれば、現代の「非暴力」に欠けているのは道徳であり、だからこそ「非暴力」は力を失ったのだ。「暴力」の問題への取り組みは、それを道徳の問題として設定し直すべく、暴力／非暴力の枠組みにメスを入れることから始まるのではないだろうか。

最後に、道徳の意義を説くガンディーのことばで本論を締めくくりたい。

> 人間の活動の全領域は、不可分のものとして成り立っています。社会的、経済的、政治的かつ純粋に宗教的な行動を、関連性のない分野に分けることはできないのです。人間のいとなみからかけ離れた宗教など私は知りません。宗教は他のすべての活動に道徳的基盤を授けるのです。それがなければ、人間の生活は意味のない騒乱と怒りで混沌としたものになってしまうでしょう[3]。

注
1 Hardt and Negri 290.
2 アントニオ・ネグリ　廣瀬純訳『未来派左翼——グローバル民主主義の可能性をさぐる(上)』(日本放送出版協会、2008)91-93。
3 Gandhi, "Discussion with Christian Missionaries," *Harijan* 24 Dec. 1938, *CWMG*, vol. 74, 307.

あとがき

　本書は博士学位論文(大阪大学大学院言語文化研究科)を加筆・修正したものである。平成 21 年度文部科学省科学研究費補助金の研究成果公開促進費の採択を受けて出版するにいたった。

　当然のことながら、本書を執筆していた頃と出版時とでは、状況が変化した。アメリカでは初のアフリカン・アメリカンの大統領が誕生し、「はじめに」で取り上げたブッシュに「元」を付ける必要が生じた。ところで、ブッシュがガンディーの名を口にしていたことは、そこでも見たとおりだが、現オバマ大統領の場合は彼以上である。執務室にガンディーの写真を飾る彼は、「ガンディーは自分の真の英雄である」と明言している。その際、オバマは「倫理の力や人々の他者を見る目、自分自身を見る目を変える力だけで、ガンディーが偉業を成し遂げ、世界を変えてしまったことが興味深い」といっているのだが、私には彼の見解の方が興味深い。ある意味間違ってはいないのだが、果たしてオバマはどこまで理解して、そういったのだろうか？　さらに、彼はガンディーと一緒に食事をしたいとも述べているのだが、さて、ガンディーと何を食べるつもりなのだろうか…。

　オバマの 1 件然り、ガンディーは日常生活の 1 場面にふと現れる。例えば、去年の 10 月 2 日のガンディーの誕生日には、ネット上の検索エンジンで彼に出くわした。目にした方もいらっしゃるだろうが、Google の「G」がガンディーの似顔絵になっていたのだ。そうした時、彼は私たちの周りに今も存在し続けているのだと改めて気づかされる。そして、Google と一体化したガンディーの顔を見つめながら、「もし彼が生きていれば、現代文明の病を蔓延させるからと、インターネットの排斥を唱えていたかもしれない。しかし、Google に祝福されるとは、ガンディーの「非暴力」はやはり

現代の問題なのだ」と検索することを忘れて、考え込んでしまった。

　こうしてまとまらないまま、考えを広げてしまうのが私の悪い癖なのだが、そんな私が博士論文を書き上げられたのは一重に、指導してくださった先生方のおかげである。大阪大学言語文化研究科の木村茂雄教授、中直一教授、山田雄三准教授には本当にお世話になった。研究が遅々として進まない私に、根気よくご指導くださったこと、この場でお礼を申し上げておきたい。

　ポストコロニアル研究会の皆さんにも、あわせてお礼を言わなければならない。研究会でたくさんの刺激を受けたことで、ぼやけた考えが像を結んだことも多々あった。非常勤講師仲間の王蘭先生、以倉理恵先生には研究的にも、精神的にも助けられた。貴重な時間を割いて、原稿を読んでくれたこと、本当に感謝している。

　また、博士論文が書籍となることができたのは、ひつじ書房松本功編集長と細間理美さんのおかげである。校正中に右手を骨折するという噴飯ものの事態に穏やかに、心優しく対応してもらえたこと、お詫びするとともに、心からお礼申し上げたい。

　最後に両親、夫、そして息子にありがとうの言葉を伝えておきたい。曲がりなりにも研究を続けてこられたのは、夫がいてくれたからだ。夫はいつも私の１番の応援者だった。妻／夫と二分法的に役割を押し付けない夫には、心から感謝している。主婦業がおろそかになっている間、家事や育児を助けてくれた両親にもありがとうと言いたい。そして輝彦。私はいい「母親」ではないかもしれない。輝彦がたくさん我慢していることを母は知っている。おまえの未来が輝かしいものとなることを祈って、母は研究を続けている。そのことは、覚えておいてほしい。

2010 年　大阪にて

加瀬　佳代子

参考文献

【和書】

アガンベン、ジョルジョ　高桑和巳訳『人権の彼方に―政治哲学ノート―』以文社、2000。(Agamben, Giorgio. *Homo sacer : il potere sovrano e la nuda vita.* Torino: Einaudi, 1995)

アガンベン、ジョルジョ　上村忠男、廣石正和訳『アウシュヴィッツの残りのもの―アルシーヴと証人』月曜社、2001。(Agamben, Giorgio. *Quel che resta di Auschwitz : l'archivio e il testimone.* Torino : Bollati Borlinghieri,1998)

アガンベン、ジョルジョ　高桑和巳訳『ホモ・サケル―主権権力と剥き出しの生―』以文社、2003。(Agamben, Giorgio. *Homo sacer : il potere sovrano e la nuda vita.* Torino: Einaudi,1995)

アガンベン、ジョルジョ　上村忠男、中村勝己訳『例外状態』未来社、2007。(Agamben, Giorgio. *Stato di eccezione : homo sacer II, 1.* Torino : Bollati Borlinghieri, 2003)

アーレント、ハンナ　山田正行訳『暴力について―共和国の危機―』みすず書房、2000。(Arendt, Hannah. *Crises of the Republic : lying in politics, civil disobedience, on violence, thoughts on politics and revolution.* New York: Harcourt Brace Jovanovich, 1972)

今田秀作『パクス・ブリタニカと植民地インド―イギリス・インド経済史の《相関把握》』京都大学学術出版会、2000。

今村仁司『ベンヤミンの〈問い〉』講談社、1995。

イリイチ、イバン　桜井直文訳『生きる思想 反＝教育／技術／生命』藤原書店、1991。

加瀬佳代子「『サッティヤーグラハ』言説の批判的分析―ナイポールの『ガンディー主義』批判を手掛かりに」『比較文学』第48巻、日本比較文学会、2006、96-109。

加瀬佳代子「現代の非暴力主義の言説におけるサッティヤーグラハ運動の表象―非暴力主義の本質的問題の探究―」『ポストコロニアル・フォーメーションズ』大阪大学大学院言語文化研究科、2006、20-30。

加瀬佳代子「非暴力主義前史―ロンドンと南アフリカのガンディー―」大阪大学大学

院言語文化学会『大阪大学言語文化学』vol.16、2007、41-52。
加瀬佳代子「サッティヤーグラハと市民的不服従— M. K. ガンディー H. D. とソローの比較を通じて—」『ポストコロニアル・フォーメーションズ II』大阪大学大学院言語文化研究科、2007、7-16。
加瀬佳代子「マハトマを待っているのは誰か—真理の散種とサッティヤーグラハのずれ—」『関西英文学研究』日本英文学会関西支部、2007、83-98。
ガンディー、M. K.　エルベール編　蒲穆訳『ガーンディー聖書』岩波書店、1950。
辛島昇、前田専学他監修『南アジアを知る辞典』平凡社、1992。
グハ、R.、パーンデー、G.、チャタジー、P.、スピヴァック、G.　竹中千春訳『サバルタンの歴史』岩波書店、1998。
グラムシ、アントニオ　片桐薫編訳『グラムシ・セレクション』平凡社、2001。
古山勝夫『印度概観』満鉄東亜経済調査局、1943。
サイード、E. W.　大橋洋一訳『知識人とは何か』平凡社，1995。(Said, Edward W. *Representations of the intellectual : the 1993 Reith lectures*, London: Vintage, 1994)
サイード、E. W.　中野真紀子訳『ペンと剣』れんが書房新社、1998。(Said, Edward W. *The pen and the sword : conversations with David Barsamian*, Monroe, Me.: Common Courage Press, 1994)
サイード、E. W.　田村理香訳「帰還の権利」『現代思想』第 31 巻第 14 号、青土社、2003、21-36。
坂本徳松『現代インドの政治と社会』法政大学出版局、1969。
サルカール、スミット　長崎暢子、中里成章他訳『新しいインド近代史 I—下からの歴史の試み—』研文出版、1993。
サルカール、スミット　長崎暢子、中里成章他訳『新しいインド近代史 II—下からの歴史の試み』研文出版、1993。
篠田隆「ガンディーの思想形成と近代西欧」生田滋編『ヨーロッパ世界の拡張—東西交易から植民地支配へ—』世界思想社、2001。
社団法人日本ユネスコ協会連盟『平和の文化国際記念　わたしの平和宣言　全世界 1 億人署名キャンペーン報告書』、2001。
シュミット、カール　田中浩、原田武雄訳『政治神学』未來社、1971。(Schmitt, Carl. *Politische Theologie*. Munchen: Duncker & Humblot, 1934)
ジラール、ルネ　古田幸男訳『暴力と聖なるもの』法政大学出版局、1982。(Girard, Rene. *La violence et le sacre*. Paris: Bernard Grasset, 1972)
ソルト、ヘンリー・S　G. ヘンドリック他編、山口晃訳『ヘンリー・ソローの暮らし』

風行社、2001。(Salt, Henry Stephens, and George Hendrick.(eds.) *Life of Henry David Thoreau*. Urbana : University of Illinois Press, 1993)
ソロー、H. D.　飯田実訳『森の生活』全2巻、岩波書店、1995。
ソロー、H. D.　山口晃訳『一市民の反抗―良心の声に従う自由と権利』文遊社、2005。
ソンタグ、スーザン　北條文緒訳『他者の苦痛へのまなざし』みすず書房、2003。(Sontag, Susan. *Regarding the pain of others*. New York: Straus and Giroux, 2003)
高田雄種『ガンヂー全集II　無抵抗篇』春秋社、1927。
高田雄種『ガンヂー全集IV　真理探究者の手記』春秋社、1928。
デリダ、ジャック　廣瀬浩司、林好雄訳『死を与える』ちくま学芸文庫、2004。(Derrida, Jacques. *Donner la mort*. Paris: Galilee, 1999)
デリダ、ジャック　堅田研一訳『法の力』法政大学出版局、1999。(Derrida, Jacques. *Force de loi : le «fondement mystique de l'autorie»*. Paris: Galilee, 1994)
ドリエージュ、ロベール　今枝由郎訳『ガンディーの実像』白水社、2002。
内藤雅雄『ガンディーをめぐる青年群像』三省堂、1987。
ナイポール、V. S.　斎藤兆史訳『イスラム再訪』全2巻、岩波書店、2001。(Naipaul, V. S. *Beyond belief : Islamic excursions among the converted peoples*. London: Little, Brown, 1998)
ナイポール、V. S.　栂正行、山本伸訳『中心の発見』草思社、2003。
長崎暢子『インド独立　逆行の中のチャンドラ・ボース』朝日新聞社、1989。
長崎暢子『ガンディー―反近代の実験』岩波書店、1996。
長崎暢子「南アジアのナショナリズムの再評価をめぐって　ガンディーのスワラージ」『アジア研究』vol.48、2002、3-24。
ネグリ、アントニオ　廣瀬純訳『未来派左翼―グローバル民主主義の可能性をさぐる（上）（下）』日本放送出版協会、2008。(Negri, Antonio. *Goodbye Mr socialism*. Milano: Giangiancomo Feltrinelli, 2006)
ファノン、フランツ　鈴木道彦、浦野衣子訳『地に呪われたる者』みすず書房,1996。(Fanon, Frantz. *Les damnes de la terre*. Paris: Maspero, 1961)
ファノン、フランツ　海老坂武、加藤晴久訳『黒い皮膚・白い仮面』みすず書房、1998。(Fanon, Frantz. *Peau noire, masques blanc*. Paris: Seuil, 1951)
フーコー、ミシェル　田村俶訳『性の歴史』新潮社、1987。(Foucault, Michel. *Histoire de la sexualité*, III , *Le souci de soi*. Paris: Gallimard, 1984)
フーコー、ミシェル　中山元訳『真理とディスクール　パレーシア抗議』筑摩書房、

2002。(Foucault, Michel. Joseph Pearson (ed.) *Fearless speech*. Los Angeles: Semiotext(e), 2001)

フーコー、ミシェル　小林康夫他編『フーコー・コレクション5　性・真理』筑摩書房、2006。

フーコー、ミシェル　小林康夫他編『フーコー・コレクション6　生政治・統治』筑摩書房、2006。

ベンヤミン、ヴァルター　高原宏平、野村修編、『暴力批判論　ヴァルター・ベンヤミン著作集1』晶文社、1969、1978。

ホックシールド、A. R.　石川准、室伏亜希訳『管理される心―感情が商品になるとき―』世界思想社、2000。

堀田正彦『岐路に立つフェアトレードの現状と課題』太田出版、2006。

本田毅彦『インド植民地官僚』講談社、2001。

メータ、ヴェド　植村昌夫訳『ガンディーと使徒たち―「偉大なる魂」の神話と真実―』新評論、2004。(Mehta, Ved. *Mahatma Gandhi and his apostles*. Viking Press, 1977)

森真一『自己コントロールの檻―感情マネジメント社会の現実―』講談社、2000。

ラスキン、J.「この後の者にも」『世界の名著41』五島茂編、中央公論社、1971。

ランドール、ウィリアム=T　儀部景俊、比嘉長徳、新垣誠訳『非暴力思想の研究―ガンディーとキング―』東洋企画、2002。

ルジャンドル、ピエール　西谷修一、橋本一径訳『第II講　真理の帝国　産業的ドグマ空間入門』人文書院、2006。(Legendre, Pierre. *L'empire de la verite*. Paris: Fayard, 1983)

ロラン、ロマン　宮本正清訳『マハトマ・ガンヂー』みすず書房、1959。

脇村孝平『飢饉・疫病・植民地統治』名古屋大学出版会、2002。

【洋書】

Amin, Shahid. "Gandhi as Mahatma: Gorakhpur District, Eastern UP, 1921-2." *Subaltern Studies III*. Ed. Ranajit Guha. Delhi: Oxford University Press, 1984.

Bhabha, Homi. *The Location of Culture*. New York: Routledge, 1994.(バーバ、ホミ・K.　本橋哲也他訳『文化の場所―ポストコロニアリズムの位相』法政大学出版局、2005)

Chatterjee, Partha. *Nationalist Thought and the Colonial World*. London: Zed Books, 1986.

Coward, Harold, ed. *Indian Critiques of Gandhi*. Albany: State University of New York Press, 2003.

Dalton, Dennis. *Mahatma Gandhi: Nonviolent Power in Action.* New York: Columbia University Press, 1993.
DU Toit, Brian M. "The Mahatma Gandhi and South Africa." *Journal of Modern African Studies* Dec. 1996: 643-660.
Erikson, Eric H. *Gandhi's Truth: On the Origins of Militant Nonviolence.* New York: Norton & Co., 1993.(エリクソン、E. H.・　星野美賀子訳『ガンディーの真理――戦闘的非暴力の起原』全2巻、みすず書房、1973-1974)
Fonon, Frantz. *Black Skin, White Masks*, trans. Charles Lam Markmann. New York: Grove Press, 1967.
Fischer, Louis. *The Life of Mahatma Gandhi.* London: HarperCollins, 1997.
Gandhi, M. K. *The Collected Works of Mahatma Gandhi.* 98vols. Rev. ed. New Delhi: Publications Division, Ministry of Information and Broadcasting, Govt. of India, 2001.
Hardt, Michael, and Antonio Negri. *Labor of Dionysus: A Critique of the State-Form.* Minneapolis: University of Minnesota Press, 1994.
Hardt, Michael, and Antonio Negri. *Empire.* Cambridge: Harvard University Press, 2000. (ハート、マイケル・ネグリ、アントニオ　水嶋一憲他訳『帝国――グローバル化の世界秩序とマルチチュードの可能性』以文社、2003)
Hardt, Michael, and Antonio Negri. *Multitude: War and Democracy in the Age of Empire.* New York: Penguin Press, 2004. (ハート、マイケル・ネグリ、アントニオ　幾島幸子訳『マルチチュード――〈帝国〉時代の戦争と民主主義』日本放送出版協会、2005)
Markovits, Claude. *The Ungandhian Gandhi: The Life and Afterlife of the Mahatma.* London: Anthem press, 2004.
Naik, M. K. *The Ironic Vision: A Study of the Fiction of R.K.Narayan.* New Delhi: Sterling Publishers, 1983.
Naipaul, V. S. *An Area of Darkness.* London: Andre Deutsch Ltd, 1964. (ナイポール、V. S.　安引宏、大工原彌太郎訳『インド・闇の領域』人文書院、1985)
Naipaul, V. S. *India: A Wounded Civilization.* Harmondsworth: Penguin Books, 1979. (ナイポール、V. S.　工藤昭雄訳『インド――傷ついた文明』岩波書店、1978)
Naipaul, V. S. *Three Novels: The Mystic Masseur, The Suffrage of Elvira, Miguel Street.* New York: Alfred a Knopf, 1982.
Naipaul, V. S. *Beyond Belief: Islamic Excursions Among the Converted Peoples.* New York: Vintage Books, 1999. (ナイポール、V. S.　斎藤兆史訳『イスラム再訪』岩波書店、2001)
Naipaul, V. S. *Half a Life.* London: Picador, 2001. (ナイポール、V. S.　斎藤兆史訳『ある

放浪者の半生』岩波書店、2002)
Narayan, R. K. *Mr Sampath-The Printer of Malgudi, The Financial Expert, Waiting for the Mahatma*. New York: Everyman's Library, 2006.
Nehru, Jawaharal. *An Autobiography*. New Delhi: Penguin Books, 1936.
Oxford Dictionary of English, 2003.
Rushdie, Salman, *Imaginary Homeland*. London: Granta Books, 1992.
Roy, Arundhati. *The Ordinary Person's Guide to Empire*. London: Flamingo, 2004.（ロイ、アルンダティ　本橋哲也訳『帝国を壊すために―戦争と正義をめぐるエッセイ』岩波書店、2003)
Said, Edward W. *Orientalism*. New York: Vintage Books, 1979.（サイード、E. W. 今沢紀子訳『オリエンタリズム』平凡社、1986)
Said, Edward W. *Culture and Imperialism*. New York: Vintage Books, 1993.（サイード、E. W.　大橋洋一訳『文化と帝国主義』全2巻、みすず書房、1998-2001)
Sureli, Sara. *The Rhetoric of English India*. Chicago: University of Chicago Press, 1992.（スレーリ、サーラ　川端康雄, 吉村玲子訳『修辞の政治学―植民地インドの表象をめぐって』平凡社、2000)
Tharoor, Shashi. "Gandhi & Nehru." *Time* 13 Nov. 2006: 32-34.
Williams, Raymond. *Marxism and Literature*. New York: Oxford University Press, 1977.
Young, Robert J.C. *Postcolonialism: A Historical Introduction*. Oxford: Blackwell Publishers, 2001.

【その他：映画、Web Site 等】
社団法人日本ユネスコ協会連盟『平和の文化国際年記念 私の平和宣言 全世界1億人署名キャンペーン 報告書』2001。
"2000 International Year for the Culture of Peace: Manifesto 2000." 社団法人日本ユネスコ協会連盟、2 Mar. 2008.〈http://www.unesco.jp/contents/10/manifesto2k.html〉.（(社)日本ユネスコ協会連盟訳「『国際10年』に対する取り組み」)。
"A Call for Gatherings on October 2, Mahatma Gandhi's Birthday, to Reflect on Non-Violent Responses to the September 11 Tragedy." *Institute for Energy and Environmental Research*: *Where Science and Democracy Meet*. 27 Sept. 2001. Institute for Energy and Environmental Research, 2 Mar. 2008.〈http://www.ieer.org/latest/oct2call.html〉.（「9月11日の悲劇への非暴力的対応を考える『10月2日ガンジー生誕記念日集会』への呼びかけ」〈http://www.ieer.org/comments/oct2jap.html〉)。

GANDHI. Dir. Richard Attenborough. Perf. Ben Kingsley. 1982. DVD. Columbia Pictures, 2002.

"President and Prime Minister Singh Exchange Toasts in India." *White House: President George W Bush*. 2 Mar. 2006. Office of the Press Secretary, 2 Mar. 2008. 〈http://www.whitehouse.gov/news/releases/2006/03/20060302-12.htm〉.

Said, Edward W. "An Intellectual Catastrophe." *Al-Ahram Weekly On-line*. 6–12 Aug. 1998. Al-Ahram, 2 Mar. 2008. 〈http://weekly.ahram.org.eg/1998/389/cu1.htm〉.

索引

あ

アウシュビッツ　128, 129, 138, 139
アガンベン、ジョルジョ　128, 129, 138, 139
アシュラム　21, 127, 129-139, 232, 249
アッテンボロー・リチャード　227, 229
『ガンジー』(映画)　16, 227, 229, 232-236, 242-244, 253
アヒンサー　28, 45, 46, 99, 101
アレント、ハンナ　149, 150
「市民的不服従」　150
暗黒法　87, 88, 158
今村仁司　107, 108
イリイチ、イヴァン　130-132, 137
インド国民会議派　33-35, 102, 119, 173, 175, 176, 250
ウィリアムズ、レイモンド　177

エリクソン、エリック・H　75, 82, 134, 139-141
エルベール　230, 231
『ガーンディー聖書』230, 231
オルタナティブ　26, 27

か

カースト　64, 65, 71, 133, 134, 219
科学　29, 30, 36, 37, 72, 101, 209
カディー　44-46, 48-51, 54, 56, 135, 182, 187, 232, 240
感情構造　177, 180, 183, 194
感情の抑制(怒りの抑制、感情を抑制、怒りを抑制、感情を極限まで抑制)　121, 122, 124-126, 134, 138, 196, 222, 258
クイット・インディア　124, 173-175, 185, 187
『建設的計画』　53-57, 101-103, 239, 240
監獄　88-90, 153-156, 158, 166, 167, 188

さ

サイード、エドワード・W　124-126, 197, 200-204, 215
菜食主義　20, 69, 76, 77, 162

菜食主義協会　76, 77, 161, 163, 210
坂本徳松　25
サルカール、スミット　26
塩のサッティヤーグラハ(塩の行進)　114, 115, 124, 232, 238, 239, 241, 247
自己犠牲　45, 116, 120, 127, 196, 219, 220, 222, 244, 245, 252
『自叙伝―真理の実験の物語』　50, 51, 58, 66, 68-70, 73, 74, 76, 77, 80, 132, 140, 209
実定法　96-100,
自然法　96, 97, 99, 100,
受動的抵抗　21, 45, 117, 118, 151, 158-160, 162
シュミット、カール　109, 110
人種差別(有色人種への差別、インド人差別)　79-82, 108, 119, 237
神智学　76, 77
神的暴力(神的な暴力)　95, 105-108, 112, 128, 129, 139
神話的暴力　95, 105-108, 112-114, 128, 129, 139
ジンナー、ムハンマド・アリ　248-252
すべての生命　106, 114, 116, 117, 136-139
生政治(生政治的)　128, 141, 148, 258
「生命ノトウトサ」　113, 115, 116, 127,

ソルト、H. S. 76, 161-163
　『菜食主義の誓い』 76, 161
ソロー、ヘンリー・デイヴィッド 5, 6, 16, 149-154, 156, 161-168, 230, 237
　『市民的不服従』 150, 153-156, 160, 163-166
　『非暴力的不服従』 152
ソンタグ、スーザン 10, 244, 254
　『他者の苦痛へのまなざし』 10

た

高田種雄 230
タゴール、ラビンドラナート 23
ダルマ 56, 57, 109, 110, 202
たんなる生命 106, 113-117, 121, 123, 126, 128, 136, 137, 139, 141, 196
チャタジー、パルタ 15, 30-33, 40, 51, 52
ディアスポラ 199, 200, 204-206, 215
デュトワ、ブライアン・M 84
デリダ、ジャック 128, 129, 139
ドルトン、デニス 153

な

ナイク、M. K. 172, 173
ナイポール、V. S. 16, 193-223
　『ある放浪者の半生』 193, 203, 204, 216-218, 222
　『インド―傷ついた文明』 193-198, 201, 216, 217
　「自伝へのプロローグ」 215
　『神秘な指圧師』 199, 203-205, 210, 215-217
ナオロジー、ダーダーバーイ 33-35
長崎暢子 26-28, 33, 152, 154
　『ガンディー―反近代の実験』 26
ナタール・インド人会議 156, 157
ナラヤン、R. K. 16, 172-174, 176-178, 180-189, 194-197
　『マハトマを待ちながら』 16, 172, 174, 176, 188, 189, 194, 205, 217
二項対立（二項対立的枠組み、二項対立的） 27, 28, 31, 35, 36, 98, 103, 245, 246, 257, 259
二分法（二分法的枠組み、二分法的理解） 7, 13, 108, 188, 195
ネグリ、アントニオ 7, 14, 257, 258
ネルー、ジャワハラール 20, 21, 118, 119, 122-124, 127, 233, 249

は

ハート、マイケル 7, 14, 257
バーバ、ホミ 16, 235
バリスター 70, 71, 74, 75, 78, 89
ヒトラー、アドルフ 140, 141
『ヒンドゥ・スワラージ』 26, 32-35, 37, 46, 48, 50, 51, 53-57, 71, 98, 104, 150
ファノン、フランツ 124-126
ブラーフマチャリヤ 45, 46
文節・接合 151, 158
ベンヤミン、ヴァルター 16, 95-98, 105-108, 112, 113, 115, 128
　「暴力批判論」 16, 95, 96, 105, 128, 129
ボーア戦争 85, 87
ボース、スバス・チャンドラ 35, 176, 186, 187, 233

ま

マルコヴィッツ、クロード 152, 153, 227-229, 232,

233, 244
模倣　235, 236, 242, 243, 253

や

ヤング、ロバート　27

ら

ラシュディ、サルマン
　　233, 234, 244, 249, 254
ラスキン、ジョン　132, 133, 230
　　『この後の者にも』 132
ランドール、ウィリアム
　　154, 156
リフォーム（リフォーマー）
　　65, 66, 72, 73
ロイ、アルンダティ　13
ロラン、ロマン　33, 227-229
　　『マハトマ・ガンヂー』
　　　　228, 229

【著者紹介】

加瀬佳代子（かせ かよこ）

〈略歴〉1971年兵庫県神戸市生まれ。2008年大阪大学大学院言語文化研究科博士後期課程単位取得満期退学。博士（言語文化学）。現在大阪大学、近畿大学非常勤講師。

〈主要著書・論文〉「『サッティヤーグラハ』言説の批判的分析——ナイポールの『ガンディー主義』批判を手掛かりに」『比較文学』第48巻（日本比較文学会、2006年）、「マハトマを待っているのは誰か——真理の散種とサッティヤーグラハのずれ」『関西英文学研究』第1号（日本英文学会関西支部、2007年）、『英文学の越境』（共著、英宝社、2010年）。

シリーズ文化研究 2

M．K．ガンディーの真理と非暴力をめぐる言説史
ヘンリー・ソロー、R．K．ナラヤン、V．S．ナイポール、映画『ガンジー』を通して

発行	2010年2月15日　初版1刷
定価	6400円＋税
著者	©加瀬佳代子
発行者	松本 功
装丁者	広田 稔（エディア）
	カバー写真=Time & Life Pictures/Getty Images
印刷製本所	株式会社 シナノ
発行所	株式会社 ひつじ書房
	〒112-0011 東京都文京区千石2-1-2 大和ビル2階
	Tel.03-5319-4916　Fax.03-5319-4917
	郵便振替 00120-8-142852
	toiawase@hituzi.co.jp　http://www.hituzi.co.jp

ISBN978-4-89476-461-3

造本には充分注意しておりますが、落丁・乱丁などがございましたら、小社かお買上げ書店にておとりかえいたします。ご意見、ご感想など、小社までお寄せ下されば幸いです。